新时代
深圳精神

XINSHIDAI
SHENZHEN JINGSHEN

中共深圳市委宣传部
深圳市社会科学院 ◎编

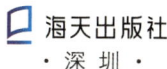

图书在版编目（CIP）数据

新时代深圳精神 / 中共深圳市委宣传部，深圳市社会科学院编. — 深圳：海天出版社，2020.12
ISBN 978-7-5507-2935-3

Ⅰ. ①新… Ⅱ. ①中… ②深… Ⅲ. ①社会科学－文集 Ⅳ. ①C53

中国版本图书馆CIP数据核字(2020)第104688号

新时代深圳精神
XINSHIDAI SHENZHEN JINGSHEN

出 品 人	聂雄前
责任编辑	韩海彬　雷　阳
责任校对	万妮霞
责任技编	郑　欢
封面设计	线艺设计 电话:83460339
内文制作	知行格致

出版发行	海天出版社
地　　址	深圳市彩田南路海天综合大厦（518033）
网　　址	www.htph.com.cn
订购电话	0755-83460239（邮购、团购）
印　　刷	中华商务联合印刷（广东）有限公司
开　　本	787mm×1092mm　1/16
印　　张	20.25
字　　数	259千
版　　次	2020年12月第1版
印　　次	2020年12月第1次
定　　价	88.00元

海天版图书版权所有，侵权必究。
海天版图书凡有印装质量问题，请随时向承印厂调换。

《新时代深圳精神》编委会

主　任：李小甘　王　强
副主任：陈金海　吴定海　陈　寅
委　员：周　斌　王为理　张玉领　莫大喜　刘婉华
编写组：吕延涛　刘琦伟　米鹏民　肖　意　金文蓉
　　　　陈长治　李朝晖　任　珺　杨立青　甘　霖
　　　　綦　伟　陈晓薇　崔　霞　吴德群　徐　恬
　　　　周元春　闻　坤　庄　媛　姚龙华　韩文嘉
　　　　李怡天　李舒瑜　赵　强　王　森　方　胜
　　　　陈小慧　赵　鑫　方慕冰　陈　姝　吴　吉
　　　　王　玥

目 录

CONTENTS

序言 用"新时代深圳精神"凝聚先行示范区
建设的强大正能量 ·· 001

导论 城市因精神而立 ·· 012

第一章 敢闯敢试

第一节 "敢闯敢试"释义 ·· 002

第二节 敢闯敢试：永不过时的特区精神 ······················ 007
  一、因敢闯而生，"敢闯"成为城市最具标志性的精神特质 ········· 008
  二、因敢闯而兴，打破路径依赖，高新技术产业成为全国一面旗帜 ··· 014
  三、因敢闯而强，啃硬骨头、闯深水区，改革不停顿、开放不止步 ··· 020
  四、从敢闯敢试到先行示范，引领中国特色社会主义的探索和发展 ··· 026

第三节 案例故事 ·· 032
  一、新时期深圳"闯"入科技创新"无人区"：
    "无中生有"建设世界一流科学城 ······························· 032
  二、云天励飞：闯出人工智能新天地 ······························· 043

第四节　专家访谈 ·· 051
一、访深圳市社会科学院副院长王为理：
"敢闯敢试"融入深圳发展血脉 ················· 051
二、访中国经济体制改革研究会副会长樊纲：
对深圳的未来要充满想象力 ······················ 059

第二章　开放包容

第一节　"开放包容"释义 ································ 072

第二节　开放包容：深圳与世界没有距离 ············ 077
一、历史选择了深圳 ······································· 078
二、深圳，与世界没有距离 ······························ 082
三、生机勃勃，前海开发开放取得新突破 ············ 088
四、"双区"建设形成改革开放新格局 ················ 094
五、来了，就是深圳人 ··································· 099

第三节　案例故事 ·· 106
一、国际化街区　见"圳"国际化 ······················ 106
二、著名钢琴教育家但昭义：
没有这片开放包容的沃土，我不会有今天的收获 ········· 118

第四节　专家访谈 ·· 126
一、访上海交通大学全球文化管理研究中心主任单世联：
没有开放包容，就没有深圳的发展进步 ············ 126

二、访中国社会科学院政治学研究所所长、
　　国际中国学研究中心主任张树华：
　　　弘扬"开放包容"精神，讲好新时代深圳故事 …………… 136

第三章 务实尚法

第一节 "务实尚法"释义 ……………………………… 148

第二节 务实尚法：深圳的底色和气质 ……………… 152
　　一、"向前走，莫回头" …………………………… 153
　　二、来之不易的立法权 …………………………… 157
　　三、开辟先河的"第一次" ……………………… 161
　　四、城市价值观的底色 …………………………… 165
　　五、"双区驱动"时代的新使命 ………………… 170

第三节 案例故事 ……………………………………… 174
　　一、深圳治水：不见清波誓不还 ………………… 174
　　二、保护知识产权，"护航"创新之城 ………… 185

第四节 专家访谈 ……………………………………… 196
　　一、访深圳大学中国经济特区研究中心主任、教授陶一桃：
　　　　"务实尚法"是深圳社会走向成熟稳健的标志 ………… 196
　　二、访广东省社会科学院前院长、广东省政协经济委主任王珺：
　　　　以务实推动自主创新 以尚法推进营商环境优化 ………… 205

第四章　追求卓越

第一节　"追求卓越"释义 ……………………………………… 216

第二节　追求卓越：城市未来的高度 ……………………………… 221
    一、从创造中国"奇迹"到打造全球"标杆" ……………………… 223
    二、转型，追求经济发展的高质量 ………………………………… 226
    三、精治，探求城市治理的现代化 ………………………………… 235
    四、文明，谋求高阶竞争的软实力 ………………………………… 240
    五、幸福，寻求共建共享的新格局 ………………………………… 246
    六、绿色，觅求人与自然的和谐美 ………………………………… 249

第三节　案例故事 ……………………………………………… 254
    一、华为：通信行业巨头是这样炼成的 …………………………… 254
    二、高等教育：从无到有闯新路 从有到优攀高峰 ………………… 263

第四节　专家访谈 ……………………………………………… 272
    一、访南方科技大学党委副书记李凤亮：
        "追求卓越"被赋予了新的价值指向 …………………………… 272
    二、访中国社会科学出版社社长赵剑英：
        追求卓越、不断超越，着力打造全球标杆城市 ………………… 281

序言

用"新时代深圳精神"凝聚先行示范区建设的强大正能量

　　每一种精神的产生,都铸造了这座城市的品格;每一种精神的传承,都带有全体市民的共同记忆。四十载春华秋实,经济特区建立以来,深圳精神赓续传承、历久弥新,始终激励着深圳人民团结奋进、开拓创新,显示出强大的生命力和创造力。在新的历史起点上,大力培育和弘扬"敢闯敢试、开放包容、务实尚法、追求卓越"的"新时代深圳精神",必将进一步激发深圳人民锐意进取、团结拼搏,续写城市传奇,创造美好生活。

一、不断与时俱进的"深圳精神"

　　城市精神是城市文化的核心,是城市发展的灵魂。习近平总书记在2015年12月的中央城市工作会议上指出:"一个民族需要有民族精神,一个城市同样需要有城市精神。城市精神彰显着一个城市的特色风貌。要结合自己的历史传承、区域文化、时代要求,打造自己的城市精神,对外树立形象,对内凝聚人心。"
　　作为改革开放的先锋城市,深圳不仅创造了举世瞩目的物质财富，也积累了宝贵的精神财富。深圳历来重视城市精神的提炼概括，先后三次提炼概括"深圳精神"：1987年为"开拓、创新、献身"；1990年为"开拓、创新、团结、奉献"；2002年为"开拓创新、诚信守法、务实高效、团结奉献"。此外，2010年深圳经济特区建立30周年之际，市第五次党代会总结了七个方面的"特区精神"，评选出了"时间就是金钱，效率就是生命""空谈误国，实干兴邦"等"深圳十大观念"。这些精神和观念，与深圳40年来所创造的物质财富一起，成为深圳对全国改革开放和现代化建设做出的重要贡献，凝练了特区人民的共同记忆，引领和激励了深圳人意气风发走进新时代，推动了深圳改革开放各项事业蓬勃发展。

"深圳精神"之所以历久弥新，就是因为这一精神始终立足时代、引领时代，随着时代发展而发展，随着实践丰富而丰富。与时俱进是马克思主义的理论品质，也是"深圳精神"的内在要求。当前，中国特色社会主义进入了新时代，深圳也迎来了建设粤港澳大湾区和中国特色社会主义先行示范区"双区驱动"的重大历史机遇，开启了中国特色社会主义伟大实践的新征程。在这个重要历史节点，以庆祝经济特区建立40周年为契机，重新提炼概括"新时代深圳精神"，十分及时，也很有必要，有利于进一步增强城市的凝聚力和影响力，动员和激励特区干部群众继续不忘初心、牢记使命、砥砺前行、干事创业，为深圳朝着建设中国特色社会主义先行示范区的方向前行、努力创建社会主义现代化强国的城市范例提供坚强的思想保证和强大的精神动力。

二、"新时代深圳精神"是全市各界智慧的结晶

党的十九大报告指出,要更好构筑中国精神、中国价值、中国力量,为人民提供精神指引。2018年4月,习近平总书记在庆祝海南建省办经济特区30周年大会上强调,发扬敢闯敢试、敢为人先、埋头苦干的特区精神,始终站在改革开放最前沿。2019年8月出台的《中共中央 国务院关于支持深圳建设中国特色社会主义先行示范区的意见》(以下简称《意见》)提出,进一步弘扬开放多元、兼容并蓄的城市文化和敢闯敢试、敢为人先、埋头苦干的特区精神,大力弘扬粤港澳大湾区人文精神。

2015年年底出台实施的《深圳文化创新发展2020(实施方案)》,明确提出要丰富"深圳精神"新内涵,组织开展市民大讨论和理论研讨,提炼与时俱进的新概括,塑造特色鲜明的城市气质。2019年10月,经上级批准,"新时代深圳精神"提炼概括工作正式启动。提炼概括工作坚持以社会主义核心价值观为引领,以"敢闯敢试、敢为人先、埋头苦干的特区精神""开放多元、兼容并蓄的城市文化"和"粤港澳大湾区人文精神"为基础,以"深圳十大观念"为参照,力求提炼出的"新时代深圳精神"既与中央有关精神保持高度一致,又能反映深圳鲜明的城市特色;既对深圳过去40年形成的精神气质进行"精准画像",又为深圳未来的改革发展树立"市训"、作出期许。

"新时代深圳精神"提炼概括工作采取了务实平和的办法推进,重在内容、不拘形式,大致经过了酝酿研讨、论证完善、征求意见、集中提炼、审定发布五个阶段,历经近半年时间。先后召开多次提炼概括工作专题会、提炼专家组研讨会,形成"新时代深圳精

神"候选词句共10个版本；通过各种形式广泛征求各方意见，包括召开人大代表和政协委员、企业界代表、市民代表、社科理论界代表四个界别座谈会，向全市99家单位发放征求意见函，拜访有关领导和文化名人，书面征求曾在深工作的20名副省级以上老领导意见等，最终形成"新时代深圳精神"备选版本。2020年3月16日、30日，经深圳市委常委会会议两次审议研究，最终原则同意将"新时代深圳精神"提炼概括为"敢闯敢试、开放包容、务实尚法、追求卓越"。

三、"新时代深圳精神"是深圳城市人文气质的生动彰扬

城市精神是千千万万个市民以自己日复一日的行为、奋斗、坚守，以每个人在种种挑战面前的思考和选择最终凝聚而成的。"新时代深圳精神"是时代精神的一面鲜明的旗帜，是新时代特区继续前进的冲锋号，是深圳价值体系的系统提炼和总结，是深圳人干事创业的深情赞歌。"敢闯敢试、开放包容、务实尚法、追求卓越"的"新时代深圳精神"，全面贯彻了习近平总书记提出的"敢闯敢试、敢为人先、埋头苦干"的"特区精神"，融合了《意见》提出的"开放多元、兼容并蓄"的深圳城市文化，与中央精神高度对标；展示了全市干部群众闻鸡起舞、日夜兼程、风雨无阻的精神状态和时不我待的拼劲干劲；包含了深圳最为鲜明的"创新""包容""务实""法治"等特质，是深圳城市人文精神和市民气质的生动刻画，民意基础非常广泛；集中凸显深圳建设中国特色社会主义先行示范区，在新时代勇担新使命、实现新作为、开创新局面的精神状态，

具有十分鲜明的新时代特征。

"敢闯敢试"既是对深圳过去40年为改革开放先行探路的真实写照，也是深圳未来建设中国特色社会主义先行示范区的不懈追求。1979年，邓小平同志在谈办特区时指出，要"杀出一条血路"。1992年春，邓小平同志视察深圳等地并发表谈话，充分肯定深圳的成就和经验，指出深圳的重要经验就是敢闯，强调改革开放胆子要大一些，敢于试验，不能像小脚女人一样。看准了的，就大胆地试、大胆地闯。2012年，习近平总书记在党的十八大后离京视察的第一站就来到广东、深圳，要求深圳"充分发挥特区人敢为天下先的精神，敢于'做第一个吃螃蟹的人'"。2018年，习近平总书记在广东、深圳考察时，强调"要弘扬敢闯敢试、敢为人先的改革精神"。

据不完全统计，40年来深圳共创造了1000多项"全国第一"。从特区建立之初仅有3名工程师到每万人拥有发明专利106.3件；从"三来一补"到"中国硅谷"；从边陲小镇到现代化国际化大都市，成为全球闻名的创新之都，崛起了华为、腾讯、比亚迪等一批世界领先企业，走出了一条从跟随模仿式创新迈向源头创新、引领式创新的跃升之路。过去40年，深圳作为改革开放的"试验田"和"排头兵"，以"杀出一条血路"的魄力，以闻鸡起舞、日夜兼程、风雨无阻的精神状态，勇当建设中国特色社会主义的探路先锋。新时代改革开放再出发，推进中国特色社会主义先行示范区建设，是前无古人的开创性事业，深圳将继续大力传承老一辈特区建设者的"拓荒牛精神"，以舍我其谁、当仁不让的强烈责任感、使命感，切实扛起沉甸甸的主体责任，率先探索全面建设现代化强国的新路径，勇做驶向中华民族伟大复兴光辉彼岸的第一艘"冲锋舟"，在新时代创造让世界刮目相看的新的更大奇迹。

"开放包容"彰显了"深圳，与世界没有距离"的开放视野、"来了，就是深圳人"的宽广胸襟和"鼓励创新，宽容失败"的恢宏气度。深圳经济特区自诞生之日起，就肩负着为中国改革开放和现代化建设先行探路的使命。2018年，习近平总书记在广东、深圳视察时强调："党的十八大后我考察调研的第一站就是深圳，改革开放40周年之际再来这里，就是要向世界宣示中国改革不停顿、开放不止步。"深圳因改革开放而生，因改革开放而兴，"开放"既是时代赋予深圳的历史使命，也是深圳奇迹般成长的力量源泉。深圳经济外向度高，是全国口岸数量和出入境人数最多的城市，2019年，深圳实现外贸出口1.67万亿元，连续27年居全国大中城市首位。

开放的市场环境孕育了包容的社会氛围。"包容"体现在深圳作为一座移民城市对外来人口的慷慨接纳，自20世纪80年代起，深圳率先打破僵化的人事政策，自由的劳动力市场引来前所未有的移民潮。一千个人来深圳或许会有一千种理由，但他们共同的目标是靠自己的奋斗实现人生的转机和生活的改善，"来了，就是深圳人"是这座城市发自内心的诚挚邀请。"包容"也体现在深圳开明对待各种新生事物的社会氛围，改革创新是一种探索行为，没有经验可遵、前路可循，深圳在长期实践中形成了"鼓励创新，宽容失败"的社会理念和价值导向，向勇于挑战的失败者致敬，极大激发了深圳人干事创业、创新创造的活力。

"务实尚法"是深圳人埋头苦干、务实高效、崇尚法治、遵从规则的集体群像。1992年，邓小平同志发表了重要的南方谈话，强调"发展才是硬道理，……空谈误国，实干兴邦！""深圳发展这么快，是靠实干干出来的"。南方谈话之后不久，"空谈误国 实干兴邦"的标语牌在深圳蛇口竖起,旗帜鲜明地倡导一种新的价值观和发展观:减少争论、多干实事,"堵饶舌者之利口,壮实干家之声色",呼应了"发展才是硬道理"的时代主题。改革开放40多年来,深圳人一直秉承"空谈误国,实干兴邦"的理念,埋头苦干、求真务实,紧紧抓住经济建设不动摇,创造了世界工业化、现代化、城市化发展史上的奇迹。

在一心一意谋发展的同时,深圳坚持改革的"破"与法治的"立"并举,积极推进法治建设。习近平总书记强调:"'改革与法治如鸟之两翼、车之两轮',要坚持在法治下推进改革,在改革中完善法治。"改革与法治相伴而生,改革总是一马当先,冲破束缚生产力发展的旧的体制和制度;法治则紧随其后,建立适应生产力发展的新的体制和机制。比如,1987年深圳敲响了新中国土地拍卖"第一槌",开创了土地使用权有偿出让使用的先例,这一改革在一定程度上对1988年修改《宪法》产生了重要影响,直接推动了《中华人民共和国土地管理法》的修订。自1992年被授予特区立法权以来,深圳充分发挥立法"试验田"作用,率先建立了较为完善的服务社会主义市场经济的法律体系,成为全国地方立法最多的城市,为坚持和完善中国特色社会主义制度、推进国家治理体系和治理能力现代化做出了积极探索。2019年《中国营商环境与民营企业家评价调查报告》显示,深圳法治环境指数位居全国第一,法治已成为深圳闪亮的名片和最好的营商环境。

"追求卓越"体现了新时代深圳走在前列、勇当尖兵的创新实践,也体现了"先行示范区"的战略定位和"全球标杆城市"的远大追求。追求卓越,体现了各个阶段、各个领域、各个环节都对标全球最高最好最优,精益求精推进各项工作。经济特区建立之初,

"三天一层楼"的"深圳速度"让世界惊叹。在发展过程中,深圳较早遇到了土地空间、环境容量、资源能源、劳动力成本等各种挑战,迫切需要以质量型增长冲破要素成本制约,打造"深圳质量"成为构建长远竞争力的战略抉择。近年来,深圳大力推动文化创意产业发展,"深圳设计"逐步成为新的城市品牌和增长极。从"深圳速度"到"深圳质量""深圳设计",深圳坚持不断提升城市能级和核心竞争力,构筑面向未来的战略优势,实现高质量发展、创造高品质生活。

新时代,推进中国特色社会主义先行示范区建设,深圳坚持着眼全国"一盘棋"、跳出深圳看深圳、放眼全球识大势、立足全局谋长远,聚焦高质量发展高地,率先建设体现高质量发展要求的现代化经济体系;聚焦法治城市示范,率先营造彰显公平正义的民主法治环境;聚焦城市文明典范,率先塑造展现社会主义文化繁荣兴盛的现代城市文明;聚焦民生幸福标杆,率先形成共建共治共享共同富裕的民生发展格局;聚焦可持续发展先锋,率先打造人与自然和谐共生的美丽中国典范。深圳在对标全球最高最好最优最强过程中,努力成为最高最好最优最强;在与领跑者、顶尖者比高低过程中,努力成为领跑者、顶尖者。

四、用"新时代深圳精神"凝聚先行示范区建设的强大正能量

"新时代深圳精神"承载着深圳人高度的情感认同、价值认同、文化认同,既是深圳人共同的精神标识,也是深圳发展的支撑力量。弘扬践行"新时代深圳精神",是每个深圳人义不容辞的责

任。要通过深入学习宣传研究"新时代深圳精神",鼓励动员全市广大干部群众担当新使命、展现新作为,努力创造属于新时代的光辉业绩。

以高度的政治自觉,把加强"新时代深圳精神"阐释研究,作为学习宣传习近平新时代中国特色社会主义思想的具体行动。"敢闯敢试、开放包容、务实尚法、追求卓越"的"新时代深圳精神",是在习近平总书记提出的"敢闯敢试、敢为人先、埋头苦干"的"特区精神"的基础上,结合深圳建设先行示范区的生动实践,对深圳精神核心内涵作出的最新概括,是深圳学习宣传贯彻习近平新时代中国特色社会主义思想的精神成果,是社会主义核心价值观的深圳表达。要从争当学懂弄通做实习近平新时代中国特色社会主义思想"排头兵"的政治高度,广泛发动社科理论界加强对"新时代深圳精神"核心内涵的研究阐释,编写《新时代深圳精神》,依托各级党委中心组学习和"市民文化大讲堂""百课下基层""深圳读书月"等平台载体,组织"新时代深圳精神"进机关、进社区、进学校、进企业等系列宣传活动,切实将"新时代深圳精神"的核心内涵讲清楚讲准确、价值意义讲全面讲透彻。

以庆祝深圳经济特区建立40周年为契机,广泛开展宣传教育活动,推进"新时代深圳精神"家喻户晓、深入人心。2020年是深圳经济特区建立40周年,全市上下开展丰富多彩的庆祝活动,把"新时代深圳精神"作为系列宣传庆祝活动的重中之重,充分利用新闻宣传、文艺宣传、社会宣传、对外宣传等各种形式,全面、持续开展宣传教育活动,推动"新时代深圳精神"家喻户晓、深入人心。认真做好新闻报道和网络宣传,全市报纸、电台、电视台、新闻网站、客户端充分利用新闻、评论、综述、专访等形式,对"新时代深圳精神"的内涵进行深入解读、广泛宣传，制作一批通俗易懂、喜闻乐见的融媒体传播产品。切实开展文艺宣传，围绕"新时代深圳精神"，精心创作推广一批文艺精品。积极做好社会宣传，在机场、口岸、车站等重要位置悬挂"新时代深圳精神"宣传标语，制作系列宣传片，营造浓厚社会氛围。深入开展对外宣传，利用城市英文门户网站等平台，大力宣传"新时代深圳精神"，树立鲜明的国际化城市形象，扩大深圳的对外影响力。

从"新时代深圳精神"中，汲取破解发展难题、推进高质量发展的思想方法和精神动力，凝聚推进新时代改革开放的强大共识。城市精神的生命力，在于每位市民的躬身践行。当前，深圳正在抢抓建设粤港澳大湾区和建设中国特色社会主义先行示范区"双区驱动"的重大历史机遇，努力到2025年，建成现代化国际化创新型城市；到2035年，建成具有全球影响力的创新创业创意之都，成为我国建设社会主义现代化强国的城市范例；到本世纪中叶，成为竞争力、创新力、影响力卓著的全球标杆城市。实现这些目标，绝不是轻轻松松、敲锣打鼓就能实现的，需要从"新时代深圳精神"中汲取力量。我们寄望全市上下大力弘扬践行"敢闯敢试"精神，进一步唤醒敢想敢试、奋勇争先的文化基因，坚持用好改革开放关键一招，大胆地闯、大胆地试，敢于啃硬骨头，敢于涉险滩，在新时代创造出更多可复制可推广的经验；我们寄望全市上下大力弘扬践行"开放包容"精神，在更大范围、更广领域、更高层次上参与国际国内合作与竞争，以全局视野抢抓机遇、以世界胸襟推进发展，进一步凸显深圳张开臂膀迎接每一个寻梦人的开放姿态，宣示深圳"改革不停顿、开放不止步"的信心和决心；我们寄望全市上下大力弘扬践行"务实尚法"精神，坚持实事求是、一切从实际出发，不畏艰辛、艰苦创业，继续巩固法治在城市治理中的基础性、规范性、保障性地位，用法治为一流营商环境保驾护航；我们寄望全市上下大力弘扬践行"追求卓越"精神，与最优者"对标"、与最强者"比拼"、与最快者"赛跑"，在先行中当好示范，朝着建设中国特色社会主义先行示范区的方向前行，努力创建社会主义现代化强国的城市范例。

四十载东方风来满眼春，新时代南海潮头又春风。"敢闯敢试、开放包容、务实尚法、追求卓越"，既是深圳人民对昨天的总结与传承，更是对今天的推动和对明天的引领。让我们将"新时代深圳精神"内化为深圳人民共同的价值追求，进一步激励广大市民在奋斗中创造新生活、在新生活中继续奋斗，共同书写新时代深圳发展的壮丽篇章！

导 论

城市因精神而立

习近平总书记指出:"城市是一个民族文化和情感记忆的载体,历史文化是城市魅力之关键。一个民族需要有民族精神,一个城市同样需要有城市精神。"

纵观全球城市的兴衰起伏,从古典时代的长安、雅典,到中古时代的君士坦丁堡、佛罗伦萨、汴州、杭州,再到今天的伦敦、纽约、北上广深。一座城市之所以能标立于世界城市之林,其内质在于这座城市标立其身的价值与精神。一部全球城市史,实际上也是一部全球城市的精神史。

一、城市的精神源远流长

浩瀚宇宙,灿烂星辰。城市精神作为人类文明最为集中也最为精彩的现实表达,像是低垂夜幕下的启明星,凝聚着人类的理想信念,推动着人类文明的进化繁衍。

城市精神是一座城市的灵魂,是一种文明素养和道德理想的综合反映,是一种意志品格与文化特色的精确提炼,是一种生活信念与人生境界的高度升华,是城市市民认同的精神价值与共同追求,是城市群体的哲学表达。马克斯·韦伯在《新教伦理与资本主义精神》中指出，城市的一个明显特征就是以其独特的市民团体身份出现，要凝聚全体市民和整个民族的精神和力量，与其他强权资本主义国家竞争。德国著名哲学家奥斯瓦尔德·斯宾格勒在《西方的没落》中指出，将一座城市和一个乡村区别开来的不是它的范围和尺度，而是它与生俱来的城市精神。

城市精神的建立有利于延续城市历史文脉、弘扬城市文化精华、树立城市整体形象、凝聚城市人心力量，有鉴于此，中西方文明均对城市精神异常重视。

西方城市精神起源于古希腊文化，高度重视法律是其重要的精神特征。西方国家的法治精神伴随着城市的发展而兴起，权力多元化的政治格局导致利益的频繁冲突，而信奉法律的传统观念又为他们伸张正义提供了条件和保障，最终铸造了西方城市的普遍精神特质——法治文化。舒扬、莫吉武等人在《现代城市精神与法治》一书中指出，城市精神与城市法治的进步息息相关。

15世纪到17世纪，欧洲的船队出现在世界各处的海洋上，寻找新的贸易路线和贸易伙伴，开创了人类有史以来声势浩大、历程复杂的全球化新航道。在这一航道里，西方先发国家的城市化，一直伴随着贸易、航海、工业革命以及技术进步，与殖民和战争同步伐，西方现代城市精神在传统的法治基础之上，增加了市场准入和民主参与等新的精神内涵。西方城市精神既体现出相似的特征，又彰显着特殊的逻辑印记，正是在这样的精神指引下，西方强势国家城市群大约走过了500年的兴亡更替，从资本主义萌芽的意大利威尼斯，到发现新大陆的葡萄牙里斯本、西班牙马德里，海上霸权的荷兰阿姆斯特丹，日不落帝国的英国伦敦，再到二战后崛起的美国纽约，西方现代城市在商品交换、殖民扩张中潮起潮落。

从具体城市来看，纽约将城市精神定位为"融合、创造、竞争、应变"，使其成为一座开放之城；东京以"干练、优雅、合作"来塑造城市精神，展现其生存环境现状和对外交往的重要原则；北爱尔兰确立了"触摸精神、感受热忱"的城市精神；中国香港提出以"自强、灵活、包容、坚持"为核心的城市精神，强调了文化多元性以及中华文化的正统性。每当一座城市在面临新的危机或处在新的飞跃时，城市精神通过对市民公众产生导向、凝聚、辐射的作用，让城市在前进道路上迸发新的活力，城市精神以其独特的方式，给予城市发展精神支撑和强大动力。

一座城市的历史折射着一个民族的历史，一座城市的精神也同样折射着一个民族的精神。回溯中国历史，五千年的中华文明静水深流、灿若繁星，中华民族自古高度重视礼仪伦理和城市人文的精神表达。唐朝经学家孔颖达在《春秋左传正义》中写道："中国有礼仪之大，故称夏；有服章之美，谓之华。"指出了中华民族崇礼尚仪、注重精神的文化特点。

历史的车轮滚滚向前，王朝的兴衰起起伏伏。在中国历史上的盛世时期，中华民族曾拥有领先世界的国际地位，彼时的首都也拥有协和万邦的国家气势、恢宏庞大的城市精神。盛唐时期是世界公认的盛世时代之一，特别是贞观之治、开元盛世。"九天阊阖开宫殿，万国衣冠拜冕旒"，都城长安，这座中国历史文化的首善之都，以世代传承的雍容儒雅、满腹经纶、博学智慧、大气恢宏，成为中国城市精神最为闪亮的名片。北宋盛世也是中国文化的鼎盛时期之一，国学大师陈寅恪曾说过："华夏民族之文化，历数千载之演进，造极于赵宋之世。"北宋时期的都城东京（今开封），明朝诗人罗玘将其描述为"兹维天地中，九州交邅衢"，当时，东京人口已过百万，直到几百年后，伦敦才成为欧洲首个人口超百万的城市。有人统计，《清明上河图》在5米多长的画卷里，绘有814个各色人物、73匹各种牲畜、25乘车轿、29艘舟船，真可谓车水马龙、一片繁华！当年的都城，以"兼使外藩辐辏中国"的城市精神，促进城市在政治、外交、军事、文化等多方面一体化发展，奠定了北宋盛世的基础。永乐盛世国家富强，疆域辽阔，郑和七下西洋，天下大治，有史学家称这一时期为"远迈汉唐"。永乐十九年（1421），明成祖"天子守国门"，迁都北京，其文治武功赋予这座城市特殊的城市精神，有学者归纳为"爱国统一、布局严整、崇文宣武、协和万邦"的城市精神，直到今天仍然具有十分重要的现实影响。

城市精神是一种现实的力量，是一座城市发展变革的旗帜。城市精神吹响了时代变革的号角，集中表达了城市发展的内在要求，启迪着市民大众的觉悟，开辟着城市发展的新道路。城市精神的发展变化和城市存在的发展变化往往是不同步的。一方面，精神先于物质的存在而存在，在一定程度上反映了城市的内在要求和发展趋势，具有先导性；另一方面，某种城市精神一旦形成，会不断地强化和固化其特质、惯性，从而形成相对独立的稳定性，而这样的稳定性在新的城市发展阶段又出现了滞后性、保守性，呈现出"思想禁锢""传统束缚"的特点，新的城市精神则不可避免地要打破传统的桎梏，引领新的一轮城市发展。

城市发展催生城市精神创新。城市精神属于上层建筑领域，需要受城市发展这一经济基础决定和支配，城市发展制约着城市精神内容，社会生产生活的变革决定了精神产生的必然趋势。新精神是历史转折时期的产物，越是城市发展、创新发展突出时期，新精神的创新发展就越深刻。同时，新精神的迸发需要城市新生力量聚合在一起，集中形成强大的突破力，发出时代的呐喊。

二、"深圳精神"在奋进的历史中锻造

习近平总书记指出："一个民族最深沉的精神追求，一定要在其薪火相传的民族精神中来进行基因测序。"

1978年12月，党的十一届三中全会让世界再次进入"中国时间"。深圳从作为中国地图上南海之滨的一个小圆圈，迅速发展成为肩负着为中国现代化进程"杀出一条血路"的尖兵城市。

这座城市自它诞生的第一天起，就被历史赋予了特殊的使命和责任，它是中国共产党人亲手缔造的开启中国改革开放大幕的前沿第一城。正是这个特殊的第一，中国共产党为这块"试验田"播种了特殊的源代码和基因。这个源代码和基因就是敢闯敢试，就是其命维新。这也就先天地成了这座城市的精神源头和精神芯片。

40年来，一代又一代特区人始终不忘初心、牢记使命，敢闯敢试、敢为人先、埋头苦干，以"摸着石头过河"的智慧和"敢为天下先"的勇气，响亮喊出"时间就是金钱，效率就是生命"的时代强音。在"深圳精神"的鼓舞激励下，特区率先冲破思想束缚，坚持改革开放，融入世界潮流，在全国率先建立起社会主义市场经济体制，释放出巨大的市场活力，在以西方为主导的全球化语境下，走出了一种独有的全球化之路，向世界生动地讲述了"深圳故事"。

勇立时代潮头，敢为天下之先，"特区精神"引领深圳成功杀出一条血路。

经济是城市的"形"，文化是城市的"神"，两者协调发展，城市才能"形神兼备"。在特区建立之初，深圳便以"开拓进取""敢闯敢试"的"拓荒牛精神"闻名全国。靠着"杀出一条血路"的改革精神，来深的早期建设者们克服了没有技术、没有设备、没有资金等种种困难，创造了震惊世界的"深圳速度"，经过数年的建设，便把一个落后荒芜的边陲小镇建设成了初具规模的现代化城市，为深圳早期经济的发展和以后的腾飞，打下了坚实的基础。这群来自五海四海、开天辟地的建设者们，被后来者称作特区事业的"拓荒牛"，他们的精神也被称为特区建设的"拓荒牛精神"。"拓荒牛精神"是深圳特区精神最初的表述，是深圳精神之魂、深圳立市之基、深圳发展之不竭动力。

20世纪80年代中期后，深圳开始由"三来一补"发展期向"模范创新"发展期转型升级，面临更为复杂的形势，迫切需要通过培养"特区精神"来凝聚人心、鼓舞斗志，不断提高人们的思想道德水平和科学文化素质，使人们的精神风貌同特区的事业发展相适应。当时的市委、市政府认为，"拓荒牛"等提法虽然形象生动，但还不能对"特区精神"进行全面概括。1987年，经过认真讨论，深圳第一次用"开拓、创新、献身"六个字来概括"特区精神"，集中展现了特区与特区人民崭新的精神面貌。"拓荒牛"主要体现了经济特区的"开拓"精神，新的"特区精神"在原来的基础上增加了"创新"和"献身"的内涵，主要呼应经济特区发展过程中对"创新"的现实需要，展现了经济特区为国家改革开放探路的"献身"精神。

从特区建设的"拓荒牛精神"的提出，到把"拓荒牛精神"概括为"开拓、创新、献身"的"特区精神"，这座城市在风雨兼程的前进历程中不断地锻造、测试其内植于身的精神基因，不负众望地为当代中国共产党人领导的改革开放大局杀出了一条血路。

从"特区精神"到"十大观念"，"深圳精神"在波澜壮阔的时代发展大潮中不断裂变更新。

一个不甘平庸的城市，从来不会躺在功劳簿上乐享其成。1990年，特区建设跨入第二个十年。深圳开始步入转型发展的新时期，不断变化的国际国内新形势需要以全新的城市精神为指导，"特区精神"的修改完善提上了议程。市委、市政府决定对"特区精神"加以补充完善，增加"团结"二字，并将"献身"改为"奉献"，提出"开拓、创新、团结、奉献"的新精神，同时把"特区精神"改称为"深圳精神"，以增强深圳人的责任感和使命感。这次概括适应了特区建设的需要，把先进性和群众性更好地结合起来，使"深圳精神"的提法更加科学完整，具有更广泛的群众基础。"开拓、创新、团结、奉献"的"深圳精神"，极大地推进了特区的精神文明建设，对增强特区凝聚力和向心力，形成共同的价值取向和精神境界，提供了强大的精神动力。

深圳把"创新"植入城市的基因。跨入新世纪，以高新技术为引领的国际竞争愈加激烈，新的形势要求深圳精神必须与时俱进，新的时代要求特区建设者对社会发展中出现的新情况、新问题作出新的回答。在市委主要领导倡议下，"深圳精神"提炼工作再次提上议程。2002年3月，一场以"深圳精神如何与时俱进"为主题的大讨论在全市展开。大讨论经过"回顾深圳精神""对照先进找差距""重新提炼、大力弘扬深圳精神"三个阶段，最终将"深圳精神"重新概括为"开拓创新、诚信守法、务实高效、团结奉献"十六个字。这十六个字既是对深圳二十多年发展经验的高度概括，又是深圳建设者坚持与时俱进、弘扬社会主义人文精神和科学理性精神的集中体现。新的"深圳精神"完整准确地反映了深圳人的精神文化追求，表达了全社会的价值取向，是深圳市民在新千年伊始开创全新事业的重要精神动力。

2010年，在深圳经济特区建立30周年之际，深圳组织开展了"深圳十大观念"评选活动。深圳一名网友在深圳新闻网上发表了一篇《来深18年，再回忆那些曾令我热血沸腾的口号》的帖子，引起了市委、市政府高度重视，以此为契机向社会征集"深圳观念"，举办"深圳最有影响力十大观念"评选。评选活动先后经历了网络征集200余条观念、候选103条观念、"103进30"、"十大观念评选"四个阶段，最后由学术界、文化界、媒体代表、网民代表等组成评委会，结合市民投票权重和专家投票权重，最终评选出了十条"深圳最有影响力观念"——"时间就是金钱，效率就是生命""空谈误国，实干兴邦""敢为天下先""改革创新是深圳的根，深圳的魂"等"深圳十大观念"。"深圳十大观念"浓缩了中国特色社会主义核心价值理念，集中反映了特区人民精神奋斗史，是深圳广大党员干部和市民群众对城市核心价值观的一次大学习、大讨论，是这一时期"深圳精神"新的提炼和总结。

过雄关漫道，展万里新程，"新时代深圳精神"再次裂变与升华。2020年是深圳驻立下一个40年发展的新起点，是建设粤港澳大湾区和深圳建设中国特色社会主义先行示范区全面铺开、纵深推进的关键之年，是高质量全面建成小康社会和"十三五"规划的收官之年。在这个重要历史节点，重新提炼概括"新时代深圳精神"，具有重要的现实意义和深远的历史意义。概括提炼活动自 2019 年 10 月正式启动，历经酝酿研讨、论证完善、征求意见、集中提炼、审定发布五个阶段，最终将"新时代深圳精神"提炼概括为"敢闯敢试、开放包容、务实尚法、追求卓越"。新的城市精神既与中央有关精神保持高度一致，又充分反映深圳鲜明的城市特色，既对深圳过去 40 年形成的精神气质进行"精准画像"，又为深圳未来的改革发展做出承诺，必将进一步激发深圳人民昂扬向上的奋斗激情，再次续写新时代深圳改革发展的精彩华章。

三、"新时代深圳精神"召唤更大奇迹

习近平总书记在深圳参观"大潮起珠江——广东改革开放 40 周年展览"时深情地说："党的十八大后我考察调研的第一站就是深圳，改革开放 40 周年之际再来这里，就是要向世界宣示中国改革不停顿、开放不止步，中国一定会有让世界刮目相看的新的更大奇迹。"

四十载惊涛拍岸，九万里风鹏正举。回顾 40 年的发展历程，"深圳精神"历经数次讨论，不断引领和适应特区发展，不同时期的"深圳精神"，已成为这座城市当时的灵魂与记忆，不仅承载着城市血液流动的职能，更寄托着人们对这座城市未来的向往。在"深圳精神"的映衬下，体现着深圳的志存高远、改革创新，其更深层的政治表达是深圳拥有一颗不甘平庸的雄心。改革开放再出发，深圳将在道路、理论、制度、文化全面自信的新时代，将在波澜壮阔的特区发展史上再次起航。

每个时代都有每个时代的使命，每座城市都有每座城市的机遇。习近平总书记在党的十九大报告中指出，"我们比历史上任何时期都更接近中华民族伟大复兴的目标，比历史上任何时期都更有信心、更有能力实现这个目标"。面对当今世界百年未有之大变局，人类文明的发展进入新时代，引领人类发展的"接力棒"已经传递到了世界的东方。深圳，应当闻鸡起舞、日夜兼程、风雨无阻，再次成为新一轮发展中的领跑者。

回顾历史，深圳充满自豪；展望未来，深圳满怀自信。2019年2月发布的《粤港澳大湾区发展规划纲要》，赋予深圳粤港澳大湾区四大中心城市和区域发展四大核心引擎之一的重大使命；2019年8月印发的《中共中央 国务院关于支持深圳建设中国特色社会主义先行示范区的意见》，明确赋予深圳高质量发展高地、法治城市示范、城市文明典范、民生幸福标杆、可持续发展先锋的五大战略定位，擘画了深圳未来的发展蓝图：到2025年，深圳将建成现代化国际化创新型城市；到2035年，建成具有全球影响力的创新创业创意之都，成为我国建设社会主义现代化强国的城市范例；到本世纪中叶，成为竞争力、创新力、影响力卓著的全球标杆城市。深圳正在抢抓"双区驱动"重大历史机遇，阔步走向世界舞台的中央。

潮平两岸阔，风正一帆悬。40年前，历史在重要转折关头选择了深圳；在"两个一百年"奋斗目标的历史交汇期，时代再次选择了深圳。一切伟大成就都是接续奋斗的结果，一切伟大事业都需要在继往开来中推进，从最早的"拓荒牛精神"，到三次提炼概括"深圳精神"，到评选"深圳十大观念"，再到提炼概括"新时代深圳精神"，一路走来，"深圳精神"变的是不断丰富的价值内涵，不变的是始终成为"国家立场"的"深圳表达"。面向未来，"新时代深圳精神"将熔铸特区发展之魂,为深圳朝着建设中国特色社会主义先行示范区的方向前行、努力创建社会主义现代化强国的城市范例,提供坚强的精神动力和思想保障,凝聚特区建设者的磅礴伟力,创造出让世界刮目相看的新的更大奇迹。

第一章
敢闯敢试

第一节

"敢闯敢试"释义

深圳经济特区从诞生到发展,始终绽放着"敢闯敢试"的精神风采。"敢闯敢试"已深深注入深圳的血脉,融入深圳的体魄,体现深圳发展的特色,成为深圳独特的精神标识和城市形象。

"敢闯敢试"是邓小平同志特区建设思想的重要内容。邓小平同志是创办经济特区的决策者、指路人。早在经济特区建立之前,1979年4月,邓小平同志在同时任广东省委第一书记习仲勋同志谈办特区时指出,要"杀出一条血路"。"敢闯敢试"在此语中一览无余。

1984年1月,邓小平同志首次视察深圳并题词"深圳的发展和经验证明,我们建立经济特区的政策是正确的"。同年2月,邓小平指出,特区是个窗口,是技术的窗口,管理的窗口,知识的窗口,也是对外政策的窗口。1992年春,邓小平同志视察深圳等地并发表谈话,充分肯定深圳的成就和经验,指出深圳的重要经验就是敢闯,强调改革开放胆子要大一些,敢于试验,不能像小脚女人一样。看准了的,就大胆地试、大胆地闯。

邓小平同志关于"敢闯敢试"的重要论述,极大激发和鼓励着深圳人的闯劲,得到深圳人民的衷心拥护,引起深圳各界的热烈反响。深圳媒体、海内外许多主要媒体都报道了邓小平同志关于"敢闯敢试"的论述。"敢闯敢试"的观念在深圳得到空前深入地培植、空前广泛地传播，成为深圳思想文化领域的主旋律，转化为"深圳精神"的成长基因。

在新时代，深圳的"敢闯敢试"是贯彻习近平新时代中国特色社会主义思想的必然要求，是落实习近平总书记关于深圳工作的重要讲话和指示批示精神的集中体现。习近平总书记站在新时代的历史高度，对"敢闯敢试"作出了一系列重要论述，开拓了"敢闯敢试"的新境界。他指出："我们要学习邓小平同志敢于开拓创新的政治勇气……把开拓创新作为一种常态，不断用发展着的马克思主义指导新的实践，又从实践中作出新的理论概括，敢破敢立、敢闯敢试，义无反顾把改革开放不断向前推进。"① 习近平总书记鼓励广东、深圳"敢闯敢试"，他强调："广东要弘扬敢闯敢试、敢为人先的改革精神，立足自身优势，创造更多经验，把改革开放的旗帜举得更高更稳。"② 要求深圳"充分发挥特区人敢为天下先的精神，敢于'做第一个吃螃蟹的人'"。③ 习近平总书记关于"敢闯敢试"的一系列重要论述是"深圳精神"的力量源泉。

"敢闯敢试"首先是解放思想、实事求是、开拓进取。"敢闯敢试"来自思想解放。习近平总书记指出："冲破思想观念的障碍、突破利益固化的藩篱，解放思想是首要的。"④ 解放思想就是破除迷信，敢于打破教条主义、主观主义、形而上学和一切狭隘偏见桎梏，敢

---

① 习近平.在纪念邓小平同志诞辰110周年座谈会上的讲话[N].人民日报海外版，2014-08-20（第03版）.
② 人民日报评论员：弘扬敢闯敢试、敢为人先的改革精神——论学习贯彻习近平总书记广东考察重要讲话精神[N].人民日报，2018-11-01（第4版）.
③ 綦伟.牢记重托走在前列勇当尖兵 奋力建设中国特色社会主义先行示范区——写在党的十九大后习近平总书记视察一周年之际[N].深圳特区报，2019-10-24（A01）.
④ 习近平谈解放思想[N].人民日报海外版，2018-11-28（第05版）.

于打破那些不合时宜的观念、做法和体制，敢于直面现实、实事求是、追求真理。解放思想不是盲目的，而是以客观事物的发展规律为基础。习近平总书记指出："解放思想不是脱离国情的异想天开，也不是闭门造车的主观想象，更不是毫无章法的莽撞蛮干。解放思想的目的在于更好地实事求是。要坚持解放思想和实事求是的有机统一，一切从国情出发、从实际出发，既总结国内成功做法又借鉴国外有益经验，既大胆探索又脚踏实地，敢闯敢干，大胆实践，多出可复制可推广的经验，带动全国改革步伐。"① 只有解放思想、实事求是，才能"闯"得动、"闯"得通、"闯"得赢，才能开拓进取、"闯"出一条新路。解放思想、实事求是是深圳的传家宝，是深圳的生机所系、力量所在。深圳是解放思想、实事求是的产儿，又是解放思想、实事求是的闯将。40年来，深圳以大无畏的气概，想常人所不敢想，行常人所未敢行，开拓了新思想、新观念的发展空间，推动和引领人的思想观念和精神状态进入了一个新境界。

"敢闯敢试"就是勇于改革、勇于担当、敢为天下先。新时代的"敢闯敢试"更强调提升改革开放质量和水平，更强调为人民谋幸福。2018年10月，习近平总书记在视察深圳时强调："党的十八大后我考察调研的第一站就是深圳，改革开放40周年之际再来这里，就是要向世界宣示中国改革不停顿、开放不止步，中国一定会有让世界刮目相看的新的更大奇迹。我们要不忘改革开放初心，认真总结改革开放40年成功经验，提升改革开放质量和水平。要坚持以人民为中心，把为人民谋幸福作为检验改革成效的标准，让改革开放成果更好惠及广大人民群众。"并要求"深圳要扎实推进前

---

① 习近平谈解放思想[N]. 人民日报海外版，2018-11-28（第05版）.

海建设，拿出更多务实创新的改革举措，探索更多可复制可推广的经验"。① 2018 年 12 月，习近平总书记在对深圳工作的重要批示中指出："希望深圳市广大干部群众继续解放思想、真抓实干，改革开放再出发，不断推动深圳工作开创新局面、再创新优势、铸造新辉煌，在新时代走在前列、新征程勇当尖兵。"② 习近平总书记对深圳的嘱托极大地鼓励着深圳的"敢闯敢试"精神。深圳的"敢闯敢试"肩负着国家使命和时代担当，贯穿于"排头兵""试验田""先行示范区"先行先试、敢为天下先的要求，是当代中国精神的一个缩影。

"敢闯敢试"就是创新奋斗、成就梦想。"敢闯敢试"的意义在于创新，在于创造新的美好生活。深圳是移民城市，是创新创业之都。"敢闯敢试"是移民的决心、行动和气派，是创新者、创业者和劳动创造者的精神气质。"闯"在《说文解字》中意为"马出门貌"。当来自五湖四海的移民"闯"出自己家门的时候，他们已经"闯"向了自己的憧憬和梦想，已经开始创造自己的新生活。正是在"闯"的过程中，无数移民开始在深圳圆梦。有许许多多的创新创业者，他们不畏艰难，勇于挑战，创新奋斗，敢于追逐梦想、成就梦想，打造出一大批富有生机活力的著名企业，"闯"出国门、走向世界。习近平总书记指出："梦想属于每一个人，广大劳动群众要敢想敢干、敢于追梦。说到底，实现中华民族伟大复兴的中国梦，要靠各行各业人们的辛勤劳动。"③ 深圳人的梦是中国梦的一个体现。深圳的"敢闯敢试"体现了中国人自强不息、不懈奋斗、勇于改变

---

① 习近平谈改革开放 [N]. 人民日报海外版，2018-11-14（第 05 版）.
② 社论."继续解放思想、真抓实干，改革开放再出发" [N]. 晶报，2019-01-08（A02）.
③ 2016 年 4 月 26 日在知识分子、劳动模范、青年代表座谈会上的讲话。

图1 拓荒牛

现状的精神,体现了当代中国驰骋天下、迅猛赶超世界先进水平的精神,体现了中华民族振兴中华、实现中华民族伟大复兴中国梦的精神。

弘扬新时代的"敢闯敢试"精神,就是以习近平新时代中国特色社会主义思想为指导,朝着"先行示范区、强国城市范例"的方向大胆地"闯"、大胆地"试",实现城市质量的提升和跨越,不断创造城市发展新的更大奇迹。

第二节
敢闯敢试：永不过时的特区精神

一位肌腱发达、表情坚毅的巨人，用双臂撑破铁门框……在深圳，老博物馆的门口，一尊视觉冲击力非常强的铜质金属雕塑为无数人所熟悉。

"闯"，是这座雕塑的名字。

"闯"，更是深圳这座中国最年轻的一线城市里永恒的风景。

2012年12月，党的十八大后，习近平总书记离京视察，第一站就来到深圳，向世界宣示中国改革不停顿、开放不止步，并要求深圳"充分发挥特区人敢为天下先的精神，敢于'做第一个吃螃蟹的人'"。在前海，习近平总书记说："既然授权给你们了，就要大胆地往前走！"

2018年10月，改革开放40周年之际，习近平总书记再次来到深圳。在参观"大潮起珠江——广东改革开放40周年展览"时，他坚定地表示："我们要不忘改革开放初心，认真总结改革开放40年成功经验，提升改革开放质量和水平。"①

"大胆地往前走！"回顾深圳发展的各个时期，特区人始终敢闯敢试、敢为天下先，把中央改革开放的战略设想变为了生动现实，

---

① 人民日报评论员：不忘改革开放初心——论学习贯彻习近平总书记广东考察重要讲话精神[N]. 人民日报，2018-10-29（第1版）.

图 2　邓小平铜像

把一个个不可能变成了可能，凭着一股敢闯敢试的劲头，走好了改革开放的关键一招。

因"闯"而生、因"闯"而兴，因"闯"而充满魅力、活力、动力和创新力！一个"闯"字，可以道出改革开放40多年深圳的气质，更成为新时代深圳闪亮的城市精神，历久弥新。

一、因敢闯而生，"敢闯"成为城市最具标志性的精神特质

2012年12月8日，在深圳莲花山公园内，习近平总书记深情瞻仰邓小平铜像，并亲手种下一棵高山榕。

广东省人大常委会主任欧广源、深圳市委前书记李灏、珠海市委前书记梁广大、广州市政协前主席陈开枝，这四位当年曾陪同邓小平同志视察南方的老同志，来到了习近平总书记的身边，畅说当年陪同邓小平同志视察广东时的难忘情景。①

莲花山顶，铜像中的邓小平同志身穿风衣，气宇轩昂，步伐坚定，大步向前行走。他的目光炯炯有神，默默注视着脚下的城市不断成长。

拨动时光的指针，回望改革开放40多年，回顾深圳经济特区诞生以来走过的每一步，这股敢闯敢试、敢为人先的闯劲，贯穿了这座年轻城市探索前行的每一个脚印。

兴办经济特区，是党和国家为推进改革开放和社会主义现代化建设进行的伟大创举。1978年12月，党的十一届三中全会作出把党和国家工作中心转移到经济建设上来、实行改革开放的历史性决策，动员全党全国各族人民为社会主义现代化建设进行新的长征。1979年4月，时任广东省委第一书记习仲勋同志向中央领导同志提出兴办出口加工区、推进改革开放的建议。邓小平同志明确指出，还是叫特区好，中央可以给些政策，你们自己去搞，杀出一条血路来。同年7月，党中央、国务院批准广东、福建两省实行"特殊政策、灵活措施、先行一步"，并试办出口特区。1980年8月党和国家批准在深圳、珠海、汕头、厦门设置经济特区，1988年4月又批准建立海南经济特区，明确要求发挥经济特区对全国改革开放和社会主义现代化建设的重要窗口和示范带动作用。

回望历史，很多人会问：为什么要创办经济特区？为什么特区

---

① 胡键. 改革不停顿 开放不止步——习近平总书记考察广东纪实[N]. 南方日报，2012-12-31.

最先涌起改革开放的大潮？

在深圳罗湖的渔民村社区，有一条百米文化艺术长廊。长廊墙壁上一幅反映当年许多外逃香港的村民又回到渔民村的浮雕，说出了百姓"用脚投票"的朴素道理。

不闯，没有退路！特区的诞生，是特区建设者解放思想、实事求是的审时度势和为中国人民谋幸福，为中华民族谋复兴的坚定初心孵化而来的。敢闯敢试，从一开始就是深圳经济特区与生俱来的基因。

"春雷啊唤醒了长城内外，春晖啊暖透了大江两岸。"《春天的故事》词作者蒋开儒在《深圳特区报》上看到《东方风来满眼春》，随后在1992年只身来到了深圳，满目新鲜。

多年后，蒋开儒依然熟记自己当年写下的句子："深圳最吸引我的不是钱，而是观念。"他给记者念自己当年写下的句子："观念是由人创造的。这里的人，不谈谦虚谈自信，不排辈分排股份，不找市长找市场，不拜灶王拜财神，不求安稳求创新，不惜汗水惜光阴。光阴就是时间，时间就是金钱，效率就是生命……"

这句让蒋开儒印象深刻的"时间就是金钱　效率就是生命"标语如今矗立在蛇口，它所在的广场已经被命名为"时间广场"。广场中央地面是一个形如钟表盘的圆形坐标，在不同的针刻度上记录着蛇口以及深圳开发的重要时间节点和事件。

历史以这种方式被铭记。

在社会主义国家建立经济特区，是一项前无古人的事业，翻开任何一本字典，都没有"经济特区"这样的字眼。面对传统计划经济体制的重重藩篱，深圳经济特区几乎每跨出一步，都要历经一番"闯"的过程。

敢于突破旧的观念、打破旧的体制，不断创造新的观念、建立新的体制。从蛇口工业区，到深圳经济特区，一系列"敢为天下先"的经济探索与制度革新层层铺开，思想的解放振奋全国。

敢闯，就有出路。

推行基建工程招标制，是深圳"敢闯第一例"。这一事件，被列入"深圳经济特区 30 年 100 件大事"。

1981 年，深圳市房地产公司与香港中发大同公司合作在罗湖小区建国商大厦，这是特区内第一座商业楼宇，然而合同签了一个月，工地上还是冷冷清清，不见开工。原来承建方要求把造价从谈好的每平方米 550 元，提高到每平方米 580 元，而且工期一定为 3 年。否则就"另请高明"。这下把深港双方的业主都逼急了。建楼资金都是向香港银行贷的，"分分钟要付利息"。

在深圳市委支持下，他们决定像香港一样搞工程招标。消息一公布，立刻在几十万建筑大军中引起巨大反响。18 家建筑公司参与角逐。最终夺标者是中国第一冶金建设公司，合同造价每平方米 398 元，总造价较前降低了 946 万元，工期为 18 个月。协议规定：工期每提前或拖延一天，奖励或罚款 1 万元。实行包工、保料。由于奖罚分明，权责到位，中国第一冶金建筑公司也相应层层制定承包责任制，奖金上不封顶，下不保底。整个建筑工地展开了大会战。最后，竟然提前 94 天保质保量盖完大楼，创造了深圳建筑史上的第一个奇迹。[1]

这项改革曾招来不少非议，有人说这是破坏了国家计划，自相残杀，为资本家效劳，坚持应该"肥水不流外人田，要照顾本省企

---

[1] 温柔. 创造 1000 多项"全国第一"！深圳改革传奇依然在延续 [J]. 南方，2018（24）.

业"。但深圳市委全力支持了这项改革，并作专门批示：今后基建必须坚持招标，否则以党纪论处。市政府则做出决定：深圳的基建工程必须全面实行招标。1982年，深圳市建委颁布了《深圳经济特区建筑工程招标投标暂行办法》草案。到1985年，招投标工程已占到全部工程的90%以上。

敢为天下先，不断创出新的纪录。每一项突破，都拓出一片新的天地。

在深圳博物馆三楼展厅，一张由《深圳特区报》记者刘廷芳拍摄的老照片为参观者所熟悉：照片里的主角满脸笑意，手上举着写着"11"的号码牌，这是全国土地拍卖"第一槌"的现场——

1987年12月1日，为了将国有土地使用权有偿转让换取建设资金，深圳举行了新中国首宗土地使用权拍卖会。一块面积为8588平方米的土地，起价200万元，经过长达17分钟的轮番叫价，以525万元成交，①手举11号牌的买主成为最后的赢家。

当时，土地使用权有偿流转，是法律的"禁区"。多年后，当年的执槌拍卖官刘佳胜——这位曾任深圳市规划国土局局长的拍卖见证人，如是描述首次土地使用权拍卖会给予他的震撼："至今我仍能感觉到那时的心跳！"他回忆，"当年一说拍卖土地可不得了，有人说这是违反宪法，有人说我们要搞资本主义，甚至说是卖国行为。由于担心'拍卖'可能会引起一些人的反感，我们把'拍卖'改成了'公开竞投'。"

但就是这石破天惊的"第一槌"，创造性地实施土地所有权和

---

① 胡谋，田俊荣. 开路先锋再出发（经济特区30年）——写在深圳经济特区建立三十周年之际[N]. 人民日报海外版，2010-08-26（第04版）.

使用权相分离的制度安排，掀开了新中国土地管理史上新的一页。1987年12月29日，广东省第六届人大常委会第三十次会议通过了《深圳经济特区土地管理条例》，规定土地使用权可以有偿使用、转让。其后，全国许多城市纷纷参照深圳的做法，实行了国有土地有偿转让。更为重要的，1988年4月12日，第七届全国人大第一次会议通过了《中华人民共和国宪法修正案》，将原来宪法中"不得出租土地"的"出租"二字删去，并加上一句"土地的使用权可以依照法律的规定转让"。

当时有媒体评论："这是一次历史性突破，是我国土地使用制度的根本性变革，标志着我国的根本大法承认了土地使用权的商品属性，跨出了土地商品化、市场化的重大一步。"

"深圳的重要经验就是敢闯！"1984年、1992年邓小平同志两次到南方视察广东、深圳，他说过的这句话，至今听来依然振聋发聩，回响在深圳经济特区这片激情燃烧的大地上。

面对无数不合时宜的政策法规的"禁区"，无数前人未曾涉及的"盲区"和无数错综复杂令人望而却步的"雷区"，深圳人不唯上、不唯书、只唯实，在价格体制、投资体制、产权制度、所有制结构调整、劳动用工、社会保障体系、农村股份合作制等方面，进行了一系列有胆有识的改革。

率先改革劳动用工制度、率先打破电信垄断、率先建立新中国第一家股份制企业、率先放开价格取消"票证"……因为敢于"吃螃蟹"，深圳人创造了无数的"全国第一"。这些"首创"和"率先"，强烈地冲击着传统的管理模式和人们的传统观念，为深圳的快速发展提供了动力，也为全国的改革开放提供了经验。

深圳的改变也吸引着全国各地无数敢闯敢试、立志于改变自己的人们。他们不安于现状、不甘于平庸，他们不左顾右盼、不患得患失；他们胸怀梦想、全力以赴追求新的人生；他们最大的乐趣在于战胜一切困难和挑战。

袁庚、任正非、马化腾、王传福……他们有着一个个闪光的名字，他们让深圳成为中国最大的移民城市，让自己成为"敢闯敢试"的一分子，让"敢闯敢试"成为年轻城市最重要的身份认同和最具标志性的精神特质，更让深圳因为"敢闯敢试"而永葆青春活力。

二、因敢闯而兴，打破路径依赖，高新技术产业成为全国一面旗帜

凭借毗邻香港、土地和人工成本低等优势，深圳在20世纪80年代进入"三来一补"（来料加工、来样加工、来件装配和补偿贸易）的加工制造快车道。自此，一座中国电子信息产业重镇快速成长起来。

敢闯，就要不断勇于突破，不能躺在现有的成绩上吃老本。20世纪90年代，"三来一补"产业还很"吃香"，靠挣加工费，不仅能过日子，甚至可以实现"小富即安"。

不过，"三来一补"模式在当时已从深圳等沿海地区推广到中国腹地，改革开放大潮席卷全国。深圳在某些方面的优势似乎不那么明显了。1997年骤然爆发的亚洲金融危机，给亚太地区带来沉重打击，也标志着旧的发展模式捉襟见肘。

特区"不特"了吗？深圳还有没有优势？这些问题困扰着这座年轻的城市。

敢闯的本质，就是勇于创新，这是解读深圳充满活力的"关键密码"。

深圳决策层早就敏锐地意识到，建立在加工贸易上的经济增长难以持续。当地区生产总值中加工贸易总产值和建筑业总产值的占比一度高达八成多、进而引起各方诟病之际，深圳已出台了全国第一个《关于鼓励科技人员兴办民间科技企业的暂行规定》，首次提出，开办民间科技企业不仅可以以资金入股，而且可以以商标权、专利、专有技术等无形资产入股。

这项规定使深圳诞生了像华为这样世界级的大公司，为深圳高科技产业发展和创新能力的提高打下了体制机制的基础。华为创始人任正非这样解释当初为何选择深圳：因为这里出台的文件明晰了民营企业产权，没有这个文件，我们就不会在1987年创办华为。任正非称，华为总部基地永远在深圳。在他看来，国家会坚持改革，会更加开放，企业能够在国际化的环境中公平竞争，坚持法治化、市场化的道路，就能托起企业的理想和梦想。

敢于打破既有的路径依赖，顶住经济"减速"的风险，深圳大胆提出"二次创业"，创新性地率先进行产业结构调整、发展高新技术等支柱产业。

最引人瞩目的是，在1995年修编的《城市总体规划》，即深圳历史上著名的"96总规"中，深圳首次提出"高新技术产业基地"和"区域性金融中心"的定位。

后来，这一路径不断明晰。1998年，深圳市委、市政府作出重要论断：高新技术产业是深圳的希望所在、后劲所在。深圳要在产业升级上走在全国的前面，就必须大力发展高新技术产业，使之成为深圳的经济特色和第一经济增长点。

同年，深圳决定停办已举办十年的深圳"荔枝节"，改办"深圳高新技术成果交易会"。1999年1月5日，国务院正式同意每年秋天在深圳举办中国国际高新技术成果交易会（简称高交会）。1999年秋天，深南大道的"高交会馆"——这座用"深圳速度"搭建起来的临时展馆，"人流如织""摩肩接踵"。

而今，高交会不仅是深圳的城市名片，更是中国科技第一展，成为全球高科技产业的重要风向标。参加首届高交会的一些小微初创企业，如今已经领跑行业。腾讯QQ早就从一个"小企鹅"，跃升为全球互联网领域的"大象"，跻身世界500强。

因敢闯而兴。科技创新驱动发展的大门一旦打开，就永远不会关上。深圳埋头推动产业转型升级，在创新资源极度匮乏的"科技荒漠"上建成了一片"创新绿洲"，实现了从"三来一补"到高新技术产业的蝶变。随着进一步改革开放，早已在深圳设厂的富士康从材料加工改成独资外销的企业。由于业绩增长很快，1996年2月2日，富士康正式在龙华开建新厂区。从深圳出发，富士康成长为全球精密制造、高端制造、先进制造的产业巨头。苹果、诺基亚、索尼、亚马逊等产业巨头，纷纷将自己的最新产品拿到富士康生产。

扎根深圳30多年的富士康之所以不断实现跨越式发展，是因为得益于中国的改革开放政策，得益于深圳创新包容的良好营商环境。

像富士康这样的企业，深圳非常多。中集集团是全球最大的集装箱、登机桥制造商，创维、康佳、TCL为中国彩电制造三巨头，迈瑞领跑中国医疗器械行业，大族激光早已跻身全球激光制造第一梯队……

深圳是一座尊重敢闯者的城市，无数创新创业者在这里圆梦,一个个鲜亮的名字被写在深圳改革创新的历史簿上。深圳还有千千万万个普通人在"敢闯"的大潮中成就了自我。深圳曾为100个普通人出书——《深圳梦——100个深圳人的成长史》。他们是深圳平凡的大多数,因为梦想而绽放出动人的光彩,因为实干而在这座城市留下了深深的印迹。

坚持市场化为导向,这是深圳乃至中国经济体制改革的信条,也是中国特色社会主义道路始终充满活力的奥秘。深圳的"6个90%"早已成为深圳人尊重市场主体、激发企业创新活力的代名词。深圳90%以上的研发机构设立在企业、90%以上的研发人员集中在企业、90%以上的研发资金来源于企业、90%以上的创新型企业是本土企业、90%以上的职务发明专利出自企业、90%以上的重大科技项目发明专利来源于龙头企业。[①]

敢闯,更是一种敢于直面困境的勇于突破。

21世纪初,在国内其他城市紧追不舍的同时,深圳"四个难以为继"问题突出:土地、空间难以为继;能源、水资源难以为继;实现万亿生产总值需要更多劳动力投入,而城市已经不堪人口重负,难以为继;环境承载力难以为继。

2002年11月,一篇题为《深圳,你被谁抛弃?》的网络文章炸响全国,深圳再次被推上了风口浪尖。

每当深圳经济社会发展到了转型跃升的关键时期,总有一股大胆改革、勇于创新的力量,推动着深圳经济结构和产业结构的调整与优化。

深圳大胆进行自我解剖,及时洞察到传统发展模式下的"四个

---

① 张光旺.深圳创新特点:"6个90%"[N].南方都市报,2017-06-10(AA07).

难以为继",提出从"速度深圳"向"效益深圳"升级转型;面对全球经济低迷的背景,深圳提出"有质量的稳定增长,可持续的全面发展",全力打造"深圳质量""深圳标准"。

深圳对劳动密集、污染较大、资源型的低端制造企业进行转移和"腾笼换鸟",以有限的土地资源实现产业和经济的集约化发展,重点引进和发展高端产业、总部经济、研发中心。

几年前还是一片旧工业区的南山智园,如今已实现"腾笼换鸟"的质变。优必选、创客工场、奇酷网络等大批深圳本土企业,正在这里书写转型升级带来的生命力。这一切,得益于深圳布局高端产业,推动产业转型升级,从而实现经济社会发展的质量与速度有机统一、效益与结构同步优化。

其实,深圳率先引领、争取主动的改革精神一以贯之。从"三来一补"到"转轨"高新技术产业开始,深圳勇闯"无人区",前瞻布局战略性新兴产业、未来产业,加快建设国际科技、产业创新中心,进而构建现代产业体系,打造战略性新兴产业、未来产业、现代服务业和优势传统产业"四路纵队",形成经济增量以战略性新兴产业、工业以先进制造业、三产以现代服务业等"三个为主"的产业结构,实现了向梯次型现代产业体系的跃升;[①]三次产业结构更加合理,全市生产总值含金量更高。

目前,中国经济已由高速增长阶段转向高质量发展阶段,深圳以标志性的创新驱动和质量型发展,成为中国经济转型升级"宏大叙事"中的最新注脚。

---

① 深圳特区报评论员:形成具有世界级竞争力的现代产业体系——四论贯彻落实市委六届十次全会精神[N]. 深圳特区报,2018-07-25(A01).

敢闯，是一个从"破"到"立"，从"一"到"多"的跃升；敢闯，意味着整体推进。深圳不仅要闯出一条社会主义市场经济之路，让体制机制活血化瘀，整体活络起来，还要闯出一个中国特色社会主义的精彩样本。

深圳不断推动产权制度改革；在全国率先进行政府审批制度改革，明确提出"政府培育市场，市场解放政府，政府解放企业，企业解放生产力"。1997年年初，深圳在全国率先进行政府审批制度改革，拉开了全国以转变政府职能为主要内容的政府改革的序幕，为在全国进行的审批制度改革提供了成功的经验；提出建立社会主义市场经济的十大体系和形成市场经济的四大运行机制；基本完成市属国有企业的产权改革和国有资产管理体制的调整，初步建立了一套适应市场经济的国有企业运行体制和机制，为全国的国有企业改革提供经验；推动特区外农村城市化，为特区内外一体化建设发展奠定了基础，深圳成为全国第一个没有农村的城市，解决了几百平方公里城市建设和产业发展遇到的空间和土地问题……①

深圳的"闯"是全方位的、开创性的。特区建立40年来，在经济社会发展全过程、各环节，深圳都在闯新路。积极探索社会参与机制、制约机制、议政机制和法治机制，强化党的领导，推行"大部制"，构建反腐倡廉制度体系，健全人大主导的立法工作机制等，迭出的改革创新之举为发展社会主义民主政治、建设社会主义政治文明不断注入新的活力，从而为社会主义现代化建设提供更加坚强的政治保障，更在文化、生态、社会体制上发力。

---

① 深圳创新发展研究院.改革者：百位深圳改革人物[M].北京：中信出版社，2019：60-64.

"没有改革开放的精神,没有敢闯敢试的勇气,没有冲破体制的创新,不可能解放和发展生产力,就没有今天的深圳,中国就不会成为世界第二大经济体。"年过九旬的深圳市委前书记李灏说。①

三、因敢闯而强,啃硬骨头、闯深水区,改革不停顿、开放不止步

改革不停顿,开放不止步。

2012年12月7日,党的十八大闭幕不久,习近平总书记离京考察第一站就来到深圳,向世界郑重宣示坚持改革开放、继续发展中国特色社会主义的坚定决心,并对深圳提出了新要求。

不忘初心,牢记使命。深圳深入贯彻落实习近平总书记对广东、深圳系列重要指示批示精神,以改革开放"排头兵"的先锋姿态不断探索前行,保持着"敢为天下先"的气质——从"敢闯"到"善创",从"试验田"到"示范市",从"杀出一条血路"到"勇当尖兵、再创新局",努力打造彰显中国特色社会主义巨大优越性的最佳例证、最佳样板。

特区何以能特?需有特别之为,交出特优答卷。深圳始终认认真真、老老实实、一丝不苟地落实习近平总书记的重要指示批示精神,在"高位过坎"关键阶段继续深化改革开放,实现深层次、根本性的变革,取得全方位、开创性的成就,实现不断增创新优势、迈上新台阶。

---

① 韩文嘉,姚卓文. 深圳敢闯敢试 敢为人先[N]. 深圳特区报,2016-06-27(A06).

因敢闯而强，前海，是最好的答卷。

前海是习近平总书记亲手缔造、亲自决策成立的新时代国家改革开放战略平台，习近平总书记先后两次亲临前海视察，嘱托前海"精耕细作、精雕细琢"，在一片荒凉滩涂的"白纸"上画出最美最好的图画，打造最浓缩最精华的核心引擎。

深圳深刻把握党中央赋予的定位和使命，对标国际上公认的竞争力最强的自由贸易园区，以高站位、宽视野、大格局谋划区域开发开放，以更深层次、更宽领域、更大力度的改革创新，加快打造制度创新高地和策源地。

先行先试，打造可复制、可推广的制度成果。前海打造以投资便利化、贸易便利化、金融开放创新、事中事后监管、法治创新、人才管理改革、体制机制创新、党建创新等为核心的制度创新"前海模式"。

2018年10月24日，习近平总书记再次视察前海，充分肯定"前海模式是可行的"："前海的制度创新做了很多的研究，也出了很多成果，有的已经推广到全国，要继续做好。"

截至2020年4月，前海累计推出制度创新成果520项，在全国复制推广50项，粤港澳大湾区复制推广5项，全省复制推广69项，全市复制推广165项，在山西省、赣江新区等区域实现点对点复制超过250项，成为制度创新数量最多、复制推广最好的自贸片区之一。据中山大学评估显示，前海制度创新指数综合得分于2018年、2019年连续两年排名全国第一。[①]

---

① 吴德群."深圳前海生机勃勃"——写在前海蛇口自贸片区挂牌五周年[N].深圳特区报，2020-04-27（A01）.

前海实现跨越式发展。200多座高楼封顶交楼，前海天际线越发亮丽，每平方公里产出逾百亿增加值；平均每三天推出一项创新制度，并向全国推广复制；营商环境不断优化，吸引全球高端资源聚集，世界500强企业加速进驻，成为经济发展最快、效益最好、质量最高的自贸片区之一。

敢闯敢试、深化改革，并非一帆风顺，而是要不断克难求进。40年一路前行，深圳在取得一个个改革成就的同时，也累积了一些历史遗留问题。比如，深圳面临着严峻的违建问题，这意味着深圳土地管理制度和查违体制机制有待健全。为此，深圳在探索前行的同时，查漏找错、拾遗补阙，2015年10月出台"1+2"文件形式的"史上最严查违决定"，当年即基本实现违法建筑全面控停……

习近平总书记指出，实践发展永无止境，解放思想永无止境，改革开放也永无止境，停顿和倒退没有出路。改革开放正是"关键一招"。①

改革尖兵，蹄疾步稳。作为改革开放的"排头兵"，深圳遵循党中央的顶层设计，主动承接试点，大胆先行先试，在基层探索中勇于挑最重的担子、啃最硬的骨头，主动对接国家、广东省数百项改革任务，在重点领域和关键环节改革上攻坚突破。

紧紧扭住供给侧结构性改革这一主线，深圳制定总体方案和"三去一降一补"多个专项行动计划，在科技创新、企业竞争力、人才优先发展、人才住房、高等教育等方面集中推出众多改革措施；大力简政放权，建设现代化服务型政府；强力推进强区放权及投融资体制、土地管理制度、国资国企、住房保障、教育医疗、社会组

---

① 2013年11月9日，关于《中共中央关于全面深化改革若干重大问题的决定》的说明。

织等领域的改革攻坚，积极探索法院人员分类管理和法官职业化改革、审判权运行机制改革……

先行先试，拷问改革决心。深圳率先在全国启动商事制度改革，引领新一轮政府职能转变。从"三证合一"到"五证合一"，再到"七证合一"，深圳激发市场活力和社会创造力的步伐坚定迈进。截至2019年12月，深圳商事主体总量约320万家，商事主体数和创业密度保持全国第一。[①]

深圳全面深化改革，不断激发市场活力。深圳全国首创多主体供给、多渠道保障、租购并举的"4+2+2+2"住房供应和保障体系，被誉为"深圳二次房改"；发挥前海蛇口自贸片区重要开放平台作用，在更广领域扩大外资市场准入、全面实施准入前国民待遇加负面清单管理制度，推动现代服务业、制造业、金融业等领域全方位对外开放；推出深圳营商环境"20条"、行政服务事项"秒批"、工程建设项目审批"深圳90"改革等一系列营商环境改革，备受瞩目；积极实施科技体制机制改革攻坚工程，打造科技体制改革先行区；以更大力度支持民营经济发展，降低工商业用电成本，推出"四个千亿"计划，"真金白银"为民营企业纾困。

新华社撰文指出，改革开放的浩荡春风，改革开放释放的强大活力，让深圳焕发出前所未有的生命力，有力地证明了中国特色社会主义道路一定会越走越宽广。

深圳实践充分证明，始终坚定不移全面深化改革，坚决破除各方面体制机制弊端，就能不断破解发展难题，赢得发展新优势。

---

① 陈晓薇.走与深圳气质相匹配的媒体融合发展之路——读创变身300万商事主体社交平台[N].深圳商报，2019-12-28（A02）.

深圳"创新范儿"引发世界瞩目，产业不断转型升级，实现高质量发展。

习近平总书记在考察光启、腾讯等企业后，要求深圳继续创新体制机制，营造创新创业的良好环境。

深圳创新创造正是"优势所在"。深圳是中国的"硅谷"，已成共识。而且，在众多创新创业者眼里，"中国硅谷"还拥有美国硅谷不具备的硬件制造和产业配套能力。

特别是党的十八大以来，深圳坚持把"创新驱动"作为城市发展的主导战略，加快建设国际科技、产业创新中心，构建起"基础研究＋技术攻关＋成果产业化＋科技金融"全过程创新生态链，创新环境不断优化，研发投入持续增加，创新人才加快集聚，创新成果不断涌现，创新能力显著提升，经济新动能加快成长，对经济社会高质量发展的支撑和引领作用凸显。

深圳已然成为国家创新型城市、全球知名创新之都。截至2019年年底，深圳拥有创新载体2260家，国家级高新技术企业逾1.7万家，PCT国际专利申请量连续16年居全国城市首位，基础研究和核心技术攻关能力显著提升，技术创新由"跟跑"向"并跑""领跑"转变。

创新驱动，关键在人才。习近平总书记指出，一个国家的强盛、国力的竞争，归根结底是人才的竞争。深圳不断加快完善人才政策体系，吸引全球人才、培育本土人才。出台《深圳市关于促进创客发展的若干措施（试行）》《行动计划》，正式实施《深圳经济特区人才工作条例》，把每年11月1日设为"人才日"，建设人才公园。①

曾经，在家门口上名牌大学是深圳学子的梦想。如今，梦想正不断变成现实，香港中文大学（深圳）、中山大学（深圳）、哈尔滨工业大学（深圳）、深圳北理莫斯科大学等一批高水平大学相继落户深圳。

会当凌绝顶，一览众山小。牢记习近平总书记殷殷嘱托，深圳砥砺前行，战胜了一个又一个严峻挑战，创造了一个又一个显著成就，书写了特区发展的精彩新篇章。

深圳赢得世界目光。"全球经济特区最成功的要数中国深圳""深圳的快速发展是人类历史上了不起的成就"，国外观察家点赞纷至沓来。英国《经济学人》这样评价：改革开放近40年，中国最引人瞩目的实践是经济特区；全世界超过4000个经济特区，头号成功典范莫过于"深圳奇迹"。

深圳的发展成就，是党的十八大以来我国实现历史性变革和取得历史性成就的生动缩影，是我们党推进中国特色社会主义现代化建设的伟大实践，雄辩地证明中国特色社会主义道路不仅"走得通"，而且"走得快""走得好"，是中华民族伟大复兴的希望之路。

敢闯，就会变得更加强大，就能战胜一切困难和挑战。

---

① 叶晓宾，肖意，翁惠娟等.伟大旗帜指引 深圳经济特区发展迈入新时代——写在习近平总书记考察深圳五周年之际[N].深圳特区报，2017-12-07（A01）.

四、从敢闯敢试到先行示范，引领中国特色社会主义的探索和发展

过去40年，"敢闯敢试"已经成为深圳鲜明的城市符号。当前，新一轮产业革命处于爆发前夜，全球经济增长乏力。科技创新、产业创新与制度创新逐渐进入无先例可循、无经验可依的"无人区"，继续推进的复杂程度和艰巨程度不亚于40多年前。

在中华人民共和国成立70周年之际，在深圳即将迎来建立经济特区40周年的重要时刻，随着一份重磅文件正式对外公布，"敢闯敢试"对于深圳，又有了更多、更重要的意义。

2019年8月，《中共中央 国务院关于支持深圳建设中国特色社会主义先行示范区的意见》（以下简称《意见》）发布。从"先行先试"到"先行示范"，从"杀出一条血路"到"走出一条新路"，在新的时代，"奇迹之城"深圳再次被赋予新的历史使命。

"这是探索塑造中国未来的新开启！这是更高起点上的再出发！"新华社如此解读。《意见》正式发布一个月后的9月17日，中共深圳市委召开六届十二次全会，学习贯彻《意见》是这次全会的重要主题，会议指出："中共中央、国务院支持深圳建设中国特色社会主义先行示范区，这是中国特色社会主义又一伟大实践的重大时代性开启，是继兴办经济特区后深圳迎来的又一重大历史性机遇，是深圳发展进程中具有划时代重要里程碑意义的大事，必将对深圳改革发展产生极为重大而深远的影响，必将引领深圳在新时代创造令世界刮目相看的新的更大奇迹。"

2019年10月18日，《学习时报》在头版头条刊发了广东省委副书记、深圳市委书记王伟中题为《奋力谱写中国特色社会主义先

行示范区壮丽篇章》的署名文章。在这篇文章中，王伟中指出：建设先行示范区，不是做某一领域、某一方面的"单项冠军"，而是要做全方位、各领域的"全能冠军"；建设先行示范区，必须跳出深圳看深圳、放眼全球识大势、立足全局谋长远，在对标全球最高最好最优最强过程中发展成为最高最好最优最强，在与领跑者、顶尖者比高低过程中发展成为领跑者、顶尖者；建设先行示范区，不仅要先行，更要示范，以"一子突破"求得"全盘皆活"，以"一马当先"带动"万马奔腾"，形成更多可复制可推广的成功经验，更好服务全省全国发展大局。

四十载东方风来满眼春，新时代南海潮头又春风。

一时间，"先行示范区"成了深圳最受关注的关键词。"人生能有几回搏，现在，拼搏的机会来了，此时不搏更待何时！"深圳人纷纷撸起了袖子。

"先行"，意味着没有现成的经验可以照搬，没有相同的模式可以借鉴，因此要另辟蹊径，探索新的做法、新的路径；"示范"，意味着没有标兵可以参照、自己就是标兵，意味着要成为榜样，引领中国特色社会主义的发展。

怎么办？怎么干？

在殷殷嘱托中，深圳找到了方向。"广东要弘扬敢闯敢试、敢为人先的改革精神，立足自身优势，创造更多经验，把改革开放的旗帜举得更高更稳。""希望深圳市广大干部群众继续解放思想、真抓实干，改革开放再出发，不断推动深圳工作开创新局面、再创新优势、铸就新辉煌，在新时代走在前列、新征程勇当尖兵。"习近平总书记在 2018 年 10 月考察广东、深圳时，以及在对深圳工作的重要批示中强调。①

从改革开放初期"小心翼翼地启航"到如今"志在必得地进军",从第一个"吃螃蟹"到深谙社会主义市场经济发展和改革创新的规律,在《意见》正式公布满月之际,一个广受关注的变化,让人们强烈感受到了一座立志于"先行示范"的年轻城市敢闯敢试的劲头、底气和实干——

2019年9月19日,深圳企业登记"秒批"系统在市市场监督管理局正式启用。受益于这一新系统,深圳市瀚威生物科技有限公司用几十秒就完成了登记手续,随后,深圳市市长陈如桂向该企业颁发了深圳首张"秒批"企业营业执照。这样的登记注册手续,之前需要一天的时间。

"秒批"被认为是政务服务的最高标准,因为"秒批"全程几乎没有人为干预,从而最大程度减少了受办公时间限制及个人客观因素导致的审批结果差异等问题。为什么深圳要推动"秒批"?为什么深圳可以实现"秒批"?媒体在关注、解读深圳企业登记"秒批"时发现,"秒批"的背后,是深圳"数字政府"和行政审批制度改革所取得的一系列成果,"秒批"是深圳在实现主动、精准、整体式、智能化的政府管理和服务上先行示范的一个生动实例。

"一图全面感知、一号走遍深圳、一键可知全局、一体运行联动、一站创新创业、一屏智享生活。"近年来,深圳发力打造"i深圳"统一政务服务App,推动政务服务由"网上办"向"掌上办"延伸。如今,深圳98%的行政审批事项实现网上办理,94%的行政

---

① 人民日报评论员:弘扬敢闯敢试、敢为人先的改革精神[N]. 人民日报,2018-11-01(第1版).

许可事项实现"零跑动"。2019年12月6日,第十八届中国政府网站绩效评估结果在北京发布,深圳市位列副省级城市第一名。

深圳的创业密度居全国大中城市第一位,每千人拥有商事主体249.4户,拥有企业155户。面对数量巨大的商事主体,既要简化审批手续,又要保证科学有效监管,在传统的审批和政府管理模式下,这几乎是不可能完成的任务。

敢闯、善闯,就能变"不可能"为"可能"!

大胆探索,对现行体制机制、具体做法进行突破和创新;全面深化改革,在要素市场化设置、营商环境优化、城市空间统筹利用等重点领域先行先试,形成带有示范性、引领性的体制机制,特别是在"一国两制"的背景下推进粤港澳大湾区体制机制整合……新的时代,面对新的问题、新的要求,加快中国特色社会主义先行示范区建设,深圳必须敢闯、必须善闯。

敢想不畏难、敢闯不退缩、敢干不懈怠。建设先行示范区是一项前无古人的开创性事业,以思想"破冰"引领行动"突围",以"杀出一条血路"的气魄,勇于"走出一条新路",深圳就要这么干!

敢闯敢试、敢为天下先,在新的时代,这依然是深圳建设中国特色社会主义先行示范区的精神支撑。经济特区的永恒价值,就在于一马当先推进改革开放,就是要先行示范,为中国特色社会主义打造一个面向未来的典范,一个可供参考、复制的样板。

今天,站在深圳湾公园眺望,可以清晰地看到香港元朗的山脉和建筑。如今,深圳湾公园的身后,已是划破天际的高楼大厦,很难联想到40年前这里曾是"大逃港"的主要线路之一。

重任在肩,时不我待。牢牢把握全面深化改革总目标,在深圳，一系列重磅改革举措铺展开来——

2019年9月23日，《深圳经济特区股份合作公司条例》修正出台，推出产权制度改革等多项举措，为深圳社区股份合作公司改革发展提供法律支撑。

2019年9月24日，深圳召开区域性国资国企综合改革试验动员会，吹响了努力打造国资国企改革高地的号角。

2019年12月初，《深圳市建设中国特色社会主义先行示范区的行动方案（2019—2025年）》（以下简称《行动方案》）正式印发。《行动方案》把《意见》每一项任务逐一细化、分解、落实，充分衔接2025年"建成现代化国际化创新型城市"的第一阶段发展目标，对标全球最高最好最优，分阶段推动未来六年先行示范区各项重点工作。

《行动方案》提出了包括全面深化前海改革开放、加快创建深圳综合性国家科学中心、加快建设深港科技创新合作区、实施综合授权改革试点、用足用好经济特区立法权、开展国际人才管理改革、创造条件推动注册制改革等在内的7项重大牵引性工作以及127项具体工作举措。这些具体举措，既有"高大上"的产业规划、国际化筹谋、改革举措，又有落到实处的民生细节，显示了深圳这座城市的强大行动力。

在深圳，以营商环境改革为重点的全面深化改革亮点纷呈。2019年，深圳实施民营经济发展"四个千亿"计划，推出工商业用电降成本等措施，全年减税降费超过1000亿元；集中推出30平方公里产业用地，首次召开全球招商大会，签约项目投资额超过5600亿元。住房制度改革引领全国，形成了具有风向标意义的"深圳二次房改"。沪深300ETF期权成功上市。高质量完成机构改革任务，土地管理制度改革、司法体制改革等扎实推进。

深圳经济特区走过40年,"闯"破桎梏进入更深层次,"闯"出新路进入更高水平。

在深圳经济特区进入不惑之年之际,2020年3月2日,深圳市委全面深化改革委员会召开会议,审议通过了《市委全面深化改革委员会2020年工作要点》(以下简称《工作要点》)。根据《工作要点》,深圳全年部署市各改革专项小组推进实施各领域改革任务7个方面、43项重点改革任务,明确了2020年改革的"路线图"。

引人关注的是,为了充分发挥改革"排头兵"的示范引领作用,深圳谋划推出一批创造型、引领型改革项目。因此,2020年的改革任务增加了"战役战略性改革",包括大力推动实施综合授权改革试点、加快推进国际一流营商环境改革、推进经济特区立法变通改革等。

在《工作要点》一览表上,深圳2020年的每项改革任务将过去的"成果形式"变更为"拟出台政策文件"和"改革预期成效"两部分。新的变化是为了使每项改革任务目标更加明确、更可量化和具有考核性,利于将改革落到实处,形成"看得见、摸得着、可感受"的改革成效。

"进一步弘扬开放多元、兼容并蓄的城市文化和敢闯敢试、埋头苦干的特区精神。"《意见》中的这样一段话,勾起了人们关于城市的记忆,更让人们对未来满怀憧憬。

敢闯敢试,一定会有一片新天地。

第三节
案例故事

一、新时期深圳"闯"入科技创新"无人区"："无中生有"建设世界一流科学城

初夏的深圳，到处充满着勃勃生机。

光明区新湖街道永创路与羌下一路交会处的工地上，各类机器加速运转，工人们正在紧张施工。

这是深圳市光明科学城启动区项目部的施工现场。启动区项目是光明科学城首个正式动工建设的土建项目，未来将为生命科学组团中的合成生物研究、脑解析与脑模拟两个重大科技基础设施及其科研团队提供实验、研究和生活空间。

该项目占地1.8平方公里，光明区仅用了22天的时间完成了土地整备。与此同时，25天完成了光明中心区2.3平方公里的土地签约，26天完成了光明科学城核心大装置区3.05平方公里的土地整备签约，14天完成了光明城站周边片区1.1平方公里土地的整备签约任务……"新深圳速度"在这里演绎着。

"深圳速度"是改革开放初期深圳的重要标签。在新时代，"新深圳速度"则成了深圳继续敢闯善闯、勇于跨越"无人区"的生动注脚。

（一）

1980年，深圳经济特区正式建立。

从特区建立的那一天起，敢闯敢试、勇于"杀出一条血路"就成了流淌于深圳血脉的"本能"。船到中流浪更急，人到半山路更陡。40年过去了，深圳再"闯"再"试"，所要面对的，其复杂程度、敏感程度和艰巨程度不仅不亚于40年前，甚至有所超越。因为，更多无先例可循、无经验可依的"无人区"需要去"闯"去"试"。

再急的浪、再陡的山，也挡不住深圳人前进的步伐，因为，40年的"闯"和"试"，带给年轻深圳的，不仅有敢闯的锐气，还有善闯的智慧。

当前，新一轮科技革命和产业变革蓬勃发展。以科技创新为发展"核心密码"的深圳，所拥有的国家级高新技术企业已突破1.4万家，数量仅次于北京，成为我国乃至全球最具科技创新力的城市之一。与此同时，拥有以华为、腾讯等科技巨头为代表的、能在世界舞台上与其他科技巨鳄同场竞技的"深圳名片"，正在急速向前、争取更多行业话语权的大疆、传音等"隐形冠军"，还有源源不断"破土而出"的科技初创企业。他们共同打造出深圳强大的科技创新阵容，也为深圳的创新发展不断积蓄新势能。

从"三来一补"加工制造，到消化吸收跟跑，再到在某些领域的领跑，40年来，深圳在科技创新上的成就让人瞩目。但毋庸讳言，深圳也存在基础研究基础薄弱，少有国家布局的重大科技基础设施等重大创新平台，创新领军人才、高技能人才不足等问题，制约深圳科技创新的再发展。

截至2018年6月，全国已经建成的大科学装置、国家"十三五"

规划新建大科学装置中，50%以上落户北京、上海、合肥三座城市。而深圳在2018年以前，大科学装置的拥有量为零；十几年来，广东省获得的国家自然科学基金中，深圳所占的比例非常低；深圳的高校数量、院士等创新领军人才数量远远低于国内其他一线城市和实力较强的二线城市。

这是城市高速发展带来的"成长的烦恼"，也是深圳多年来以企业创新驱动全市科技创新发展的特点带来的影响。

如何补齐基础研究短板，将科技创新更迅速地转化为现实生产力，实现创新"领跑"？

如何攻坚关键核心技术，解决"卡脖子"问题？

如何以源头创新为突破，引领全球新经济发展？

…………

这是深圳创新发展中面临的"时代之问"。

如何回答好这些"时代之问"？

近年来，深圳市委、市政府加快布局，加快基础研究和源头创新能力的提升。在《深圳市国民经济和社会发展第十三个五年规划纲要》中，市委、市政府明确：增强源头创新能力，在基础性和战略性科技领域，布局建设一批具有国际先进水平的科技基础设施，形成重大源头创新与前沿突破的强力支撑。加快核心技术创新，瞄准世界科技发展前沿，集中支持事关发展全局的基础研究和共性关键技术研究，实施前沿技术攻关"登峰计划"，推进颠覆性技术创新。围绕新兴产业和交叉领域，集中力量突破技术瓶颈，抢占科技制高点。中共深圳市委六届十次全会对深圳加强基础研究和源头创新作出新的决策部署，提出要坚持把创新作为城市发展主导战略，加强基础研究和应用基础研究，争当重要科技领域领跑者。

与之配套的，还有《关于促进科技创新的若干措施》《深圳市关于加强基础科学研究的实施办法》等一系列政策措施的出台，从政策、制度和资金等方面鼓励和支持高新技术企业、高等院校和科研机构建设国家级科技基础设施，从事科学前沿领域和高新技术领域研究、建立具备开创性学科特色和原始创新能力的科研实体。

成立深圳华大基因研究院、中国科学院深圳先进技术研究院、深圳光启高等理工研究院，建立国家超级计算深圳中心、大亚湾中微子实验室，设立由诺贝尔奖获得者领衔的科学家实验室……近年来，深圳科技基础设施建设迈出了坚实步伐。

如此种种，让人看到了深圳"补短板"的决心。

（二）

40年前，历史选择了深圳。40年后，时代依然青睐深圳。

2019年2月，世所瞩目的《粤港澳大湾区发展规划纲要》（以下简称《规划纲要》）正式发布。《规划纲要》明确提出，大湾区要建成"具有全球影响力的国际科技创新中心"。

国际科技创新中心的建设离不开综合性国家科学中心这个关键和核心的支撑。2019年8月，《中共中央 国务院关于支持深圳建设中国特色社会主义先行示范区的意见》中，明确提出要以深圳为主阵地建设综合性国家科学中心。

2020年3月，科技部、发改委等国家五部委联合印发的《加强"从0到1"基础研究工作方案》中，首次正式提出"深圳综合性国家科学中心"。

这对深圳来说，不啻一场及时雨。

综合性国家科学中心是国家科技领域竞争的重要平台，也是国家创新体系建设的基础平台。为提升基础研究水平、强化原始创新能力，我国已建设三个综合性国家科学中心，分别花落北京、上海、合肥。包括武汉、成都、西安等在内的多个城市，都在争取成为"第四城"。最终，国家选择了深圳。

从明确以深圳为主阵地建设综合性国家科学中心，到建设深圳综合性国家科学中心，意味着大量的科技创新基础设施、资源、人才会向深圳、粤港澳大湾区聚集，深圳也将成为国内科技创新引擎，进一步带动全国创新发展。

深圳何其有幸，在发展的关键时刻收到如此珍贵的大礼包！

深圳市委、市政府高度重视和无比珍惜党中央赋予大湾区建设国际科技创新中心和深圳建设综合性国家科学中心的重大机遇、重要使命，主动谋划了光明科学城、深港科技创新合作区、西丽湖国际科教城等系列国家级重大平台。

其中，作为深圳综合性国家科学中心核心承载区的光明科学城可以说是"无中生有"的杰作，从概念到规划，再到现实，一步一步应时而生，应势而成。

（三）

"我们坚持创新只有第一、没有第二，坚持打基础、谋长远，着力推进以科技创新为核心的全面创新，狠抓以科学仪器、工业母机、核心芯片、关键零部件等为重点的核心技术攻关。"深圳市委书记王伟中说。[1]

当前，新一轮世界产业革命正在孕育，谁能率先实现创新转

---

[1] 叶子，白之羽，陈凌. 深圳：创新绿洲生机勃勃[N]. 人民日报，2018-05-22（第1版）.

化，谁就能在世界百年未有之大变局中掌握更强的经济发展主动权。深圳必须攻入科技创新"无人区"，为经济高质量发展提供源源不绝的原动力。

以光明科学城为核心承载区建设综合性国家科学中心，就是深圳打基础、谋长远的一次重要落子。

从国内外建设知名科学城的经验来看，非常关键的一点就是科技创新要素资源要在一定区域内形成集中度、显示度。

位于深圳北部的光明科学城地处"广州—深圳—香港—澳门"关键节点，毗邻惠州、东莞，在粤港澳大湾区珠江东岸的城市群中，是深圳与其他城市连接的重要枢纽。与此同时，具有方便快捷的交通、大片可连片开发的土地、优越的生态环境等优势，让光明科学城最终成为深圳综合性国家科学中心的核心承载区、深圳综合性国家科学中心形成集中度、显示度的关键所在。

2018年开始布局，2019年1月25日，总面积约99平方公里的光明科学城正式动工建设。

根据相关规划和要求，光明科学城的规划建设目标分三步走：

到2025年，初步形成世界级科学城的核心功能，重大科技基础设施集群初具雏形，国际一流大学和一流科研机构加快建设，成长出一批具有国际竞争力的创新型企业；

到2035年，基本建成国际化的综合性国家科学中心核心承载区，形成学科与功能布局合理、性能水平全球领先的重大科技基础设施集群，培育出一批引领未来发展的新兴产业集群；

到2050年，全面建成具有全球影响力的科学中心，持续产出大量前瞻性基础研究和引领性原创性成果，成为新一轮国际科技产业革命的策源地，成为我国建设世界科技强国的重要引擎。

蓝图已绘就，撸起袖子加油干！

2018年，合成生物研究、脑解析与脑模拟两个首批的大科学装置设施落地光明，仅用六个月的时间就完成了项目审批、用地手续、方案设计及工程招投标全部程序，并于2019年1月25日开工建设，目前进展顺利，已经进入主体施工阶段，预计2020年年底封顶。

2020年6月，深圳湾实验室已正式入驻光明区。目前，实验室已组建了49支科研团队，集聚了数十位国内外顶尖科学家参与实验室建设，为将光明打造成为国际化的综合性国家科学中心核心承载区贡献科研力量。

中山大学深圳校区第一批交付的西区生活组团、西区公共教学组团和理工科组团等，已于2019年年底完成主体结构封顶，并于2020年8月迎来了首批学生进驻校园；中国科学院深圳理工大学已成立筹备办公室，完成校区初步选址，还将启动首批研究生招生工作，同时选定滨海明珠工业园作为过渡校区，面积约9.5万平方米，将于2020年年底投入使用。

……

如今的光明，到处是热气腾腾的大工地，科技创新的基石在这里筑牢。

（四）

深圳的发展史，有别于世界上的所有城市。同样地，深圳综合性国家科学中心在吸收世界各国经验的同时，也将有别于世界上的其他科学中心。

按照规划，深圳综合性国家科学中心的核心承载区光明科学城将具有鲜明的特点：

——更加聚焦应用基础研究。光明科学城既做基础研究，也做应用基础研究，但是相对偏重于应用基础研究。主攻方向比较明确，即利用其成果可在较短时间内解决产业应用的应用基础研究，也就是致力于解决制约发展的"卡脖子"技术。

——更加聚焦大湾区的优势产业领域。深圳综合性国家科学中心主要聚焦三个领域：信息科学与技术、材料科学与技术、生命科学与技术。这三个领域也是大湾区产业的优势领域，是支撑其他产业发展的基础领域。

——更加聚焦创新成果产业转化。光明科学城将创新与转化深入融合，突出"沿途下蛋"的基本导向，充分利用深圳和粤港澳大湾区得天独厚的产业基础和创新环境，在市场需求的最前沿催生创新成果，在科技创新的第一线迅速运用和转化，通过大规模产业应用正向回馈技术创新，实现可持续、富有生命力的良性循环。

——更加注重开放共享和机制创新。光明科学城将一改科技基础设施自建自用的传统模式，建设面向全球、面向港澳的开放平台，既对科研机构开放，也对社会和企业开放。

在光明科学城构建产学研深度融合创新的科技研发新体系中，大科学装置无疑是最吸引眼球之处。

众所周知，大科学装置作为重大科技基础设施，在提高我国自主创新能力方面占据重要地位。在面向世界科技前沿、面向经济主战场、面向国家重大需求的建设科技强国征途中，越来越多的大科学装置成了"国之重器"。

大科学装置集群，无疑是深圳市委、市政府对光明科学城谋划和落子的关键点。

2018年，合成生物研究、脑解析与脑模拟两个首批的大科学装置设施落地光明，大科学装置落户光明科学城的大幕徐徐拉开。当前，光明科学城里，先进表征综合粒子设施正在紧锣密鼓地推进前期工作，材料基因组、精准医学影像设施等正在抓紧推动具体建设事宜……未来，布局光明科学城的六个大科学装置将成为深圳进行基础研究、应用研究和科学发展的"利器"，为深圳、粤港澳大湾区全面科技创新、产业升级提供科技创新的坚实后盾。

从世界知名科学城的发展看，美国橡树岭实验室、上海张江科学城、中国合肥科学岛等世界知名科学城都拥有至少一个世界级稀缺性装置或同类型能级位于世界前三的大科学装置。这些重大科学装置设施带来巨大的科技资源、人才、产业的集聚效应。

而这种聚集效应正在光明科学城发生。比如合成生物研究的大科学装置就带动了光明的工程生物产业和一大批企业落户，这样把装置、平台和产业项目串起来，产生协同作用，实现"沿途下蛋"。此外，重大科学装置设施也将吸引一大批国内外高端科研人才投入源头创新研究。

除了世界级的大科学装置，科学城还要与高水平科研机构、研究型大学共生。

2019年以来，深圳湾实验室、人工智能与数字经济（深圳）广东省实验室等实验室纷纷落户深圳。

结缘光明，中国工程院院士、深圳湾实验室主任詹启敏满怀期待。作为首个入驻光明科学城的重大基础研究机构，深圳湾实验室五年内将建设150个科研团队，人员规模达2000人。"实验室面向国际科技前沿、对接国家重大需求，围绕生命信息、医学工程和创新药物三个方面开展科学研究，努力创建国际一流的人才、科研、平台创新高地，形成引领性突破，支撑深圳市、广东省和粤港澳大湾区生物医药产业与临床医学的发展。"詹启敏说。

除了集聚一流的基础研究机构，光明科学城内还布局了中山大学深圳校区、中科院深圳理工大学两所研究型大学，助力科学城基础科研。

此外，吸取日本筑波科学城和韩国大德科学园建设初期因为公共服务不够完善导致科学城发展缓慢、人气不足的教训，光明科学城还围绕着"一心两区、绿环萦绕"的空间结构，为科学城的发展提供科研、生活、就业等各类型服务，为来自世界各地的科研"人气"形成聚集效应。

（五）

光明科学城承载了深圳积极参与国际科技创新竞争的坚定决心和强大信心。

展望未来，光明科学城承担着一系列任务：

——构建产学研深度融合创新的科技研发新体系。借鉴国内外知名科学中心的建设经验，光明科学城将面向产业需求构建综合科研体系，以产业需求为导向，系统布局建设重大科技基础设施、前沿交叉研究平台、研究型大学、科研机构、产业咨询高端智库，强化服务产业、成果转化导向，提升重大科技基础设施科研效率和共享水平，促进产学研深度融合创新。

——催生实现重大科学突破和引领产业发展的新成果。大湾区拥有高度市场化的优势和雄厚的产业基础，光明科学城将紧扣大湾区产业转型升级和高质量发展要求，培育支持高质量发展的新兴产业，依托高水平综合科研体系开展关键核心技术攻关，建设以科研经济为主导的新型产业园，打造具有全球竞争力的中试转化基地和制造业创新中心，催生能够取得实际应用效果的标志性成果。

——打造全球高端创新人才和团队汇聚交流的新平台。光明科学城将建立健全高水平人才引进管理机制，推行精准引才创新举措，加大柔性引才力度，集聚全球优秀人才和创新团队，打造具有全球竞争力的创新人才高地。

——建立充分激发创新要素活力的科技管理新机制。光明科学城建设除了打造科学研究的"硬条件"之外，还将积极营造制度创新的"软环境"。光明科学城将深化科技体制机制创新，围绕重大科技基础设施建设运行模式，科研项目经费改革，知识产权创造、保护和运用，人才评价制度改革等方面先行先试、探索新路、形成示范。

——开创产业发展和城市建设深度融合的新局面。产城融合已成为现代科学城建设发展的趋势，深圳从资金和空间保障、交通基础设施建设、公共服务配套供给等方面提出系列创新举措，全面提升光明科学城的城市功能和品质，实现产城融合发展。

当前，光明科学城的建设已经进入快车道，在这里，一项项创新正在诞生。

未来，这里将成为引领粤港澳大湾区科技创新核心引擎和未来新兴产业的重要策源地，带动区域科技创新和协同发展。

"敢闯""善闯"的深圳，必将可以在新时期闯过科学创新的"无人区"，以科技源头突破引领产业突破，以产业突破厚植实体经济发展后劲，用"科技大爆发"引领"产业大爆发"，打造高质量发展高地，在先行示范区建设中奠定强国之基。

二、云天励飞：闯出人工智能新天地

人工智能是新一轮产业变革的核心驱动力量，将推动数万亿级数字经济产业转型升级。人工智能技术正以 AI 芯片为载体全面崛起。未来，一定是一个"无终端不 AI，无 AI 不芯片"的时代。

在这场全球竞跑中，各国都在积极抢占新一轮科技竞赛的制高点。中国将人工智能列入新基建，迎接智能新时代的到来。但是，我国在基础科研、基础算法、核心芯片等方面仍存在短板，突破重围还有很长的路要走。可喜的是，也有一些企业积累了扎实的技术基础、丰富的应用场景和海量数据，有望成为人工智能新基建的领军力量。在深圳，人工智能企业云天励飞正是一颗冉冉升起的新星。

截至 2020 年 4 月，云天励飞团队拥有超过 1200 项自主知识产权，拥有中国技术专利超 800 件（包括在申请中），其中发明专利占比超 80%，核心成员作为发明人的已授权美国技术专利 50 余项。产品化应用方面，在公共安全领域，云天励飞相继推出了警务人像及全视频结构化综合平台"深目"、城市级人员关系分析平台"天图"、城市安全多维大数据分析平台"深海"、场景管理和商业分析系统"商簿"，并发布全球首款自主知识产权 5AIoT 芯片，成为深圳创新企业的一张名片。

（一）

云天励飞创始人陈宁，1975 年出生于河北邯郸，1993 年进入上海交通大学电子工程系学习。在上海交大浓厚的学风中，陈宁养成了不断探索、磨砺中超越自我的意志品质。

大学四年，陈宁品学兼优，但他不仅仅埋头苦读，也一直在思索人生的路到底如何走。在一次外籍教授的讲座上，他认识到在电子工程领域中国与美国存在巨大的差距，想要成为顶尖的电子信息工程师，就必须到世界顶尖的学校去学习深造。从那时起，陈宁萌发了出国留学的念头。

2000年，陈宁以优异的成绩拿到了美国高校的录取通知书。他拖着两个装满衣服和书籍的行李箱，孤身踏上了寻梦之旅。正如一句诗所说："一个人至少拥有一个梦想，有一个理由去坚强。"

成为世界顶尖的工程师，就是这个少年的"诗和远方"。

2006年，陈宁在佐治亚理工学院获得电子工程博士学位，随后进入业界大展拳脚。毕业后，陈宁开始了对第四代移动通信系统（4G）标准的研究，并参与定义OFDM作为4G的传输机制。作为技术负责人，陈宁搭建了第一个4G终端原型系统，并逐渐掌握核心处理器设计的全流程工作，在业界开始小有名气，并受到广泛关注。

从手机到电器，从汽车到飞机，电子产品都离不开芯片。我国在高端芯片等方面仍有较大的进口依赖，每年进口芯片的金额已超过进口原油的金额。十多年前，陈宁还在读书时，就梦想设计一系列拥有完全自主知识产权的芯片，打破国际垄断。他认为，这个梦想只有回到祖国才能实现。

早在2012年，陈宁发现很多国际大企业开始关注人工智能的一个分支——深度学习。2013年，陈宁感觉人工智能发展的春天终于要来了，并开始谋划创建自己的公司。

"人工智能领域将迎来快速发展，中国人工智能大规模产业化瓶颈的突破，需要一系列有中国自主知识产权的人工智能处理器芯片。"陈宁认为，机器视觉与机器学习芯片，随着智慧城市和机器人产业的蓬勃发展，将是人工智能时代的万亿级蓝海。

2014年，陈宁和同学在硅谷参加了一个深圳创新创业直通车的活动后，当下决定回深圳创业。

决定果断，但并不莽撞。陈宁是结合专业背景和城市特点做出的选择。第一，他们是海归，深圳是最适合海归创业的城市，也是最像"硅谷"的城市，移民城市造就开放包容的环境，尤其是"来了，就是深圳人"这句话，他很喜欢。第二，深圳的生态自然环境好，雾霾少。第三，深圳有完整的电子信息产业链条，与未来人工智能芯片方向完全匹配。

"人工智能时代实际上是电子信息时代的转型升级，是要以基础产业链存在为前提的，而深圳具备完整的电子信息产业链，有腾讯、中兴、华为这样成熟的大企业，具备这样的产业基础。"陈宁说。

深圳的创业环境和政府的高效让人竖起大拇指。身在硅谷的陈宁，通过龙岗区人才办的协助办理企业营业执照和公章，从申请到办好只用了四个小时。2014年8月27日，深圳云天励飞技术有限公司正式成立。

（二）

陈宁始终记得2014年8月28日，这是公司成立的第二天，也是陈可辛导演的一部中国打拐题材的电影《亲爱的》全球首映日，面对"骨肉分离"的人间惨剧，公司几个七尺男儿看得潸然泪下，心情格外沉重。

此后不久，在一次技术交流会上，陈宁谈到视觉人工智能和人脸识别的发展。会后，龙岗公安分局的一位民警冲上去拉着陈宁的手说："如果把你们的技术运用在视频监控以图搜图方面，也许深圳将不会再有失踪儿童。"

就是这句话深深地打动了云天励飞团队的每一个人，当晚他们就下定决心做这件事，用人工智能的技术去助力城市平安，让天下无拐。云天励飞以"颠覆者"的角色闯入传统安防行业，专注于视觉人工智能产品的研发。

"奋斗是人生最大的乐趣。"陈宁常常把这句话挂在嘴边，却很少提起云天励飞创立初期的艰辛和不易。

人工智能芯片、大数据处理是需要大投入的产业，特别是对人工智能的初期创业者来说，寻找投资是最基础的问题。刚创立云天励飞的时候，寻找资金并不顺利，因为在那个时候，资本界对人工智能的认识还停留在"炒概念"和技术不成熟的阶段，而且国内资本对这支没有背景的海归创业团队心存疑虑，因此，云天励飞并没有获得资本的青睐。

初创9个月的时间里，团队十几个人挤在一间小屋子里，房间里摆着低价淘来的桌椅，几个创始人跑到二手市场买来一张800块钱的会议桌，当时还讨价还价了很久，最窘迫的时候公司账面上只有10万元。没有任何投资，创始人不拿一分钱的工资，自己投资公司做自己的"天使"。

就在公司难以为继的时候，否极泰来。因为《亲爱的》这部电影，让陈宁结识了知名投资人徐小平先生，并得到了来自真格基金的百万量级投资，这才让刚刚起步的云天励飞喘了一口气。

创业初期，陈宁和团队人员每天从清晨工作到次日凌晨。有一天晚上，陈宁和另一位创始人正在讨论工作上的一些问题，突然楼下起火，他们冒着浓烟冲下来，全身都被熏黑，幸好没有大碍。"天空虽有乌云，但乌云的上面，永远会有太阳在照耀。"他说。

（三）

在传统安防领域，视频监控由视频采集和人工监控两部分组成。然而，越来越多的摄像头为人工监控带来巨大的挑战，人眼再也看不过来海量视频监控资源。对此，云天励飞创造性提出"以图搜图"的方式，视频监控将由传统的 1.0 时代步入视觉智能的 2.0 时代，看监控视频一事将由机器代替人眼。

2015 年夏天，深圳龙岗街头时常可以看到云天励飞的"施工人员"，头顶烈日扛着摄像机采集光线。为使产品尽快落地，陈宁也经常走上街头勘点。

云天励飞创立一年后，全球首套动态人像识别系统——云天"深目"呱呱坠地。该系统拥有城市级大规模人像信息搜索、布控和数据挖掘功能，可实现"亿万人脸、秒级定位"。

2016 年年初，"深目"系统在龙岗公安完成上线。以往定位一个嫌疑人，人工检索费时费力，还有可能产生误差，而"深目"系统可以在几秒钟内精准搜索出目标的行动轨迹，工作效率提升百倍以上。

2017 年，著名的"15 小时解救被拐儿童案"让"深目"系统一战成名。春节前夕，深圳龙岗区一派出所接到报案，报案人称一个三岁孩子走失了，怀疑是被人拐卖。接案后，该区刑警大队组成专案组开展侦查，运用"深目"系统人像识别、人脸比对等技术排查比对，迅速锁定嫌疑人身份，研判出其最新轨迹，确定该嫌疑人正携带被拐卖儿童搭乘火车前往湖北，得悉情况后警方立即展开行动。

1 月 27 日清晨 6 时，公安部门在武汉武昌火车站将犯罪嫌疑人抓获，并解救出被拐卖儿童。从接到报案到成功解救被拐儿童，总时长不过 15 个小时。中央电视台《今日说法》栏目在 2017 年 3 月对该案进行了详尽报道。云天励飞的"深目"系统对案件侦破起到了重大作用，大幅提升了公安系统的案件侦破效能。

目前，"深目"系统已经落地深圳、青岛、成都、东莞等国内近100个大中城市及东南亚等地，协助公安机关破案数万起，找回了300多名失踪儿童和走失老人。"深目"系统还成功服务过G20杭州峰会西湖核心安保圈、乌镇互联网大会、全国双创周主会场、高交会等。陈宁说，"深目"系统的成功表明云天励飞开辟了人工智能＋集成电路赋能各传统行业的商业模式。2018年，"深目"系统获得被誉为"中国智能科学技术最高奖"的吴文俊人工智能科技进步奖。

2020年春节，新冠病毒肆虐，云天励飞快速投入战"疫"，提出"ABC"模式，即充分利用A（AI人工智能）、B（Big Data大数据）、C（Cloud Computing云计算）技术。目前，云天励飞的AI疫情防控系统解决方案、人脸识别测温面板机等产品已经在深圳、北京、成都、杭州、东莞等多个城市的公安、医院、社区、园区、隔离安置点、交通枢纽、工业城等十余个场景落地应用。

（四）

视觉智能离不开AI芯片。"云天励飞想做的，就是用芯片的产品，去激活这些传统的摄像头。到2025年，让一亿摄像头拥有'AI芯'。"陈宁说。

云天励飞从公司创立之初就开始着手芯片的布局。其自主研发的AI芯片技术路线是通过设计一系列面向多层神经网络的可编程处理器，应对人工智能算法的快速迭代。未来，云天励飞将继续专注智能视觉领域的AI芯片研发，聚焦AI芯片在安防、新商业等领域的场景应用。

为何选择自己做 AI 芯片？陈宁说，芯片的算力是推动 AI 发展的关键因素之一，未来，谁拥有更低功耗、更低成本、更高效的 AI 芯片，谁就有机会掌控 AI 战场的主导权。

相比传统芯片而言，AI 芯片算法迭代速度太快。自己做芯片能保证芯片跟得上算法的迭代速度。"芯片做好以后，它的算力就定下来了。如果使用别人的芯片，可能只能在两三年内暂时满足需求。之后这个芯片可能就不符合要求了。因为芯片对算法的要求很高，即使能跑，也是跑得比较慢的。"

然而，自研芯片并非易事。云天励飞团队认为，在芯片架构的选择上，CPU 虽然非常通用，但不太适用人工智能算法；GPU 虽然并行能力很强，但成本和功耗难以克服。在此情况下，云天励飞在第一代芯片上搭载 FPGA 架构。随后又发现，FPGA 虽然具有很高的灵活性，但受其成本影响，注定无法在终端实现大规模应用。

于是，第二代芯片选择了 ASIC 架构。该芯片的指令集针对 CNN 算法特点深度定制，灵活度高，且可以满足深度学习算法的快速演进要求。

2019 年 11 月，云天励飞正式发布全球首款拥有自主知识产权的 5AIoT 芯片。这是一颗自主可控的"中国芯"，是五年投入一亿美元的研发成果。

陈宁介绍说，DeepEye1000 是一款异构多核视觉分析 SoC 芯片，内嵌一颗自定义指令集神经网络处理器。与通用 GPU 相比，DeepEye1000 单位性能提升了 20 倍，单位能效提升了 100 倍，系统时延降低到 0.5%，具备高灵活、高能效、低能耗等优势，可在智能安防、新商业、智慧交通、智能制造、智慧仓储、智能家居、机器人、智能超算等多个行业及领域应用。

是时,云天励飞、寒武纪、地平线和深鉴科技共同被称为"天寒地鉴"的"中国 AI 芯片四小龙"。

在资本纷纷看好 AI 芯片的时候,云天励飞并没有盲目乐观,而是一步一个脚印让产品真正落地。陈宁认为,人工智能不应该只是实验室里的一项技术,只有在推动技术革新的同时结合产品落地,才能最大程度释放 AI 的能量。只提供技术而没有真正的应用场景的公司是走不长远的。

目前,云天励飞 AI 芯片已经获得了科技部、发改委、工信部三大部委人工智能重大专项"大满贯"。同时,云天励飞也开启了与海康、阿里等头部企业的合作,并推进基于云天励飞芯片的智能摄像机产品快速上市,未来将通过视觉应用端边 AI 芯片的布局,助力打造中国安可人工智能芯片生态。

第四节 专家访谈

一、访深圳市社会科学院副院长王为理："敢闯敢试"融入深圳发展血脉

深圳特区报：作为改革开放的"试验田"和"排头兵"，深圳靠着"敢闯敢试"精神，闯出千余项全国"第一"，创造了世界工业化、现代化、城市化发展史上的奇迹。在您看来，"敢闯敢试"包含了哪些精神特质，在深圳的跨越式发展中起到了什么作用？

王为理："敢闯敢试"是对经济特区建立以来深圳所创造的无数个"全国第一"，甚至"世界第一"的最通俗、最经典的表述，其中包含的精神特质主要有两种：

一是"敢为天下先"的精神。具体来说，就是敢于突破旧的观念、打破旧的体制，不断创造新观念、建立新体制的精神，既有"杀出一条血路"的气魄，又有甘当"试验田"的担当。

二是"改革创新"的精神。"改革"更侧重于行动，无论是突破旧体制的单项改革，还是构建新体制的配套改革，都意味着"不破不立"；"创新"是"改革"的延续与深化，无论是观念创新、体制创新、制度创新，还是技术创新，都包含着开放的思维、试验的精神、反思与不断学习的能力。

"敢闯敢试"精神在深圳跨越式发展中的作用,一方面体现在其铸造了这座城市的灵魂和最具标志性的精神特质,形成了这座城市作为经济特区的最重要基因之一;另一方面体现在其为深圳提供了绵绵不绝的强大发展动力,让深圳40年来总是能先人一步,在激烈的城市竞争中处于有利地位。

深圳特区报:国贸大厦"三天一层楼"口号响彻全国;土地拍卖"第一槌"振聋发聩;蛇口"开山第一炮"气势恢宏……在过去40年里,您觉得最能体现"敢闯敢试"精神的节点或事件有哪些?为什么?

王为理:第一,1981年3月提出"时间就是金钱,效率就是生命"的口号。这一口号是在改革开放伊始,计划经济的观念仍然深度影响人们思维和行动的背景下提出的,有石破天惊的效果。几经争议,其成为改革开放的精神起点,"深圳速度"在此观念引导下产生,计划经济体制因此被突破。特别是,这一口号影响了几代中国人的价值观。

第二,1987年12月1日,新中国土地拍卖"第一槌"在深圳敲响。这一事件开了用市场配置土地资源和土地有偿转让的先河,是中国土地制度在理论和实践上的重大突破,也是市场经济发展的里程碑,《中华人民共和国宪法》相关条款因此而修改。

第三,2007年1月16日,深圳成功申办2011年第26届世界大学生夏季运动会。当时,国际大体联26位执委中仅一人来过深圳,大多数执委甚至不知道世界上有深圳这个城市,面对如此尴尬的境地及与全球四个候选城市的激烈竞争,深圳敢想敢干,用创意与实力震撼和感动了执委，成功申办和主办了大运会，深圳从此大踏步走向世界。

深圳特区报：追溯"敢闯敢试"精神的形成历程可以发现，它与深圳经济特区的不同发展阶段相呼应。1979年4月，邓小平同志在与广东省领导同志谈办特区时就指出，要"杀出一条血路来"；1992年1月，邓小平同志再次视察深圳时指出"深圳的重要经验就是敢闯"；新时代，习近平总书记对"敢闯敢试"作出了一系列重要论述，开拓了"敢闯敢试"的新境界。您认为在这几个不同的历史阶段，深圳"敢闯敢试"精神的论述及内涵有哪些变化和异同？

王为理：1979年邓小平同志指出要"杀出一条血路来"，主要是针对改革开放初期，首要任务是破除计划经济的旧观念、打破计划经济的旧体制，深圳要当好改革的"试验田"和"排头兵"。所以，"敢闯敢试"精神在这一阶段主要体现在"破"的精神、探索的精神、先锋的精神上。

"深圳的重要经验就是敢闯"是1992年邓小平同志视察南方时发表的重要论断。一方面，充分肯定深圳在改革开放和建设中所取得的成绩，并将这些成绩归功于"敢闯敢试"；另一方面，邓小平同志更加强调改革开放胆子要大一些，敢于试验，不能像小脚女人一样。看准了，就大胆地试，大胆地闯。邓小平同志还特别叮嘱"要搞快一点"。"敢闯敢试"精神在这一阶段主要体现在要进一步发扬"闯"的精神，走出好路，走出新路，干出新事业。

新时代，习近平总书记提出要弘扬"敢闯敢试、敢为人先、埋头苦干"的特区精神，要求"广东要弘扬敢闯敢试、敢为人先的改革精神，立足自身优势，创造更多经验，把改革开放的旗帜举得更高更稳"。"敢闯敢试"精神在新时代主要体现为"改革不停顿，开放不止步"的精神和"改革开放再出发，在新时代走在前列、新征程勇当尖兵"的精神。

深圳特区报："敢闯敢试"是一种改革精神。近年来，深圳在重点领域和关键环节改革上取得了一系列重大进展和积极成效，为全国提供了可复制可推广的经验。请您结合特区建立40年来的改革实践谈谈"敢闯敢试"和改革的关系。

王为理："敢闯敢试"最初的主要内涵就是"改革"，40年来，深圳"敢闯敢试"的精神主要就体现在深圳的改革史之中。

早期单项改革中的基本建设管理体制改革、物价管理体制改革、所有制的结构调整以及劳动用工制度改革，每一项具体的改革都是在"敢闯敢试"中完成的。后来以价格改革、管理体制改革、财税改革和市场体系培育为代表的配套改革，同样是在社会主义市场经济体制建立过程中不断地"闯"和不断地"试"。

近年来，深圳在贯彻新发展理念，坚持以供给侧结构性改革为主线，全面深化改革过程中所进行的系列改革，特别是在建设中国特色社会主义先行示范区的征程中，深圳还将实施综合授权改革试点，在要素市场化配置、营商环境优化、城市空间统筹利用等重点领域深化改革、先行先试，这是"敢闯敢试"精神在新时代的进一步弘扬。因此，"敢闯敢试"必然意味着破旧立新的改革，而一切成功的改革都离不开"敢闯敢试"。

深圳特区报：深圳是"破坏性创新"的产物，是创新创业之都。请您结合特区建立40年来的创新成绩谈谈"敢闯敢试"和创新的关系。

王为理：如果说"改革"侧重于"破"，侧重于摆脱束缚，那么"创新"就更侧重于"立"，侧重于创造新的观念、新的机制和体制。

与"改革"一样，"创新"与"敢闯敢试"密不可分。深圳经济特区建立40年来，无论是建立社会主义市场经济体制的过程，还是以观念创新为先导、科技创新为突破、体制创新为保障的丰富实践，特别是新时代实施创新驱动发展战略，每一步都更加需要有"敢闯敢试"的气魄，否则创新就会失去勇气、失去动力。

从另一个角度看，"敢闯敢试"特别强调要走出好路，走出新路，干出新事业，这恰恰是创新的本质特征。所以，要创新，必须要有"敢闯敢试"的精神，"敢闯敢试"的精神必然体现和外化在具体的创新行为之中。也就是说，"敢闯敢试"必然导向创新，创新一定需要"敢闯敢试"。

深圳特区报：经过40年的快速发展，深圳的城市规模和人口密度高速增长。释放土地潜能、优化城市结构、提升城市功能、破解发展瓶颈是摆在深圳面前的一个重要课题。请问弘扬"敢闯敢试"精神在拓展深圳的发展空间上有什么作用？

王为理："敢闯敢试"为深圳创造了新的发展空间。因为深圳的地理空间相对狭小，能成为内地一线城市，确实与深圳这座城市

"敢闯敢试"分不开。由于"敢闯敢试",深圳的空间得到了有效的放大,这就是"敢闯敢试"激发的能量空间。而这也是一些成功的国际化城市的特征,如纽约、新加坡、中国香港,它们的地理空间比深圳还小。

深圳在世界城市体系中的位置正在不断上升。根据 2018 年的 GaWC 排名(全球化与世界城市研究网络编制的全球城市分级排名),深圳已经跻身全球一线城市。这也与深圳"敢闯敢试"分不开,"敢闯敢试"激发了深圳有限地理空间的能量,强化了深圳在全球范围内聚集生产和创新要素的能力,拓展了深圳的市场空间和辐射空间。

深圳特区报:40 年来,深圳以"敢闯敢试"精神引领全国风气之先,许多前所未闻的改革观念和新锐思想在全国产生巨大影响。可以说,深圳为中国社会改革开放进程提供了一种引领观念革命和思想解放的"新精神",如何看待其在全国范围内的影响以及对中国改革开放的推动作用?

王为理:作为中国改革开放的"试验田",深圳创造了不少影响全国的新观念,如著名的"深圳十大观念",这些观念从本质上说,都来自"敢闯敢试"精神,派生于"敢闯敢试"精神。

"敢闯敢试"为中国改革开放进程提供了一种引领观念革命和思想解放的"新精神",其影响范围遍及全国,深刻改变了当代中国人的世界观和人生观。正是因为"敢闯敢试"精神所引导的观念变革和思想解放,深圳成为当代中国最具影响力的一线城市之一。同时,"敢闯敢试"是改革开放精神最重要的组成部分,而改革开放已经成为中华民族最重要的精神标识。改革开放伟大实践创造了"敢闯敢试"精神,"敢闯敢试"精神永远促进改革开放。

深圳特区报:有学者认为城市精神是"生活在某个城市的人普遍认可的一套价值观和视角",是该城市市民普遍认同的价值准则和精神追求。"敢闯敢试"精神在深圳的社会风气、城市面貌、市民素质上是如何体现的?您如何看待这种精神气质的认同、传承和延续?

王为理:"敢闯敢试"是深圳最重要的精神标识,深圳因"敢闯敢试"而生,也因"敢闯敢试"而进。

作为当代中国最大最典型的移民城市,深圳汇聚的正是一批又一批"敢闯敢试"的人。正是因为不安于现状,胸怀梦想,追求新的人生,移民们普遍具有"敢闯敢试"的集体记忆,深圳这座城市因而始终充满"敢闯敢试"的青春活力。

"敢闯敢试"融入了深圳的城市血脉,成就了深圳的社会风气、城市面貌和市民素质。因为"敢闯敢试",深圳成为"改革之城""创新之城""先锋之城"。"敢闯敢试"正在成为深圳人的身份认同,"敢闯敢试"精神不息,深圳的创造力、生命力和青春活力不止。"敢闯敢试"精神是源头活水,必将在深圳未来的改革创新中不断发扬光大。

深圳特区报:"个体户"出现,"企业家"兴起,"大众创业、万众创新"千帆竞发……新时代属于奋斗者。如何看待"敢闯敢试"精神对个体的激励作用?深圳如何呵护和激发市民"敢闯敢试"

的积极性？

王为理：深圳是一座青春之城，活力、创新是这座城市永恒的坐标。生活在这座城市的每一个人，都是"敢闯敢试"精神的创造者和弘扬人。"深圳"两个字对每一个来到深圳或追求梦想的人都是一种激励，原因就在于"深圳"意味着"改革"、意味着"创新"、意味着"敢闯敢试"。对于个体来说，永远保持那份"闯"和"试"的追求，你就会和这座城市一样，永远不会变老。

对于深圳而言，呵护和激发市民"敢闯敢试"的积极性，最重要的一点就是"鼓励创新，宽容失败"中那份无边的、永远的包容。而对"敢闯敢试"的包容，是观念上的、制度上的、机会上的，也是环境上的。

深圳特区报："敢闯敢试"来自思想解放。而您曾经在论文中提到深圳的文化发展之所以有今天的成就，靠的就是一次次思想解放所释放出的不竭动力。请您谈一谈"敢闯敢试"在文化领域有哪些具体体现？在文化发展范式已经发生革命性变化的今天，重新提炼和弘扬包括"敢闯敢试"在内的深圳精神，有哪些意义和价值？

王为理：文化是个非常宽泛的概念，谈文化领域的"敢闯敢试"，首先当然是观念的变革，观念变革从来就是时代变革的先导。同时，伟大的实践催生伟大的观念。"深圳十大观念"是"敢闯敢试"伟大实践的产物，同时又是构成"敢闯敢试"的精神谱系。

在具体的文化实践中，深圳"敢闯敢试"的标志性事件很多。比如，深圳早在1999年就已经研究提出"文化立市"战略，这一战略的提出仅比日本和韩国提出"文化立国"战略晚了一年，确立"文化立市"战略对于一个经济特区绝对需要想象力。又比如将文化产业打造为第四大支柱产业，在一个曾被人称为"文化沙漠"的地方，深圳硬是闯荡成为全国文化产业发展的领头羊。2004年创办文博会，2007年成功申办第26届世界大学生夏季运动会，2008年成为全球第六个、中国第一个"设计之都"，2013年被联合国教科文组织授予"全球全民阅读典范城市"称号等，无不是"敢闯敢试"的产物。

当今，我们处于信息时代、网络社会和数字世界之中，文化的生产方式正在发生革命性变化，重新提炼和弘扬包括"敢闯敢试"在内的深圳精神，有利于我们返本开新，与时俱进，明白深圳"从何处来，向何处去"。特别是党中央明确深圳打造"全球标杆城市"的目标，"敢闯敢试"将再次引导这座城市在高质量的改革创新中走向美好的未来。

二、访中国经济体制改革研究会副会长樊纲：
对深圳的未来要充满想象力

深圳特区报：改革开放总设计师邓小平曾在1992年南方谈话中说："深圳的重要经验就是敢闯。"不过，有人认为，与改革开放之初相比，经过40年的快速发展，深圳积累起了较为丰厚的"家底"，国际国内形势也愈加纷繁复杂，深圳在思想观念上趋于保守，"敢闯敢试"的劲头也弱了。在您看来，深圳的"敢闯敢试"精神现在是否依然锐利？和过去相比，"敢闯敢试"精神的表现形式有哪些新变化？

樊纲：伟大的事业需要伟大的精神。深圳精神的首要，就是"敢闯敢试、敢为人先"。深圳改革发展的每一个重大步骤，每一个巨大变化，无一不是敢闯敢试的结果。

敢闯敢试不是脱离实际的异想天开，不是毫无章法的莽撞蛮干。在不同的条件和形势下，敢闯敢试有不同的表现形式。早年一穷二白，没有什么包袱，不闯不试就没有出路。而且那时的体制确实很僵化，问题是显而易见的。解决问题就得把僵化的东西破除掉，找一个新办法。

如今 40 年过去了，深圳有了一定家底，既得利益比以前多了，改革也确实有了一些"包袱"。虽然触动利益比触动灵魂还难，但现在"敢闯敢试"很大程度上就是要破除既得利益，敏感程度可想而知。同时，市场经济发展到现在，体制机制变得很复杂，各个市场之间的关系也变得很复杂，改革开放面临着时代性、体系性、全局性问题，难度很大。

现在，深圳"敢闯敢试"的精神还在，仍然是特区之"特"最重要的特质。但现在敢闯敢试的表现形式有新变化，即思维更加缜密，要把各种复杂因素都考虑到，把方方面面的关系都理顺。虽然表现形式不一样，但是核心内容还是一样的，依然要打破僵化陈旧、不合时宜的条条框框，力戒畏首畏尾、患得患失的守成心态，大胆创新、大胆试验，勇于探索前人没走过的道路。当年是这么走过来的，未来依然要这么走下去。

深圳特区报：习近平总书记在庆祝海南建省办经济特区 30 周年

大会上发表重要讲话时强调，经济特区不仅要继续办下去，而且要办得更好、办出水平。2019年，《中共中央 国务院关于支持深圳建设中国特色社会主义先行示范区的意见》正式出台，深圳迎来了新的重大历史使命。经济特区与先行示范区的关系是什么？

樊纲：以我的理解，先行示范区就是经济特区的2.0版或升级版，是党中央在新时期赋予深圳的又一重大使命。"敢闯敢试"既是对深圳经济特区过去40年为改革开放先行探路的真实写照，也是深圳未来建设中国特色社会主义先行示范区的不懈追求。

经济特区的概念仍然是非常重要的，只不过40年过去了，经济特区的很多先行先试的做法被复制推广到全国各地，原来很多很"特"的东西现在已经越来越不"特"了，特区要继续保持自身之"特"，就要不断升级。中国特色社会主义先行示范区就是经济特区的升级版，它仍是经济特区的一种形态，继续有经济特区的职责和功能，但是更高级的一种形态，是全国发展在经济特区的辐射带动之下，整体水涨船高之后，对深圳经济特区提出的一个更高的标准和要求，这也是经济特区要办得更好、办出水平的题中应有之义。

深圳特区报：从经济特区到先行示范区，深圳承担的历史使命升级了，您认为"敢闯敢试"精神在其中承担的作用有没有变化？

樊纲：改革开放之初，深圳经济特区的先行先试主要集中在经济领域，为社会主义市场经济体制的建立与完善破冰、探路。如今，党中央支持深圳建设中国特色社会主义先行示范区，就是希望深圳一如既往地当好改革开放尖兵，为新时代改革开放再出发探新路。

深圳发展的空间和格局更大了，敢闯敢试的范围更大、任务更重、标准更高了。敢闯敢试要勇于试错容错，围绕亟须突破的重点和难点继续先行先试，形成更多可复制、可推广的经验和制度，以"一子突破"求得"全盘皆活"，以"一马当先"带动"万马奔腾"，以一域服务全局，这些要求仍然是一以贯之的。

深圳建设先行示范区，既不是单纯靠政府提供优惠政策，也不是对党中央制度设计的简单执行，而是更加依靠自身去探索和创造，这离开了"敢闯敢试"的精神是绝对不行的。目前深圳正在摸索探讨的很多制度性设计，是否契合当前发展需求，能否有助于解决全国性的问题，还需更广泛的讨论。但无论如何，深圳都要站在过去40年的基础上进一步创新，为解决全国性问题提供参照和范本。

深圳特区报：敢闯敢试的深圳，是新思想新观念的一个重要发源地。站在新起点上，深圳如何通过思想大解放推动改革大突破？

樊纲：深圳的发展史，就是一部以思想观念大解放推动改革开放大突破的历史。

40年来，我们一直在解放思想的过程中，不断思考一些新问题。解放思想从来不是一蹴而就的，很多问题不是一下就能想清楚的，很多事情也不是一时想清楚了就能一步到位做好的。现在，需要大家更加理性、更加周密、更加深入地去思考问题。解放思想本身就包含更深入地分析问题和理解问题，需要更多的科学精神和理论支撑，从多个维度出发把问题想深想透。

要特别强调思想的深度，就像科技界意识到的问题一样，基础科学不发达，现实应用就会受到各种限制。如果思想不深入，对问题的分析不透彻，很多复杂的问题就解决不了。因此，新时代改革开放再出发，深圳要继续在思想解放上发力，推动各种思想、各种理论碰撞交融，催生更多贴合时代精神的思想观念，为改革"导航"。

深圳特区报：从"摸着石头过河"到"加强顶层设计"，顺应先行示范区的目标定位，深圳敢闯敢试的着力点或突破口有哪些？

樊纲：正如前面所说，现在的情况比较复杂，不可能通过一个突破口去解决所有问题，而是需要多个方面同时发力。

第一，进一步深化市场化改革。市场化配置资源的一个重要方面，就是民营经济的发展。在处理民营经济和国有经济的关系、市场和政府的关系上，深圳过去是做得比较成功的。深圳大部分的知名企业、科技企业都是民营企业，说明市场机制在深圳有了很好的基础。下一步是怎么能更好地发展民营经济，更好地保障民营企业的各种权利，更好地理顺国有企业和民营企业之间的关系，先行先试很有意义。

我们为什么需要大量的民营企业？因为我们是从国有经济一统天下的旧体制走过来的，我们不缺国有企业，我们缺民营企业。科技创新是件风险非常大的事情，风投投十个项目，能有一个成功就不错了。国有企业是用国家的钱，因此会受到严格的监管，决策会慢一点，活力会小一点，承担风险的能力相对而言就差一点。反观民营企业，用自己的钱去投资，就可以尝试千奇百怪的"胡思乱想"，而创新就是"胡思乱想"，就是"试错"。花自己的钱去冒险，自己承担风险、获得收益，这就是民营企业的运行机制，这就是市场经济的运行机制。我们搞市场化改革，就应该着重多搞点民营企业，充分发挥其创新创业的作用。

在民营企业发展的过程中，国有企业的作用是什么？它跟民营企业的关系是什么？在这些问题上，深圳有不少好的做法，但还没有变成制度。在资本运作中，国有资本应支持、帮助民营企业，而非把民营企业再变成国有企业，改变其体制格局。如何将好的做法、经验变成法律，变成一种制度安排，包括资本市场的规则、现代企业的规则，而不是靠着一纸文件来解决问题，这就需要敢闯敢试。这涉及方方面面的利益，是一个很敏感的问题，但深圳必须大胆去闯、大胆去试。

第二，进一步扩大对外开放。深圳的发展得益于改革开放，得益于全球化。怎么进一步扩大对外开放，帮助企业更好地走出去，到国际市场上去开拓更大空间，也是我们需要敢想敢闯敢试的一件大事。

当前，有些国家和地区在逆全球化，但我们仍然要继续坚持走全球化发展道路。尽管中国有 14 亿人口，但是国内市场还不够大，需要更大的国际市场，需要学习更多的知识和技术，也需要开放我们的市场，让别人来竞争。深圳是中国对外开放的前沿，新时代在扩大对外开放上仍有很多事情需要去敢闯敢试。

其中很重要的一个方面就是金融的开放。虽然深圳有自由贸易试验区，但一直在金融开放的问题上难以突破。金融开放目前在全国范围内当然是不现实的，但完全可以在一个比较小的特定区域中做出新的制度安排，建立更具弹性的审慎包容监管制度，进行沙盒实验。这是需要想象的，也是可以想象的。世界上也有现实的例子，比如新加坡、中国香港、迪拜等，都有我们可以参照的好的做法。

允许境外金融机构进入中国市场，是金融市场开放、机构开放，但不等同于是资本账户开放。不过，未来不可避免地要面对资本账户开放的问题。深圳要真正成为先行示范区，可以在资本账户开放的问题上做一点试验，可以采取有管理的资本流动，在总量控制的范围内给予一定的自由。让金融机构在开放中学习，熟悉国际资本市场的各种规则和玩法，是金融发展中非常重要的一步。

第三，进一步推进城市化。大城市可以更集中地提供各类基础设施，聚集更多的产业和企业，提供更多就业机会和更高收入，具有更公平的市场竞争环境和通畅的上升通道，为年轻人提供更多实现梦想的机会。大城市是创新资源最集中、创新活动最活跃、创新最容易成功的区域，从而持续推动经济增长。

早在2008年我就曾提出，深圳要为3000万人做准备，当时大家都不相信。那时我说的是到2030年达到3000万，现在刚2020年，深圳实际管理人口就2000多万了，增长速度比我想象的还要快。整体来说，人口是向有就业、有科技、有发展的城市集中。人口增长对深圳的社会治理是一个大挑战，包括医疗、教育、交通的发展，城市环境的维护，社区管理的优化，非户籍人口权利的保障，都是必须配套解决好的大问题。

我们要以一种发展的眼光，敢于想象的空间，来思考深圳的城市化发展。粤港澳大湾区建设，给深圳的城市化发展打开了一个巨大的空间。当时我说深圳3000万人口，不是说3000万人口都居住在深圳，而是经济人口——白天来上班算一个人口，晚上来消费又算另一个人口，人住在外面但经济活动在此。大湾区是一个城市群的概念，借助互联互通的快速轨道交通和共享的基本公共服务，形成一小时、一个半小时通勤圈，大湾区城市群就可能容纳更多人口，形成更大的规模效益和城市活力。在此意义上，就相当于延展了深圳的发展空间。

目前，大湾区城市群还面临着行政区划的阻隔和体制机制的障碍。深圳需要发挥想象力和"敢闯敢试"精神，通过自身的先行探索，突破现有的障碍，推动形成跨行政边界的城市化发展思路和治理结构。中国有 14 亿人口，目前城市的发展还远远没有达到它应该达到的城市化程度，还有大量人口在等待进城，特别是进入大城市。深圳如果把城市群这篇文章做好了，对推动全国城市化进程具有示范意义。

深圳特区报：改革发展千头万绪，环环相扣。党中央明确支持深圳实施综合授权改革试点，以清单式批量申请授权方式，在要素市场化配置、营商环境优化、城市空间统筹利用等重点领域深化改革、先行先试。这对深圳敢闯敢试，强化改革举措系统集成，加快形成更加成熟、更加定型的制度体系来说，无疑是重大政策利好。那么，深圳应该如何用足用好党中央的放权赋能？

樊纲：改革是一个系统，很多改革任务之间相互关联、相互影响，就有一个怎么互相配套的问题。一个领域改革了，另一个领域没有改，就会使整个系统效率下降，产生所谓瓶颈的问题。如果其他都没改，一个领域里面改革冒进也会出现混乱和不协调。因此就有一个改革如何推进的问题，如何实施改革的问题，说是技术问题，其实也是一个基本的逻辑问题。

党中央提出综合授权的概念，就是为了更好地解决改革的体系性和全局性问题。综合授权，就是相互配套的多个改革一次性批量授权。党中央主要是定方向、划底线，在现有法律和制度框架下，到底哪些改革需要出现在一张授权清单上，需要深圳自己来提建议、提需求。而这就特别需要大胆去想、敢闯敢试，特别需要想象力、主动性、判断力和创造性。不是被动等党中央给，而是积极主动去要。这一步走出去，就不仅仅是解决自己的问题了，而是给全国立标杆、做示范。

深圳特区报：对于深圳来说，"敢闯"和"善创"是密不可分的。深圳如何通过"敢闯敢试"的精神激发澎湃的创新创业活力，实现从敢闯敢试到创新创业的能量转换？

樊纲：深圳最初的发展主要取决于比较优势和后发优势，得益于市场的开放和外资的引进。而在发展的新阶段，自主创新变得越来越重要。想要自主创新，必须敢闯敢试。当前，深圳是全国创新创业最活跃的城市之一，这跟"敢闯敢试"的深圳精神是分不开的。

创新创业需要制度激励。创新创业是失败风险很高的事情，也是很辛苦的事情。创新创业冒的险、投的资、受的苦，需要回报，需要激励，才有人愿意干。深圳市1987年颁布了《关于鼓励科技人员兴办民间科技企业的暂行规定》，文件中最关键的一条是承认知识产权的价值，允许科技人员用专利等知识产权入股。它后来被视为中国首份民营科技企业的"准生证"，没有它就没有今天的华为。这是一种制度激励，对创新创业的激发作用很大。深圳要进一步巩固和放大自己的创新创业优势，就必须继续敢闯敢试，探索出跟当前实际相匹配的制度激励措施。

创新创业需要社会包容。创新创业是很容易失败的，但失败了一次并不意味着就没有创新创业能力了。失败是成功之母，从失败中汲取教训，也许下一次就成功了。这就要有"下一次"的机会，整个社会就应该宽容失败。深圳要做的，就是继续为创新创业营造更好的环境和条件——最重要的不是政府补贴，而是良好的市场机制、资本市场；继续倡导培育更加浓厚的"鼓励创新、宽容失败"的社会文化和氛围——关键不是口号，而是评价机制。

深圳特区报：深圳是中国的深圳，也是世界的深圳。敢闯敢试对深圳的未来意味着什么？对中国乃至世界意味着什么？

樊纲：新时代，深圳在敢闯敢试的过程中，特别要胸怀习近平总书记强调的"两个大局"：一个是中华民族伟大复兴的战略全局，另一个是世界面临的百年未有之大变局。

"两个大局"其实是相互关联的。中华民族如果没有崛起，也就没有世界百年未有之大变局。此次新冠肺炎疫情，让大家明显感受到了世界的风云变幻。对我们来说，未来有很多风险，面临很多问题，怎么办呢？没有别的办法，就是要继续把自己的事情做好，把自身发展得更加强大，保持经济的长期稳定增长，这才是解决国内外一切问题的关键，才能更好实现"两个百年"奋斗目标，才能在世界大变局中立于不败之地。

以中国之大，发展不可能整齐划一，一定是先有一些地方突破，先行示范带动全国发展。在深圳经济特区建立40周年前夕，党中央支持深圳建设中国特色社会主义先行示范区，正是基于"两个大局"的深入考量，将其作为应对"两个大局"的重要战略举措。

因此，建设中国特色社会主义先行示范区，不只是深圳自身如何发展得更好的事情，更是影响中国乃至世界的一件大事。这是伟大的使命，也是伟大的责任。深圳如何扛起责任，不辱使命？唯有继续敢闯敢试，为"中国之治"贡献智慧和力量，跑出迈向全球标杆城市的"加速度"。

第二章

开放包容

第一节
"开放包容"释义

2019年8月18日,《中共中央 国务院关于支持深圳建设中国特色社会主义先行示范区的意见》(以下简称《意见》)指出深圳要进一步弘扬"开放多元、兼容并蓄的城市文化"。深圳因改革开放而生,因改革开放而兴,因改革开放而强。"开放"既是岭南文化、海洋文化的基因,是深圳的历史传承;也是时代赋予深圳的特殊历史使命。开放带来多元,包容孕育创新。"包容"既是中华文明能够保持超越历史时空生命力的关键因素,是中国优秀传统文化的重要内容;又是现代文明社会的标志,指向了一种成熟的文化心态。

深圳自建立经济特区以来,进行过几次比较大的关于"深圳精神"的大讨论。20世纪80年代,深圳人把自己的城市精神概括为"开拓、创新、献身"。90年代,深圳人及时因应外来人口逐渐增多的移民城市特点,把城市精神扩充为"开拓、创新、团结、奉献"。进入21世纪后,通过"深圳精神如何与时俱进"的大讨论,以人为本、科学理性、开拓进取等内涵得到进一步关注,"开拓创新、诚信守法、务实高效、团结奉献"成为"深圳精神"的代表。[①] 此外,"包容、宽容、开放、平等"精神亦为深圳人所推崇。不以牺

---

① 韩文嘉. 核心价值观激励城市前行 [N]. 深圳特区报,2012-12-31.

牲别人的权利为前提，实现自己人生的转机和生活的改善，这必然与"包容、宽容"等联系在一起。随着我国市场化改革的推进，中央逐渐向地方分权，在有利的制度与政策环境下，深圳在开放中获得了更多发展机遇，地方政府和民间社会的活力被激发了。在市场驱动下，社会性流动机会的平等，增强了个人通过努力奋斗改变命运的动力，这也使得深圳成为国内最具平等感的城市。2010年，在深圳经济特区建立30周年之际，市第五次党代会报告指出深圳经过30年改革开放和现代化建设，在精神层面已孕育出集中体现时代风貌的特区精神。"海纳百川、兼容并蓄的开放精神"即是其中一项重要内容。城市发展至此，可以说，"开放包容"的城市精神和价值观念在深圳已深入人心。

"开放包容"是一种解放思想、海纳百川的胸襟。深圳作为改革开放的"试验田"和"排头兵"，是全国性经济中心城市、国家自主创新示范区，"开放"体现在经济、社会、文化各个方面。经济方面，对内突破计划经济和封闭型经济的桎梏，经济运行以市场调节为主；对外发展经济技术交流，外引内联，采取以对外贸易和出口导向为主的经济模式，境外投资额、外贸进出口总额多年来在全国均处于领先地位。社会方面，以海纳百川的姿态吸引了数以千万计来自全国乃至世界各地的创业者、建设者、劳动者、学习者来深圳工作、生活，并融入这座城市，对这座城市产生强烈的认同感和归属感。文化方面，则形成了一种开放型的文化心态，使深圳文化充满活力和竞争意识，同时也促进城市"包容"品格的形成。"包容"体现在深圳作为一座移民城市对外来人口的慷慨接纳，"来了，就是深圳人"温暖了来自各地的异乡人，成为全国最火、最有名气的城市口号；"包容"体现在"鼓励创新，宽容失败"的恢宏气度，正是这一宽广胸怀使一切有利于社会进步的创造愿望得到尊重、创造活动得到鼓励、创造才能得到发挥。深圳甚至以法规的形式宽容创新失败者。"开放包容"成为深圳的一种制度文化和永不消退的城市精神底色。

"开放包容"是一种面向世界、博采众长的思维。1990年12月15日，深圳召开第一次党代会，第一次正式提出建设"国际性城市"的目标。[①]之后，每一次党代会报告所确立的发展目标中都有"国际化"这一关键词。2010年，国务院批复《深圳市城市总体规划（2010—2020年）》，首次从国家层面赋予深圳建设"国际化城市"的使命。2019年的《意见》更是明确深圳"到2025年，建成现代化国际化创新型城市。到2035年，建成具有全球影响力的创新创业创意之都。到本世纪中叶，成为竞争力、创新力、影响力卓著的全球标杆城市"。面向世界的城市必然需要面对多种文化的共存。城市的繁荣离不开知识传播，离不开产生新思想的能力，不同文化间的交流互动正是思想创新生发的触媒。开放的观念，开放的社会，流动的资源、要素、技术、人才为深圳发展不断凝聚文化的能量；开放的城市品格和良好的开放心态与行为，也为多元观念、多样性文化、高新技术的交流提供自由的空间。正是"深圳，与世界没有距离"的开放视野，成就了深圳超强的文化适应能力和创新创造活力。对各种异质文化兼收并蓄，没有排外意识、不打压观念上的新奇、不歧视生活方式上的独特，容忍和鼓励怀疑、批判、求异、创新等文化观念和思维方法。"开放包容"是各种文化相互学习、相

---

① 孙锦. 瞄准新目标 开启新航程[N]. 深圳特区报，2011-11-18.

互交流乃至相互吸收、相互交融的过程。①"开放包容"是对多样性的肯定，是承认差异、尊重他者，是文化创新与发展的重要动力，是实现相互理解、相互信任的基础。

"开放包容"是一种和谐发展、共享未来的理念。深圳从先行先试的经济特区到综合改革试验区，再到社会主义现代化强国的城市范例，拼的不只是经济，更是从局部向全局的稳步推进。深圳经济的"包容性增长"，经济发展方式从数量型向质量型迈进。深圳民营经济极为发达，民营企业数量占全市企业总量的比例超过97%，民营企业进出口占比达六成；每千人拥有商事主体249.4户、企业155户，创业密度全国第一。民营经济成为助推深圳经济高质量发展的中坚力量。深圳社会的"包容性发展"，是将发展领域从经济增长扩展到经济增长与社会进步、人民生活改善同步发展，实现改革实践的全民参与和创造，将发展成果惠及全体人民。深圳在经济高速发展的同时，不断加大民生投入，初步建立了比较完善的社会保障体系。深圳大力推动绿色发展、循环发展、低碳发展，最大限度地促进环境与经济社会协调发展、人与自然和谐共生。将"包容性发展"理念纳入未来发展思路，增强内生动力，不仅是当代中国重要的发展理念，也是深圳的积极行动和政策。

在粤港澳大湾区和中国特色社会主义先行示范区建设"双区驱动"的重大历史机遇下，深圳必须再次焕发"特区精神"。继续弘扬新时代的"开放包容"精神，就是既要坚持解放思想，又要以开放包容的思维提升解决问题的能力；既要勇于承担智识风险、尝试以新的方式探讨问题、具有实验的精神，又要具有自我反思与不断

---

① 王京生. 我们需要什么样的文化繁荣 [J]. 决策探索，2015（06）：70-72.

学习的能力；既要以人文理性和科学精神传承文化、继往开来，又要以世界眼光和战略思维兼收并蓄、博采众长。

第二节
开放包容：深圳与世界没有距离

全球化的时代，城市何以安顿人们。

特别是像深圳这样的，一座在40年内迅速崛起、成为中国改革开放精彩缩影的标志性城市。

2000万人聚集在这里，这个数字是这座城市第一版规划所设想的人口承载量的近60倍。

不足2000平方公里的土地面积，可开发利用的仅为一半，人口密度高达10015人/平方公里。

2019年，这座城市还录得以下数据：

地区生产总值达26927.09亿元。战略性新兴产业增加值超过10000亿元。出口总额连续27年居内地大中城市首位。全市各级各类学校总数达2642所；卫生机构拥有床位51318张。全市绿化覆盖面积达10.18万公顷，建成区绿化覆盖率达43.40%，拥有公园1090个。城市污水处理率达97.72%，生活垃圾无害化处理率达100%，PM2.5平均浓度降至24微克/立方米……[1]

人们生活在这座城市里，把劳累、焦虑、怨叹吞进腹中，把坚守、愉悦、宁静记在心中，在这里打拼，在这里收获，在这里幸福。

深圳人深爱着这座城市。

---

[1] 深圳市统计局．深圳市2019年国民经济和社会发展统计公报．

因为他们深知当初为何而来，今天为何而留，未来为何而奋斗。

一、历史选择了深圳

黑格尔说过，你一定要一步步地才能了解一个时代，一步步甚为重要。

当历史的车轮驶入 1978 年，南海之滨一个叫作深圳的地方，开始走到历史的转折点。

彼时，作为惠阳地区宝安县的县城，深圳仅仅是一个有着两条半街的边陲小镇。1978 年，宝安全县工农业总产值仅为 1.27 亿元。[1]

那时，有谁会料到，在这片"贫瘠"的土地上，能够"神话般地崛起座座城，奇迹般地聚起座座金山"？

我们说历史选择了深圳，是因为在开一代风气之先的 20 世纪 70 年代末、80 年代初，深圳具足了天时、地利与人和的优势。

在中国开放大潮中，深圳成为弄潮儿

深圳市当代艺术与城市规划馆在"大潮起珠江——广东改革开放 40 周年展览"展出期间，游人如织。

一幅老照片让很多人驻足。照片记录的是时任广东省委第一书记习仲勋到惠阳地区调研的场景：习仲勋脚穿凉鞋、卷着两条裤腿，站在田间细问情况，身后一侧，站着年轻的习近平。那是 1978 年 8 月，正在清华大学读书的习近平利用暑假时间参加社会实践，随同

---

[1] 宝安县人民政府. 外引内联 立业兴旺 [J]. 国际经济合作，1988（03）：19-21.

父亲一起下乡。

参观中，不少人为这幅老照片旁边的一张柱形图所惊讶。图片说明为：1978年，宝安县农民年人均收入为134元人民币，而一河之隔的香港新界农民年人均收入为13000元港币。

这正是习仲勋一行当年看到的实情。

宝安之行，让习仲勋感触很深：香港人80%以上是广东人，为什么在香港能把经济搞好，而在广东却不行？①

1978年，当刚刚度过十年"文革"岁月的中国人转头面向世界时，感受与疑问是相似的。

这一年，中央首次向发达资本主义国家派出政府经济代表团。时任国务院副总理谷牧率团对法国、联邦德国、瑞士、丹麦和比利时的15个城市展开访问。所见所闻让代表团"大受刺激"。一位代表团成员这样回忆："资本主义国家能够这样繁荣发达，现代科技发展能够这样迅猛，这是我们完全没有想到的！"②

这一年，74岁的邓小平先后四次出访了七个国家。日本之行，当被问及乘坐时速240公里"光"号新干线的感受时，他说："就感觉到快，有催人跑的意思，我们现在正合适坐这样的车。"③

这一年，一篇题为《实践是检验真理的唯一标准》的宏文横空出世，掀起了席卷中国的真理标准大讨论，使中国在道路探索上实现了理论创新与实践检验的良性互动。

这一年，在党和国家面临何去何从的重大历史关头，党的十一

---

① 吴勇加.广东改革开放的奠基人[N].深圳特区报，2013-10-12.
② 任卫东，贺劲松，李南玲.扬帆导航济沧海——中央两代领导核心关怀经济特区纪实[N].人民日报，2000-08-28（第1版）.
③ 任仲平.初心铸就千秋伟业——为庆祝新中国成立70周年而作（下）[N].人民日报，2019-09-30（第4版）.

届三中全会在北京召开，作出了实行改革开放的历史性决策，开启了中国特色社会主义道路的伟大征程。

在整个中国开放的大潮中，深圳有幸成为弄潮儿。

开放包容，是深圳奇迹永不消退的精神底色

如果说，深圳经济特区的建立是思想解放的产物，是开放政策的产物，那么，在此后40年的建设中，开放与包容已通过一代又一代特区建设者的打拼实践，积淀为这座城市的精神底色，成为这座城市的独特气质。

初夏的热风吹过深圳湾畔的人才公园。一位深圳市民将一束鲜花敬献在中国改革先锋人物袁庚的塑像前。"向前走，莫回头。"40年前，袁庚大胆尝试，创建蛇口工业区，炸响了中国改革开放第一声"开山炮"。此后，从深圳蛇口喊出的"时间就是金钱，效率就是生命""空谈误国，实干兴邦"等口号响彻全国。

英雄莫问出处，开放的深圳如强力磁石，引天下英才来归。

被誉为深圳电子产业"开山人"的马福元，是改革开放初期从电子工业部党组成员、办公厅主任和计算机管理局局长的位子上"下海"的。他组建了全国第一个企业集团——深圳电子集团，成立了我国最早的科技产业园区——赛格科技园，开辟了"中国电子第一街"——华强北。

1987年，华为公司创始人任正非已过不惑之年，正面对失业的残酷现实，人生跌到最低谷。今天，他这样解释当初为何选择留在深圳：深圳1987年18号文件明晰了民营企业产权，没有这个文件，我们不会创办华为。

1999年，28岁的马化腾在首届高交会上融到了220万美元。三年后，腾讯拥有了中国最大的互联网注册用户群。五年后，腾讯成为第一家在香港主板上市的中国互联网企业。"在这座开放创新、充满机遇的城市里，我赶上了互联网快速发展的时代，萌发了通过互联网改变人们生活的梦想，从而踏上了创业的道路。"多年之后，马化腾这样总结。

著名钢琴教育家但昭义是在55岁时被深圳破格引进的。今天，他的学生中有26人在国际钢琴赛事中获奖70项，其中26次获得第一名。他说，深圳包容、宽松的氛围，体现了一座城市的力量。

在开放包容的土壤里，可以开出最绚丽的梦想之花。

今天，深圳为人所津津乐道的早已不再是"三来一补""贴牌代工"，而是平均每平方公里有5.6家国家级高新技术企业、平均每天有51件发明专利获得授权、全社会研发投入占全市生产总值的比重超过4%……

深圳以超前理念布局创新产业、营造创新环境，产业链龙头企业与各类创新要素高度集聚，仅仅40年，就从"科技荒漠"变成"创新之城"。

今天的深圳，已成为一座具有国际性影响力的都市，拥有全球第三大集装箱港、亚洲最大陆路口岸、中国五大航空港之一，拥有华为、招商、平安、腾讯、万科、正威、恒大7家世界500强企业，吸引200多家世界500强企业前来投资。

没有开放，就没有市场。坚持市场化为导向，是深圳乃至中国经济体制改革的信条，也是中国特色社会主义道路始终充满活力的奥秘。

英国《经济学人》杂志发文称："全世界超过4000个经济特区，

头号成功典范莫过于'深圳奇迹'。"

一个年轻、开放的深圳，让世界看到一个年轻、开放的中国。

2018年10月，习近平总书记再次来广东、深圳视察。在参观完"大潮起珠江——广东改革开放40周年展览"后，他说："党的十八大后我考察调研的第一站就是深圳，改革开放40周年之际再来这里，就是要向世界宣示中国改革不停顿、开放不止步，中国一定会有让世界刮目相看的新的更大奇迹。"

深圳人不会辜负这样的期许。

二、深圳，与世界没有距离

"深圳，与世界没有距离。"简洁而富有诗意的语句，表达了一座城市对国际化的强烈追求，对未来的美好期许。

"国际化"是深圳矢志不渝的梦。从这座城市诞生那一天起，深圳人就开始为这个梦想而努力了。

1990年12月15日，深圳市召开第一次党代会，便提出了建设"国际性城市"的目标。之后，每一次党代会报告所确立的发展目标中，都有"国际化"这一关键词。2010年，国务院批复《深圳市城市总体规划（2010—2020年）》，首次从国家层面赋予深圳建设"国际化城市"的使命。

2019年8月18日，《中共中央 国务院关于支持深圳建设中国特色社会主义先行示范区的意见》印发，明确深圳将实现"三步走"，到2025年，建成现代化国际化创新型城市；到2035年，建成具有全球影响力的创新创业创意之都；到21世纪中叶，成为竞争力、创新力、影响力卓著的全球标杆城市。

这是一场大步向前永不停歇的接力赛。这是一步紧接一步、步步向上的攀登。

更加开放、自信地融入全球化大潮

40 年来，深圳追赶国际先进城市的脚步从未停歇。翻开深圳发展史，可清晰看到，这座以开放而生、而兴的城市，深嵌着与生俱来的国际化基因。

志合者，不以山海为远。

2020 年 3 月，深圳对"一带一路"沿线国家进出口贸易总值达 520.5 亿元，增长 9.5%；其中进口达 277.5 亿元，增长 22.3%。[①] 克服新冠肺炎疫情带来的不利影响，第一季度深圳市对"一带一路"沿线国家进出口呈现出较好发展态势，特别是东盟拉动深圳市对沿线外贸增长的作用显著。

"看着地图做生意，沿着'一带一路'走出去。"近年来，越来越多的深圳企业尤其是外贸企业响应"一带一路"倡议，积极在"一带一路"沿线国家拓展市场，使沿线地区成为拓展业务和展示品牌的新舞台。与此同时，深圳口岸持续扩大自沿线国家进口优质产品，满足居民消费升级需要，实现与沿线国家的互惠互利。

截至 2017 年 12 月，深圳企业在全球 135 个国家设立 5689 家企业和机构，其中有 137 个项目布局于 38 个"一带一路"沿线国家，集中于信息通讯、能源电力、专用机械等产业高端领域。

---

① 杨阳腾.3 月对"一带一路"沿线进出口增长 9.5%——深圳外贸形势加速向好 [N].经济日报，2020-04-28（第 04 版）.

以《深圳市落实"一带一路"倡议经贸合作工作方案》为指引，深圳正以东盟经济带为重点核心区，以南太平洋经济带为潜力区布局 91 个经贸合作项目，"一带一路"的经贸窗口效应凸显。招商局集团、华为、中兴通讯、中集集团等重点企业在"一带一路"沿线国家投资布局，招商局集团先后启动吉布提港口、科伦坡码头、白俄罗斯中白工业园等项目。①

开放，提升了深圳的国际坐标。

从 0 到 1，从 1 到 N，这是"硅谷创投教父"彼得·蒂尔对于"创新"与"全球化"的最直观解读。

2015 年 3 月 10 日，一则写着"MAKE WITH SHENZHEN"（与深圳共同创造）的"创客之城"巨幅广告亮相纽约时代广场的大屏幕。美国《连线》杂志前主编、"长尾理论"提出者克里斯·安德森说，正在兴起的创客运动在全球掀起了新一轮工业革命。在这场革命中，深圳代表中国站在了世界最前沿。

2016 年 10 月，南方科技大学与诺贝尔化学奖得主罗伯特·格拉布斯合作建立深圳格拉布斯研究院，成为深圳首个以诺贝尔奖得主命名的科学家实验室。短短三年时间，深圳诺奖科学家实验室已增至 11 个。

2017 年 5 月 9 日，深圳市为旧金山、多伦多、伦敦、特拉维夫等首批 7 家海外创新中心授牌，这些贴着"深圳"标签的创新中心，均位于国际公认的创新之都。"深圳创新"布局全球。

助推创新不断升级的"国际化"，在深圳城市定位中越发清晰。强化创新基因与创新优势，是中国突破发达国家先进技术和发展中

---

① 孙锦.深圳构建全方位开放新格局 [N]. 深圳特区报，2017-12-08（A06）.

国家低成本竞争双重挤压，培育中国制造竞争新优势的迫切需求，也是全球化时代深圳构建城市对外开放新格局、增强国际竞争力的必然选择。深圳代表国家，参与全球竞争与合作。

构建全方位开放新格局，谋求更广阔发展空间

由中国社会科学院和联合国人居署共同完成的《全球城市竞争力报告（2019—2020）》显示，深圳位居 2019 年全球城市经济竞争力指数排名第四。深圳作为国际化城市已经进入世界视野。

近年来，深圳相继推出《深圳市推进国际化城市建设行动纲要》《深圳国际化城市建设指标体系》《深圳市国际化城市建设重点工作计划（2014—2015）》，率先设立旨在推动国际化的国际交流合作基金会。从顶层设计"国际化"战略，到量化"国际化"标准，再到"实施计划"以及设立具体项目运作载体，深圳在中国内地率先形成一整套国际化城市建设体系，以全球标杆城市和地区为参照，加快现代化国际化创新型城市的建设步伐。

以国际通行规则与世界交融，是国际化建设的核心。

从 2013 年始，深圳便已开启多项国际通行规则的先行先试序幕：商事登记制度改革启动，深圳国际仲裁院在前海挂牌成立，深圳正式成为开展跨境电子商务进口的试点城市，成为继上海之后全国第二个获批开展国际贸易"单一窗口"试点的城市……随着"自贸区时代"全面到来，前海蛇口自贸片区和前海合作区的开发建设将更加聚焦治理体系与国际规则的深度融合。

谋求更广阔发展空间，深圳已开始全方位先行探路。探索建设跨境人民币业务创新试验区，争取引进亚洲基础设施投资银行功能总部，探索设立中国—东盟跨境人民币业务中心，积极推进与海上丝绸之路沿线国家"货币流通";努力打造亚洲最大创投中心,鼓励有实力的创投企业到沿线国家和地区设立创投机构和创投基金……

2020年3月17日,总投资达123.3亿元的深圳机场三跑道扩建项目正式开工建设,建成后将可满足深圳机场年旅客吞吐量8000万人次、货邮吞吐量260万吨的保障目标。深圳机场牢牢把握粤港澳大湾区和先行示范区"双区驱动"的重大历史机遇,全面加快国际航空枢纽建设,2019年旅客吞吐量首次突破5000万人次,全球排名从第32位上升至第26位,增速排名位居全球前三十大机场第二,国际旅客增速连续三年排名全国第一,智慧机场建设成为全国样板。

深圳"鹏友圈"遍及五大洲

1985年2月21日,美国休斯敦市市长凯瑟琳·惠特曼致函当时的深圳市领导,发出与深圳结为友好城市的倡议。1986年4月3日,两市签署了协议书,深圳成为休斯敦在中国的第一个友好城市,休斯敦也成为深圳经济特区的第一个国际友城。①

从结缘首个"鹏友",到友城遍布五大洲,深圳国际交往步伐扎实迈进。今天,深圳已拥有85座国际友城,为深圳企业扩大国际舞台、为深圳市民开阔国际视野打开了便利之门。

从互叙友谊,到共谋发展。兼容并蓄,交流互鉴,是深圳迈向国际化城市的不懈追求。

---

① 彭琰. 深圳已与55个国家的85个城市建立了友好关系——往来乐兮 我有"鹏友"[N]. 深圳商报,2018-05-25(A03).

2019年5月14日，首届深圳国际友城智慧城市论坛开幕，刮起智慧城市头脑风暴。深圳与全球友城共同签署了《共建国际友好智慧城市生态圈备忘录》，达成智慧城市治理、智慧城市愿景、智慧城市行动"三个共识"，提出尊重城市特色、尊重技术中性、尊重隐私保障，全面加快智慧城市进程。深圳国际友城代表、英国爱丁堡市市长弗兰克·罗斯直言，当前世界面临多种关键挑战，包括自然和政治等方面，更要友好协作，实现跨国和跨区域的友好合作。"深圳是技术创新和国际友谊会议举办的理想之地，论坛为各国提供了一个理念和创新的交流平台。"

千里同好，坚于金石。青山一道，同担风雨。

2020年年初，一场新冠肺炎疫情突袭全球。截至2020年5月6日，共有27个国家的30多个城市向深圳提出援助请求。深圳市人民对外友好协会专职副会长顾挺说，深圳市以市政府名义向韩国、日本、意大利、西班牙、英国、法国、波兰、保加利亚、葡萄牙、塞尔维亚、阿根廷等24个国家的36个友好城市和机构共捐赠了150万只医用口罩。目前，深圳已收到意大利米兰、韩国釜山、日本筑波、西班牙巴塞罗那、波兰波兹南等15个城市市长发来的感谢信和感谢视频。

由深圳高科技企业参与的疫情防控国际合作更显"深圳智造"特色。华大基因生产的核酸检测试剂盒已对外捐赠4万余份，病毒检测实验室也已与塞尔维亚等多国展开合作，有40多个项目在开展过程中；大疆公司在西班牙、意大利等国用无人机进行空中消杀和物资投递等抗疫工作；腾讯公司为联合国成立75周年活动提供视频会议及数字通讯工具，并通过腾讯会议、企业微信和腾讯同传在线举办数千场会议活动；迈瑞等企业生产、交付全球急需的医疗物资……

一个开放、创新、国际化的深圳，正用自己的不懈追求和持续发展，印证着一个东方新兴都会全力迈向国际化未来的奋斗足迹。

三、生机勃勃，前海开发开放取得新突破

风从海上来。

前海，特区中的特区，站在新时代改革开放的潮头，向世界敞开大门。习近平总书记两次来到前海，在这里发出了改革开放再出发的号召。

御风而行，这个时代不乏最具眼光的眺望者，也不缺最有勇气的前行者。

在这里，一张白纸绘出了最美最好的图画。短短几年，从一片滩涂上起步的前海已实现了跨越式发展，每平方公里产出超百亿元，经济总量在千亿能级持续提升。

而当我们凝望这座崛起的新区之时，我们看见的，是始终流淌在深圳血脉中的外拓精神，也是城市逐渐扩大开放步伐的时代表达。

披星戴月，只为远方。前海之前，还有星辰大海。

前海开发：诠释新时代对外开放全新含义

如果说，40年前的经济特区建立，是中国经济迈向世界的一次探索。那么，10年来，前海的成长蜕变，则是中国全面接入世界的又一次出发。

2010年8月26日，国务院批复同意《前海深港现代服务业合作区总体发展规划》，从一片滩涂开始，这片袖珍海成为改革开放

的先锋之地。2014年12月，前海蛇口被纳入中国（广东）自由贸易试验区，优势叠加，体量扩容，前海又有了新的使命。

开发以来，从地下到地上，前海几乎是一天一个样。随着一系列重大项目的签约，前海以实际行动贯彻落实"深港合作、自贸试验"等国家战略，加快推进开发建设。在不断推进改革开放的进程中，努力打造向世界展示新时代中国发展成就的重要"窗口"和"示范区"。

前海的发展，让世界瞩目，也赢得了习近平总书记的赞许。

2012年12月7日，党的十八大闭幕不久，习近平总书记离京视察第一站就来到了深圳。在深圳的第一站，习近平总书记选择了前海。他要求前海要"依托香港，服务内地，面向世界"，叮嘱前海要"精耕细作、精雕细琢"，要求前海人在一张白纸上画出最美最好的图画。

2018年10月24日，习近平总书记再次视察前海。前海石边，习近平总书记肯定了"前海模式"，并嘱托"要扎实推进前海建设，拿出更多务实创新的改革举措，探索更多可复制可推广的经验，深化深港合作，相互借助、相得益彰，在共建'一带一路'、推进粤港澳大湾区建设、高水平参与国际合作方面发挥更大作用"。

在2019年新年贺词中，习近平总书记再次提道："深圳前海生机勃勃。"

如今，200多座高楼封顶交楼，前海天际线越发亮丽，每平方公里产出逾百亿元增加值；平均每三天推出一项创新制度，并向全国推广复制；营商环境不断优化，吸引全球高端资源聚集，世界500强企业加速进驻。

在一片滩涂上建设出现代化新城，前海用了十年的时间，在世界面前画上了一个醒目的惊叹号。这个国际一流的湾区城市新中心，诠释着新时代对外开放的全新含义。

前海模式：打造一流国际化营商环境

前海的跨越式发展，得益于其高度国际化的平台。营商环境的不断优化，带动前海开发开放不断迈入新境界。

透明、快速、便捷，这是前海营商环境的鲜明标签。

2020年1月1日，新颁布的《中华人民共和国外商投资法》和《中华人民共和国外商投资法实施条例》正式实施。领展物流（深圳）有限公司和深圳小神龙体育科技发展有限公司收到了深圳商事登记平台的短信通知，成为新法实施后全国首批领取外商投资企业营业执照的前海企业。

前海外资"一口受理"全国最快，率先实现外资企业设立商务备案与工商登记"一口受理"，率先实施"多证合一、一照一码"改革，企业办理营业执照和外商投资备案回执时限从自贸片区成立前的20个工作日减少到1个工作日……

跨境金融的创新发展，成为前海对外开放的闪亮名片。

前海金融创新有6个"跨境"特点——率先推出跨境人民币贷款、率先探索跨境双向发债、推出跨境双向本外币资金池、跨境双向股权投资成效显著、探索跨境资产转让、跨境金融基础设施取得突破……前海成为人民币国际化成效最突出、市场活力最强的自贸片区之一。

如今，前海蛇口自贸片区金融业注册企业数超5万家，持牌金融机构243家，"7+4"类金融机构近1.2万家，国家金融业对外开放试验示范窗口作用显现。

前海,是吸引追梦者的磁场。

香港青年陈升是一名"80后",是青年梦工场首批入驻创业团队的主导成员。做跨境电商的他之所以愿意到前海来,是因为自己的团队可以依托自贸区的政策优势,还可以用大数据给前海的跨境电商提供支撑,拓展未来的发展空间。

作为首个国际化青年创业社区,梦工场逐步成为引进国际创新创业平台机构。目前,已有香港科技大学、香港互联网专业协会、中科院深圳先进院等机构入驻,为深港及全球创业团队提供辅导和帮助。截至2018年11月,前海累计注册企业17.5万家,世界500强新增设立企业36家、总量达到352家,孵化创业团队356个。[①]

前海,是国际巨头看好的风口。

2019年以来,美国嘉吉集团华南结算中心、新之江等一批重点外资项目相继在前海落地。截至2019年年底,前海经认定的总部企业74家,世界500强投资企业累计359家,内地上市公司投资企业累计936家。

如今,前海已成为全国吸引外资的高地。截至2019年年底,前海累计吸引外资企业1.38万家,实际利用外资192.21亿美元,约占同期深圳市的60%、广东省的20%;进出口总额增长保持在20%以上,进出口总值及同比增速均位列全国保税港区首位。[②]

开放的前海带动着各种要素加速聚集,推动产业发展能级和核心竞争力提升。目前,高端金融业、新兴贸易业、高端航运服

---

① 王剑锋.打造最浓缩最精华核心引擎——前海深化改革推进粤港澳深度合作[N].深圳特区报,2019-03-07(A06).
② 吴德群."深圳前海生机勃勃"——写在前海蛇口自贸片区挂牌五周年[N].深圳特区报,2020-04-27(A01).

务业"抢滩"前海，人工智能、金融科技、生物科技、数字经济等新兴产业提前布局，产业链集聚势能加速形成，推动前海巨轮全速前进。

前海实践：推进粤港澳深度合作

香港工程师、前海能源投资发展有限公司生产服务部副部长李志健如今打算长期在前海发展。2015年来到前海后，他先后享受了前海就业、个税补贴、出入境便利等多方面福利，还竞聘成为深圳市前海能源投资发展有限公司生产服务部副部长。

2018年3月，已在我国实施了24年的"台港澳人员内地就业实行就业许可制度"在前海被率先打破，李志健再也不用耗时一周去办台港澳人员就业证。此外，他还可以在住房公积金的缴纳和提取上享受市民待遇，这让他更有归属感。

近年来，前海不断营造接轨香港的生活环境，推出人才保障住房优先面向香港人才配租，发行通信"前海卡"、深港交通"互通行"卡等举措，便利港人深港两地生活。

依托香港，服务内地，面向世界，这是前海的使命与责任。而在发展中，前海不断扩大开放步伐，形成推进粤港澳深度合作的样本。

在前海的发展规划中，有一个硬指标是三分之一的土地要向港企出让，目前前海已累计向港企出让土地19宗，实际占比达44.7%，聚焦深港产业合作，扩大香港服务业发展空间。前海通过组织实施利港惠港的"万千百十"工程、深港合作专项行动计划等举措，通过土地出让、平台建设、政策优惠等措施，吸引了大批知名港企落户，在与前海标志性景观"潮头"往西一路之隔的前海企业公馆里,可以看到恒生、金银业贸易场等知名港企的标志。

同时,全国首推"零跑动",相继推出"深港通注册易""深澳通注册易"等创新举措,实现前海港澳资企业注册零跑动。前海深港创新中心、深港基金小镇、深港创意设计产业园等重大平台相继投入使用,恒生银行、港交所、东亚银行等一大批知名港企形成集聚发展态势。据统计,截至2015年年底,前海有香港企业2313家,到2019年年底,前海香港企业增至12102家,增加了4.2倍,港企注册资本达1.3万亿元。其中,2019年前海新增港资企业1336家,新增注册资本876.98亿元人民币,实际利用港资36.47亿美元,占实际利用外资的87.6%,在推动香港产业结构优化和内地产业转型升级方面起到了杠杆作用。①

前海推出系列先行先试的改革举措,营造良好的创业就业环境。降低执业门槛,实行资质认可、合伙联营、项目试点、执业备案等特殊机制;推动香港注册税务师、会计师、律师等20多类专业人士在前海执业,147名香港仲裁员获颁SCIA聘书,142家香港工程企业获得资质;相继颁发全省首张外国人技术积分"中国绿卡"、首张博士华人"中国绿卡"等,累计办理"中国绿卡"12人次、"5年工作居留许可"3000多证次。

"一流法治环境在前海已初现雏形,这很为重视投资地法律环境的港企所称道。"香港太平绅士、全国首家粤港联营律所——华商林李黎联营律所港方管理合伙人林新强表示,很满意前海的法治环境和营商环境。

---

① 王帆.前海五周年答卷:税收收入增2倍,520项制度创新成果[N].21世纪经济报道,2020-04-28(01版).

2020年第一季度，尽管受到新冠肺炎疫情的影响，前海实际利用外资、税收、进出口贸易等均实现了正增长。在前海合作区成立十周年、前海蛇口自贸片区挂牌五周年的重要节点上，前海在新的历史进程中再度迎来勃勃生机。

四、"双区"建设形成改革开放新格局

日升月落，波涛翻涌，伫立深圳湾畔，历史与现实汇聚于此。

东眺，20世纪初，首批归国留学生詹天佑督建的罗湖桥，连接粤港两地，诉说着历史沧桑。

西望，2018年通车的港珠澳大桥，飞腾于万顷碧波之上，气贯长虹，书写着当代中国迈步前行的矫健姿态。

大桥飞架，天堑通途。历史与现实对照，开放、融合，成为响彻南海之滨的恒久旋律。

"中国开放的大门不会关闭，只会越开越大。"习近平总书记多次强调。

打开这扇面向世界的大门，和着新时代的节拍，"双区驱动"下的深圳经济特区，正在踏浪而行。

打造粤港澳大湾区核心引擎

"'珠江三角洲将成为全球最大的资讯与电子产品生产基地'，这是鸿海精密集团董事长郭台铭先生充满信心的预测。"1994年，在广东省委政策研究室的一份材料中这样写道。

郭台铭一直收藏着这份材料的复印件，时隔20多年后，他在接

受采访时特意拿出来,并且给出他新的预测:"深圳不仅将成为中国'硅谷',还有望成为世界'硅谷'。"他说,与20多年前他对珠三角的预测一样,这次预测,也会成真。

深圳成为许多人眼中的中国"硅谷"乃至世界"硅谷",底气来源于粤港澳片区优越的产业环境。

打开卫星地图,这里是夜景最璀璨的区域之一。这是由"9+2"个城市组成,以约7000万人口,用全国不到1%的土地创造出全国近12%的经济总量的城市群。这里一年创造出的经济总量突破10万亿元,从广州、深圳、香港三大港口发出的集装箱每年超过6500万标箱。

改革开放以来,这个区域正在崛起为一个令人瞩目的世界级城市群。

深港青年创新创业基地负责人陈升是香港人,如今,他每周有4天在香港,3天在深圳,由于工作关系,他经常坐高铁到大湾区的几个城市,就像在香港跨区出行一样。"相信这种双城或多城生活,以后会是大湾区青年人的一种理想生活。"

大湾区的建设,让区域内的货币、技术、人才等要素流动起来,在大湾区全境打通。

从深圳放眼粤港澳大湾区,更加包容、开放的姿态正不断出现。2017年12月,《广深科技创新走廊规划》正式印发,深圳与香港共同发展深港科技创新合作区……循着创新与科技的主线,深圳致力于将地缘优势转化为创新优势,与周边城市深度合作共同打造国际创新合作新平台和粤港澳大湾区建设新引擎。

拥有多家国家重点实验室、诺奖实验室以及一批重大科技基础设施;产业基础雄厚,电子通信、互联网、生物医药等新兴产业发展迅猛，集聚华为、腾讯等一批领先世界的创新型企业……深圳集聚的高端创新资源，成为大湾区完整产业链中的关键一环，发挥战略性新兴产业优势作用，全面加强与大湾区其他城市产业深度合作。

利用大湾区完整产业链配套，深圳正在联合多座大湾区城市开展先进制造业合作试点，推动大湾区优势制造业集聚发展；加强与大湾区城市间产业对接，共同推动互联网、大数据、人工智能和实体经济深度融合，大力推进制造业转型升级和优化发展。

紧随时代的脉搏，粤港澳大湾区建设的蓝图已经一步步"显山露水"、初现峥嵘。大湾区基础设施互联互通，从交通的主动脉到毛细血管不断打通；探索打破制度藩篱，法治经济文化融合逐步增强。更开放、国际化的中国城市群正更加自信地走向世界舞台。

加快建设世界创新创意之都

从"世界工厂""硬件天堂"到"科技创新中心"，再到"世界创新创意之都"，深圳的开放历程在一步步深化的过程中，也被赋予了更多的含义。

特区建立40年，移民城市的多元文化、海纳百川的包容气质、改革开放试验田的创新本能，都成为创新创业产业发展的沃土，让创意在这里尽情绽放。

集聚、对接全球创新资源，深圳已构建以企业为主体、以市场为导向、产学研深度融合的技术创新体系，形成了"6个90%"的鲜明特征，即90%以上的研发机构设立在企业、90%以上的研发人员集中在企业、90%以上的研发资金来源于企业、90%以上的创新型企业是本土企业、90%以上的职务发明专利出自企业、90%以上的重大科技项目发明专利来源于龙头企业。

大湾区的建设，推进了创新创业热潮不断涌动，定位为全球创新创意之都的深圳更是锐意当先。

截至2018年8月，深圳已在10个区（新区）设立了深港澳青年创新创业基地，形成了涵盖高新科技、商贸物流、创意文化、生态旅游等不同产业的深港澳青年创新创业基地网络，这些基地已吸引了300多个深港澳青年创新创业团队，共计1800多人进驻。

更广泛的粤港澳科技合作正在不断推进。2019年11月25日，在深港科技创新合作区中，建筑面积约20万平方米的深港开放创新中心正式动工。当天，合作区园区两大项目与周边14个项目同时开工，深港科技创新合作区由此开启全面建设新篇章。

人才是第一资源。新时代，深圳用更高远的眼光去支持人才的融合与培育。

"过去30多年，我们的办学定位是培养特区的建设者，培养了一批优秀企业家。未来30年，我们要结合粤港澳大湾区建设，培养大湾区建设者，更要培养行业领导者。"深圳大学校长李清泉说。近两年，深圳大学联合香港理工大学打造了大湾区国际创新学院，并招收了创新博士研究生。

"创新的关键是人才，让粤港澳三地的人才流动起来，就能激发出巨大的动力。"香港中文大学教授、中国科学院深圳先进技术研究院副院长汤晓鸥说。他已牵头组建了联合实验室，为深港两地的研究人员提供合作平台。

在教育、医疗等领域，深圳不断引进境内外优质资源，推动了粤港澳更深层次地合作。与香港中文大学同根同脉的香港中文大学（深圳）扎根深圳，目前已经引进了包括诺贝尔奖、图灵奖、菲尔兹奖得主在内的海内外优秀人才；医疗方面，香港大学深圳医院成为深港医疗合作、深圳市公立医院改革的一个探索者。粤港澳三地的人流、物流、信息流等要素在这里快速流动，为粤港澳大湾区建设提供有力支撑。

全力构建新时代开放新格局

特区建立以来，深圳充分发挥毗邻香港的区位优势，率先打开国门搞建设。兼容并蓄，交流互鉴，深圳的发展，深嵌着因对外开放而与生俱来的国际化基因，也越来越显示出作为粤港澳地区重要引擎城市的带动作用。

在新时代，深圳抢抓"一带一路"、自贸试验区、粤港澳大湾区建设等国家战略机遇，把开放的大门越开越大，聚全球资源为己所用。

2019年2月，《粤港澳大湾区发展规划纲要》（以下简称《规划纲要》）印发；8月，《中共中央 国务院关于支持深圳建设中国特色社会主义先行示范区的意见》（以下简称《意见》）印发，继兴办经济特区之后，深圳迎来了新的重大历史机遇。

在新的使命面前，深圳目标宏伟，掷地有声。

《规划纲要》中要求，深圳要努力建设成为具有世界影响力的创新创意之都。

而《意见》则提出："到本世纪中叶，深圳以更加昂扬的姿态屹立于世界先进城市之林，成为竞争力、创新力、影响力卓著的全球标杆城市。"

屹立于世界先进城市之林，成为全球标杆城市，即意味着全球最高、最好、最优、最强。如今，深圳对标的是纽约、东京、伦敦、巴黎、新加坡、中国香港等世界顶级发达城市，要从跟跑、并跑，到超越、领跑，在与世界一流城市的交流互鉴中创造一流、成为一流、引领潮流。

在这一宏大目标下，深圳既要有与全球顶级城市平起平坐的雄厚实力，也要有与全球顶级城市交流互鉴的高远视域。

从2017年的数据来看，深圳企业已在全球135个国家设立5689家企业和机构，以交通互联、经贸合作、人文交流为重点，深圳不断在"一带一路"建设中发挥战略枢纽作用，推动形成全方位、多层次合作新格局。

作为粤港澳大湾区的核心引擎城市，深圳更是在多个领域扮演引领创新者的角色，全面构建开放新格局并携手港澳参与全球合作与竞争，在新的历史起点上，深圳有条件，也有能力，为中国特色社会主义探索先行示范的路径，为解决人类发展问题贡献中国智慧。

展望未来，深圳的开放将是更加主动而为、持续创新的开放。与世界深度互动的深圳，将为全球发展带来更多新机遇，开辟全球增长的全新航程。

五、来了，就是深圳人

"来了，就是深圳人。"

不需要太多的形式和语言，这句话，成了几十年来踏上这片土地的人们的"接头暗号"。

它出现在街头的公益海报里，出现在高票当选的"深圳十大观念"里，甚至出现在人们的日常对话里，无论在官方或者民间的话语中，这句话都毫不违和，因为它已经完全融入这座城市的精神气质里，是城市"开放包容"精神的有力写照。

这句话并非生而有之。它来自所有人对这座城市的感知和认识，它也来自这座城市对所有外来人的接纳和包容。"来了，就是深圳人"，是人们对这座城市的信任和赞许，也是城市对市民的一项庄严许诺。它让人们相信，开放包容是一种力量，而这种力量终将成为城市发展的永恒动力。

逐梦而来，移民成就城市，书写 40 年深圳奇迹

2020 年，一场突如其来的新冠肺炎疫情，考验着城市的管理能力，也考验着市民的文明素质。这座城市固有的包容、平等、尊重个人，一如既往，令人感动。

病毒拉开了人与人之间的物理空间，但危机面前，人们守望相助、彼此扶持，志愿者的无私付出、防疫人员的辛劳坚守、邻里之间的真情互助，成了这个春天的感人画面。同时，大量湖北返深居民也真实感受到了"开放包容"城市精神的意义。在龙华一小区门口，"欢迎湖北老乡回家！"的标语让人感到温暖。疫情期间，无论是中国人，还是外国人，在居家隔离、医学观察等方面都得到了一视同仁的人性化关怀。

这当然是深圳应有的善意。

知名学者易中天在《没有方言的城市》一文中写道："全国各城市都有自己的方言，唯独深圳是个例外。深圳不但现在没有方言，而且将来也不会有方言，因为深圳不属于某个地域，而属于全中国。"

在深圳，无论你是四川人、湖南人，还是河南人、东北人，即使口音南腔北调，在这里都只讲普通话。这是中国一道独特的景观，这里是大熔炉，也是世界村。

40 年的特区建设史，也是深圳的一部移民史。据 1978 年 12 月宝安县革委会《关于宝安县改为深圳市的请示报告》记载，深圳当时全部人口仅有 33.5 万。而 2019 年年末，深圳常住人口已达 1343.88 万人。

40 年间，这座拥有千万人口超大城市的传奇故事，几乎都是由来自全国的移民们书写的——他们是一砖一瓦、肩挑手抬的基建兵，是勤勤恳恳、辛劳付出的劳务工，是医生、教师、公务员、企业家、工程师、程序员……是兢兢业业、脚踏实地的每一位特区工作者。

1983 年，32 岁的王石辞去了广东省外经委的工作，来到深圳闯荡。他做过饲料贸易，卖过录像机，开过蒸馏水厂、超市、广告公司，拍过电影。

1992 年，57 岁的蒋开儒从黑龙江省穆棱县文联主席及政协副主席的岗位上提前退休。他带着 2000 块钱，坐了 70 多个小时的绿皮火车到了深圳站。彼时，他刚读了《东方风来满眼春》，想来深圳看看。

2006 年，在香港科技大学攻读硕士学位的汪滔来到一河之隔的深圳，他与三位同学一起，租了一间民房办公，准备在这里筹办一家无人机公司。

2013 年，香港中文大学副校长徐扬生来到深圳龙岗一个叫神仙岭的地方，在这片荒芜的山岭里，他准备筹建一所全新的大学。

40 年来，深圳就像一块磁石，吸引着五湖四海的人们，而总有一些怀抱着理想主义和博大胸襟的人，注定要在这座城市闯出一片天地——

20世纪90年代末，王石带领的万科已经成为中国最大的房地产上市公司，如今更跻身世界500强企业，成为国内领先的城乡建设与生活服务商。

在深圳，蒋开儒不断汲取新鲜的空气和理念，从他笔下流淌出的《春天的故事》《走进新时代》《中国梦》等脍炙人口的歌曲，带着时代的鲜明烙印，成为中国人记忆中不可磨灭的旋律。

如今，汪滔创办的大疆创新的无人机销售服务网络遍及全球100多个国家和地区，在无人机市场上多年占据全球第一份额，独步江湖。

由徐扬生担任创校校长的香港中文大学（深圳）已在荒山野岭中建设成一座拥有上百万平方米的优美校园，全球5600多名优秀本科生和研究生来到这里，接受学贯中西、文理融合的新时代高等教育。

这40年里，深圳所讲述的，除了这些熠熠生辉的时代传奇，当然，也有历尽艰辛却鲜有回报的失败者。深圳上市公司海普瑞的用人观中有一条："招用有过创业失败经历的人"。董事长李锂说："失败能让人积累经验，形成好的心理素质。"

"鼓励创新，宽容失败"不仅仅被评为"深圳十大观念"，还被写入了深圳的立法。2006年3月，《深圳经济特区改革创新促进条例》通过立法，改革创新未达到预期效果或造成损失，只要程序符合规定，个人和所在单位没有牟取私利，也不存在与其他单位或个人恶意串通的，可予免责。

事实上，深圳有着每一个普通人的鲜活故事。不管是成功者、失败者、高层次人才、普通打工仔……这里是每个人奋斗的主场，也是每个人栖息的家园。人们在这座城市追逐梦想、勇往直前,而城市则给人们造梦的机会、前行的动力。

以人为本,城市聚焦民生幸福,为每个人创造平等的机会

最初的经济特区,因为理想主义的光芒而吸引着各地的追梦人;如今,人们愿意来到这座城市,除了创业之外,还因为这里的碧水蓝天,这里的敬畏规则、有能者上,这里的温暖包容、文明家园……

毋庸置疑,深圳是中国最包容的城市,而且,我们有底气不加上"之一"。

最包容的城市并不是一天建成的。

深圳曾经也有过门槛。1983年,深圳公布《深圳经济特区暂住证规定》,来深圳的人须持有边防证,落脚后第一件大事就是办理暂住证,最好是有机会把户口迁入深圳,拿到一张深圳居民身份证。

户籍制度在我国根深蒂固,人们是否拥有本地户籍与所能享受的各项待遇关系巨大。对大多数没有拿到深圳户口的人,意味着在进出关、住房、保险、入学、信用标准等方面均与深圳市民大有不同。这在这座城市的奋斗者中,树起了一道无形的屏障。

深圳拒绝这种屏障。

2005年,《深圳市关于加强和完善人口管理工作的若干意见》及五个配套文件印发,在这份被称为"1+5"文件的规定中,适龄儿童的父母在深连续居住1年以上并提供相关5种材料,适龄儿童可享受义务教育。到了2008年秋,义务教育的免费对象扩大为符合深圳市就读条件,在深圳义务教育阶段学校就读并取得学籍的所有内地非深圳户籍学生。

2008年8月1日,深圳开始向非户籍人口发放居住证,暂住证从此在人们的生活中彻底消失。教育之外,深圳在职业培训、医疗养老、社会保障等方面同样模糊本地人和外来人之间的界限,服务越来越多的来深建设者。

住房问题是世界性难题,深圳人口密度全国第一,而对城市前景的良好预期也不断推高房价,房价问题成为近年来人们对深圳最大的诟病。不少工薪阶层流向房价较低的周边地区置业,有人调侃,"来了深圳,就是惠州人"。

"房子是用来住的,不是用来炒的!"为了保障"住有宜居"的市民权利,深圳必须有所作为。

2018年8月,深圳出台《深圳市人民政府关于深化住房制度改革加快建立多主体供给多渠道保障租购并举的住房供应与保障体系的意见》(以下简称《意见》),这一住房新政被称为"深圳二次房改"。《意见》建立了到2035年的住房供应和保障体系,确立了市场商品住房、政策性支持住房和公共租赁住房4∶4∶2的供应结构。大规模的保障住房供应,让许多市民吃下了一粒"定心丸"。

海纳百川,有容乃大。让人安心、体面、优雅地居住和生活,对每个人给予全方位的关怀和照顾,这才是一座世界一流城市的真正气度。

一流城市,要有高效便捷的政务服务与营商环境。190余项"秒批"、460多项"不见面审批"、400多项"全城通办"政务服务事项,让每一家在深圳创业的企业,每一个在深圳生活工作的个人,无时无刻不感受到这座城市的便利、务实与高效。[1]

---

[1] 刘梦,付小悦,严圣禾.深圳,创造新的更大奇迹[N].光明日报,2019-12-26(01版).

一流城市，要有美丽和谐的生态环境与自然面貌。深圳在全国一线城市中空气质量排名第一，"深圳蓝"是举目可及的风景；毗邻着最繁华的城市商务区，深圳湾滨海休闲带的后海河却是水清沙白，红树婆娑，鹭鸟翩飞。"既要金山银山，又要绿水青山"正是此地的写照。

一流城市，要有立足民生的生活保障与公共服务。"幼有善育、学有优教、劳有厚得、病有良医、老有颐养、住有宜居、弱有众扶"，这是为实现中国特色社会主义先行示范区建设，对深圳提出的"民生幸福标杆"要求。近年来，深圳持续发力，优质教育资源持续扩容，医疗卫生"三名工程"引进国内外优质医疗团队，城市救助保障体系不断夯实，为这座城市奋斗的人们消除后顾之忧。

一流城市，要有浸润人心的温暖人情和包容理念。作为内地首个成立义工团体的城市，"志愿者之城"是深圳的鲜明标签。截至2019年11月，全市注册志愿者人数达到175万，300余万人次无偿献血600多吨，人均捐款全国第一；作为"深圳城市文化菜单"的开篇之作，新春关爱行动举办了几百场活动；扎根深圳的一大批公益组织，源源不断地向全国输送公益能量。

从"来了，就是深圳人""送人玫瑰，手有余香"到"阳光 感恩 辛勤""爱在深圳，情暖鹏城"，深圳不断为世界输出观念的力量，也不断用脚踏实地的行动诠释着深圳观念。这些闪闪发亮的句子直指人心，带着深圳独有的温度和气度，成为这座城市最好的形象宣传语。

第三节
案例故事

一、国际化街区 见"圳"国际化

三月,碧空万里,微风轻拂,深圳正重现往日的生机与活力。一面用中韩双语写着"严谨把关抗疫情,真诚服务为居民"的锦旗正被送往南山区招商街道沿山社区。这是来自韩国首尔的外籍居民金润爽向沿山社区的工作人员真诚致谢。面对来势凶猛的疫情,深圳,这座拥有 95% 以上移民人口的国际化城市展现出的应对能力令人印象深刻——反应迅速且井然有序。2020 年 3 月 26 日,深圳与友城波兰波兹南市交流应对新冠肺炎疫情的心得和经验,这是深圳首次与友城以视频连线的方式共享抗疫经验。

对以"开放包容"为鲜明身份标识的深圳来说,与世界各地分享抗疫经验,力所能及地为世界各地抗疫提供援助,对居住、工作在深圳的外国人给予悉心的照顾,很好地响应了国家号召,也鲜明地彰显了深圳的城市品格和城市观念。这其中,国际化街区的作为和担当"功不可没"。

"越深圳,越国际(Live Local,Live Global)"是深圳国际化街区的宣传标语。近年来,深圳国际化街区的队伍不断壮大,登上首批国际化街区创建名单的街区共计 20 个,覆盖全市 10 个区(新区)。粤海街道、招商街道、蛇口街道等街区的国际化成果已具有一定知名度和影响力。2019年,粤海街道凭借从"烂泥塘"成长为"中国硅谷"的经历,颠覆了人们对传统街道的认知,成功出圈。随着国际化街区建设步伐的加快,串珠成链、连线成网,乃至形成"深圳市国际化街区网络",会促进国际先进生产要素、知识技术和高端人才向深圳集聚,有效带动深圳国际化水平全面提升。国际化街区建设是深圳这座"开放包容之城"最时尚的表征。

国际化街区,"规划"要先行

深圳是一座因开放而生的城市。

一个边陲小镇,在中国改革开放的历史进程中创造了世界工业化、城市化、现代化建设的奇迹,一跃成为国际化大都市。深圳的迅速崛起离不开持续地开放。"来了,就是深圳人",这种开放与包容,不分背景、不限地域,始终流淌于这座城市的血液之中。

"顶层设计"同样不例外。

为推动深圳国际化城市建设高质量发展,提升区域发展平衡性和协调性,培育多元共融的国际交往氛围,2014年5月公布的《深圳市国际化城市建设重点工作计划(2014—2015年)》,首次提出推动建设福田东海、水围,罗湖百仕达,南山沿山、水湾,龙华观澜,盐田梅沙,龙岗华为八个"国际化典型社区",并以此为试点进行推广,提升深圳社区的国际化水准。

经过近五年的时间,八个各具特色的国际化社区初具雏形,但在统筹规划和总体布局方面仍然面临着诸多挑战,尚未形成国际化社区建设的内在理念和路径体系。

深圳市委外办于2018年牵头相关部门成立了课题组,通过专题研讨会、座谈会、深度调研等方式,对标国际先进做法并结合片区规划、产业发展、人才引进等核心要素提出"继续深化国际化社区建设，全力打造国际化街区"的路径探索。

2019年7月19日，市委外办首次面向公众解读《关于推进国际化街区建设提升城市国际化水平的实施意见》（以下简称《实施意见》），这也是深圳首度正式提出建设"国际化街区"的概念。

"以街区建设带动周边区域的发展，提升区域发展平衡性和协调性，成为提升城市国际化水平的重要引擎；打造与国际接轨的宜居宜业的营商环境，吸引并集聚优秀的海内外人才；培育多元共融的国际交往氛围，提升公共服务国际化水准从而推动形成共建共治共享的社会治理格局。"市委外办主任蔡颖如此阐述建设国际化街区的意义。

《实施意见》明确了未来深圳国际化街区建设的三个阶段性目标：到2022年，建成首批15个国际化街区，国际化生产、生活、生态及人文环境得到有效改善；到2025年，形成全市国际化街区网络，带动城市国际化水平全面提升；到2030年，国际化街区成为深圳新时期国际化城市建设的重要基础，促进国际先进生产要素、知识技术和高端人才在深圳集聚。

"规划先行"，首要就是布局深圳国际化街区网络。蔡颖在详细解读《实施意见》时，表示统筹好"规划新建"和"存量盘活"两类关系：优先选择临近轨道交通站点、人口集聚潜力大的重点开发片区规划新建类国际化街区；对基础条件良好、配套资源丰富、产业优势突出的街道，进行"存量盘活"，通过更新改造先行打造示范点。

2019年12月，市委外办公布了深圳首批国际化街区创建名单（2019—2022年）。登上首批国际化街区创建名单的街区共计20个，覆盖了全市 10 个区（新区）。其中，南山区数量最多，共计 4 个；福田区和罗湖区次之，分别有 3 个。据悉，首批国际化街区创建期为 3 年，市委外办将于 2022 年进行评定验收，成功通过评定验收的街区将获得授牌，正式成为"深圳国际化街区"，为构建深圳全市国际化街区网络提供先行经验和示范样板。

提升街区公共服务的国际化水平

深圳是一座国际化的城市，这种国际化，不仅仅是高楼大厦等硬件设施的国际化，还意味着城市公共服务、人才服务体系、人文环境等"软件"的国际化。

全市近半数外籍人士居住在南山区，南山区近半数外籍人士居住在招商街道。招商街道辖区 18 平方公里，其中东滨路以南、南海大道沿线的周边区域，包括招商街道桃花园、四海、沿山、花果山、水湾、五湾等 6 个社区，面积约 10.49 平方公里，为蛇口国际化样板街区区域范围，这里长期居住着来自 54 个国家和地区的外籍人士近 6000 人。这里山海相连，人居绿化面积居深圳之首，通信、医院、体育场馆、学校、培训中心、休闲娱乐等城区配套齐全。在这里，可以随时邂逅各种肤色的"深圳人"。

"我在蛇口生活了近九年，不论是去公安局等机构办事还是到附近购物就餐都非常方便，餐厅有双语菜单，超市标牌也是双语的。更重要的是，我所接触到的人都把我当成家人一般，现在会说英语的人越来越多，沟通更加顺畅。"来自加拿大的 Thomas Thirtle 分享了他作为"深圳人"的体会。

"多年来，招商街道一直致力于提升辖区国际化服务品质。"南山区招商街道党工委书记刘理介绍，2010 年，招商街道成立全省第三家、全市首家外籍居民服务点——沿山社区外国人服务站。2012年，招商街道率先组建国际化志愿者队伍。2018年，搭建外国人一站式（签证）办事咨询服务平台——蛇口网谷境外人员管理服务中心。2019年，全市最大的国际化文化交流平台——南山国际化交流中心也正式落成。"我们运用南山国际化交流中心、蛇口网谷境外人员管理服务中心两个国际服务平台，水湾和沿山两个国际化社区，国际化社工队伍、国际社会组织、国际化志愿者队伍三支国际化服务队伍，逐步构建起'2+2+3+N'的国际化服务体系，探索中外居民共建、共治、共享的基层治理模式。"刘理说。

除了提升服务品质，招商街道还十分重视国际化基础设施建设和国际化文化氛围营造。现在，招商街道以水湾、沿山片区为试点，绘制了招商街道国际化街区地图；在海上世界、鲸山别墅等重点区域和路段规范和完善了路牌等基础设施的双语标识。

提升街区公共服务的国际化水平，教育与医疗领域往往最受关注。如何引入国际教育与医疗资源？"支持社会力量举办中外合作学校和国际化学校，鼓励中小学设置国际理解课程、双语课程、多语种课程，提供双语指引标识、双语或多语种预约和诊疗服务，积极开展医疗质量国际认证，深化与国际知名保险机构合作。"蔡颖介绍，国际化街区将在街道的统筹下更好地整合片区资源、衔接片区规划，从而实现更大范围内的三生融合（生产、生活、生态融合）、三级联动（市、区、街道联动）、四区共创（湾区、城区、街区、社区共创），为深圳创建社会主义现代化强国的城市范例注入动力。

人才是第一资源

人才是第一资源。深圳的开放包容为吸引人才注入不竭动力。

"街区"的英文词是"BLOCK",由5个英文单词的首字母组成:B—Business(商业)、L—Lie fallow(休闲)、O—Open(开放)、C—Crowd(人群)、K—Kind(亲和)。在功能上,街区不仅具有通行功能,而且是人们休憩、停留、交流和娱乐的场所。《实施意见》将街区定位为解决人才服务的"最后一公里"服务的重要载体。"一方面依托区、街道、社区党群服务中心和行政服务大厅等已有场所,设立综合性人才服务中心、境外人员管理服务中心,打造国际化的创新创业集聚空间;另一方面以专家智库作为支撑,通过培训等手段提升基层公务员的国际化水平,培育和扶持国际化社工机构以及国际志愿者组织。"

2019年11月16日,一场别样的国际化街区创建启动仪式在南山区粤海街道举行。这场活动吸引了来自全市各大高等院校的500余名毕业生参加,其中包括来自40多个国家的外籍留学生。原来活动现场正在上演全市首个面向留学生开展的与企业互动交流的双选会。此外,为更好地打造国际化街区的"粤海版本",并鼓励外籍居民参与街区、社区治理,活动当天还举行了粤海街道专家库授聘仪式,深圳大学外国语学院院长张晓红、深圳大学国际交流学院党总支书记黄雪峰、瑞声科技高级副总裁David Plekenpol等十余名专家教授获聘为粤海街道国际化街区建设专家顾问。

"粤海辖区目前已有外籍人士7000多人,随着入驻企业和实验室的持续增加,预计未来两三年内,粤海的外籍人士将达到一万人,且以高智高知型人才为主,包括各高等院校的外籍专家、教授、留学生,以及众多企业的外籍高管、专家等。"南山区区委常委、区纪委书记、区监委主任张华伟介绍，粤海街道作为南山区城市生态最丰富的街区，高新技术产业云集、高等院校多、涉外企业多、各类智力资源汇聚，在国际化街区建设方面拥有天然优势。

为提高国际留学生在深就业率，粤海街道办事处结合辖区企业特点与外籍人才的实际需求，组织开展"Pick Me Up"国际留学生实习双选会活动，一方面帮助国际留学生在深实习就业，另一方面也有助于本土企业广招外籍人才，丰富现有国际人才储备，强化国际人才队伍建设。

"未来粤海街道将会更加充分地用好社区、高校、企业三种资源，促进共荣共建。"粤海街道党工委副书记、人大工委主任袁丽表示，街道将在粤桂社区打造面积达850平方米的粤海街道国际青年文化交流中心，为国际文化的孕育和交流提供场所；继续强化队伍建设，完善国际化街区人才服务体系，探索为国际人才以及外籍人士提供出入境、居停留、工作许可等事项的一站式咨询服务；同时，街道还将办好青年国际垂直马拉松、中外居民齐闹元宵等一批富有粤海特色的国际化交流活动。

"智慧街区"逐步照进现实

自动驾驶、绿色出行、智能政务……充满未来感的"智慧街区"正在逐步照进现实。

"一个好的城市，应当是一个先进产业创新中心，生态城市、治理很好的规范城市。"深圳市社会科学院国际化城市研究所所长何国勇认为，国际化街区创新驱动更具主导性，强调创新发展的重要性，创新产业配套好，并具有完整的产业链，快、集中，规模越大，分工越细，就越容易创新。

近年来，深圳在政府网站建设方面，以市民需求为导向，建设了市区两级 24 小时网站保障体系，实现了政务机器人 24 小时智能在线问答、网站语音搜索、无障碍浏览、人脸识别认证等互动功能，深圳市政务信息资源共享平台已接入单位 86 家，日平均交换量达 1967 万条，最高峰日交换量达 8000 万条，在人才引进、高龄津贴申请、网约车驾驶员证申办等领域实现"秒批"事项 168 个，"让数据多跑路，让群众少跑腿"已经成为深圳市民办事的常态。①

"打造国家新型智慧城市标杆市是深圳的一项重大战略部署，在智慧城市建设的蓝图下，我们将建设出行便捷、绿色低碳、信息畅达的街区。"蔡颖透露，今后将支持街区开展自动驾驶试点研究，先行先试建设新型智慧交通设施。建立垃圾分类全过程监管平台，实现生活垃圾减量化、无害化、资源化，同时将建设中英双语的街区智慧信息服务平台。

2020 年的一场新冠肺炎疫情，更加让我们看清了智慧街区的未来。

疫情发生后，深圳市委外办迅速联合深圳市卫健委建立了双语疫情发布机制，并构建了一个联通市、区、街道、社区的信息传播四级网络；同时，市委外办还及时发布了《疫情防控期间外籍人士有关问题解答》，开通了多条疫情防控英文服务热线，包括深圳市政务服务热线 12345 的疫情防控专线、市委外办的涉外疫情防控服务热线，权威回答外籍人士的有关问题。

"我在中国住了那么多年，这里是我的家。"在深圳市南山区招

---

① 深圳特区报评论员. 以"数字政府"建设促"智慧城市"发展 [N]. 深圳特区报，2019-12-16（A02）.

商街道居住了八年的比利时教师布鲁诺·斯库滕，看到街道发布的国际志愿者招募公告后，主动请缨到小区出入口处"站岗"，协助做好外籍居民的问询、测温等工作。

位于海上世界双玺花园的南山国际化交流中心也积极"战疫"。

2019年6月成立的南山国际化交流中心是深圳市目前最大的国际文化交流平台。占地870平方米的中心显得宽敞明亮而大气，咨询大厅、中国风情馆、社团融合馆、中外文化交流馆、读书会友馆、小剧场、涉外法律咨询工作室等区域全都采取免费预约使用的方式对外开放。

"我刚从国外回来，需不需要进行医学观察？""我的签证快过期了，现在怎么更新？""我现在能去香港吗？"疫情发生以来，南山国际化交流中心的工作人员每天都会收到几十、上百个类似的问题。据了解，从2020年1月23日开始，南山国际化交流中心开始通过微信群、邮件等形式进行线上答疑，在两个主要的微信大群里发布每日疫情的更新信息，并发动涉外社团和机构进一步加强权威信息的传播。

"我们中心不仅有'一站式'咨询服务大厅和若干个文化交流场所，同时也是外国人在深圳获取信息的枢纽及国际教育交流基地。"南风社会工作服务社总干事何珊珊介绍说，中心通过运营微信公众号、开发小程序，以及引进"ShekouDaily"开拓了线上线下渠道，针对重要政策和信息及时发布中英双语动态、办事指引等。作为深圳国际学校最为集中的街道，该中心专门搭建了一个国际学校交流平台，针对外籍学生和家庭组织多元化的中国文化教育活动，同时针对中国学生开展国际教育相关的特色校园文化活动，开拓学生的全球化视野，彰显中外融合与交流的特色。

营造开放共享的国际化氛围

作为国际化街区"软环境"建设的一项重点，营造开放共享的国际化氛围已成为共识。

《实施意见》从三个方面对提升街区国际化内涵进行了具体部署，一是引导国际机构、跨国企业入驻街区，支持国际会议、会展和文体赛事落户街区，打造有影响力的街区中外交流活动品牌；二是通过高品质的公益英语角和公共服务行业外语水平全面提升国际语言环境建设；三是以国际礼仪进校园、在线教育资源为居民提供国际化课程来提升居民素养。

如何让外国人真正融入中国生活？蛇口街道党工委书记蓝涛认为，让外国人没有感觉自己是外国人，这就是建设国际化街区的最终目标。

秉承着这个目标，蛇口境外人员管理服务中心成为各种不同肤色的外国人的另一个"家"，在这里，他们办理业务的同时学习汉语，一起喝咖啡、聊见闻……

推门而入，美式装修风扑面而来，中英文标识的接待柜台左侧，是两台出入境自助办证一体机，墙上张贴着印有中英文对照的办理事项。右侧则是宽敞舒适的沙发休息区域，茶几上摆放着各类英文报刊等。再往里走是一字摆开的工作人员办公台和一间独立的协调室，供相关人员与涉事双方协调，这里就是深圳第一个按照国际化标准打造的"国际屋"（I-House—international house）——境外人员管理服务中心。

蛇口街道辖区内登记在册的外国人有 7135 人，占全市境外人员数量的 11%，单位面积内境外人员数量居全国首位。蛇口街道探索建立"境外人员管理服务中心"，除了不间断的文化派对，还为外国居民提供法律宣传与咨询、租赁登记和生活指引等服务，打造国际化街区的新亮点。境外人员管理服务中心负责人杨燕说，中心提供的业务有五大类：临时住宿登记、相关咨询办事指引、协助其他部门处理涉外事务、协调处理涉外纠纷、到境外人员居住较集中社区开展服务活动。

"我在华为工作，但因为是一家人来到深圳，所以还是选择居住在蛇口，这里有很多国际学校和国际医疗机构，加上办事便利，双语环境建设水准较高，蛇口的氛围特别适合外国家庭生活。"在蛇口生活三年的美国人布莱恩·大卫如是说。

共筑宜居宜业的"大家园"

一座全球标杆城市是什么样子？从"全球"层面看，从生态、生产、生活到社交、学习、文化等全方面营造开放、包容、和谐的氛围，构筑起一个宜居宜业的"大家园"，让中外居民在深圳宜居乐业、活力十足。

"深圳是一座以创新著称的城市，一定要体现深圳现代、创新、时尚的城市特质，这体现在国际化街区建设上就是要有原创性，体现深圳设计师的创新能力。"北京大学教授陈可石主张让更多深圳本土的年轻设计师参与国际化街区的规划设计。

为此，深圳各个区（新区）开始"出谋划策"。

作为中心城区，福田区一直对标"曼哈顿+硅谷"，以"金融+科技+文化"为特色致力于建设总部经济集聚区和国际创新金融中心、全球智能终端创新中心、国际文化创意设计中心。福田区计划重点发展香蜜湖街道为国际化街区。今后，福田区将重点提升社区工作人员外语能力与服务水平，引入更多富有国际视野的社区工作者，提升外籍人士参与社区活动的融入意识，同时提升国际教育与医疗水准，增加国际公共服务供给。

罗湖区将从提升公共服务国际化水平、完善人才服务体系、营造国际化环境、加大宣传推广力度四个方面推进，全面提升城区、街区和社区的国际化品质。计划 2020 年年底前，国际化街区建设工作取得显著进展，争取一到两个试点街区成功挂牌深圳市"国际化街区"；2025 年年底，基本建成空间互联、治理互动、服务互享、优势互补的"罗湖国际化街区连绵带"，带动城区国际化水平全面提升，为深圳建成全球标杆城市贡献罗湖经验。

南山区将通过"科技创新＋总部经济"双轮驱动发展战略，致力于建成世界级创新型滨海中心城区、现代化宜居城区、国际化魅力之湾。未来，南山区将继续完善辖区内国际医疗机构、国际化学校等基础配套设施，对境外人员管理中心、外国人服务站等设施提供更多支持，尤其是在人员素质提升方面。今后，南山区将通过交流与学习帮助基层社区工作人员开阔视野、转变观念；针对相关工作人员，开展国际化培训，包括语言国际礼仪等。

瞄准"滨海宝安、产业名城、活力之区"发展目标，宝安区正在全力打造宝安中心区和空港新城以及石岩科技健康绿谷。针对外籍人士的科教特点，宝安区拟重点打造新安街道为国际化街区，通过提升生活品质和组织各类活动增强中外居民融合，让外籍人士在深圳有家一般的感觉，从而吸引和留住更多高层次人才在宝安居住工作。

打造现代化国际化创新型中轴新城，深圳北中心，龙华区致力于建设创新引领、民生幸福的活力强区。下一步，龙华区将把国际化街区建设与片区产业生活发展相结合，因地制宜，提升社区社工的沟通能力，以国际化街区建设提升城区的国际化品位。

坪山区以高新区核心区为新契机打造富有后发优势的科技、产业创新引领区，集群优势凸显的新兴产业核心区和功能复合的东部商务集聚区。越是民族的，越是世界的。老坑社区与金龟村目前是坪山重点打造的特色小镇，坪山区将结合地域特色强化国际化街区人才的创意创造意识，推动更多国际友人开展特色主题的休闲旅游活动，同时也为吸引海内外重大项目落地提供更富有深圳特色的高品质生活配套。

针对自身特点，光明区目前拟重点发展新湖街道和凤凰街道为国际化街区。光明科学城位于新湖街道，未来将吸引一大批重大项目和国内外高端科技创新人才；同时，新湖位于光明小镇核心区域，将打造成国际特色小镇和粤港澳大湾区生态休闲旅游新高地。今后，光明区将依托产业发展，打造产业集聚型国际化街区，同时依托信息化建设，打造智慧国际化街区，并提升社区服务水准，让中外居民更有归属感与获得感。

深圳正在营造一个"天高任鸟飞，海阔凭鱼跃"的宜创宜居宜学的国际化环境，让来自世界各地的深圳人在青山绿水间实现创新创业与可持续发展的梦想。

二、著名钢琴教育家但昭义：
没有这片开放包容的沃土，我不会有今天的收获

深圳是一座移民城市，这座城市发展的奇迹由无数来自五湖四海的深圳人共同铸造。著名钢琴教育家但昭义的深圳传奇，从 55 岁开始。

1995年,他以临近退休之年破格调入深圳,作为特区钢琴艺术教学的"拓荒牛"之一,在这座城市迎来了事业巅峰。他被称为"金牌教授",是深圳乃至中国钢琴教育事业的一面旗帜,带领学生李云迪、陈萨、张昊辰等接连捧起多个国际顶级钢琴赛事的桂冠。年届八旬,他仍然退而不休,耕耘在艺术教育最前沿,他的梦想是让深圳处处闻琴声,让更多孩子快乐地学习钢琴。正是他和同行者们的不懈努力,使深圳建设"钢琴之城"获得了自信和基础,并距离这个文化目标越来越近……

今天,谈起自己 25 年前的那个抉择,但昭义仍然庆幸。他说,深圳是我的福地,没有这片开放包容的沃土,我和我的学生们都不会有今天的收获。

55 岁南下闯深圳被破格引进

但昭义 1940 年出生于重庆,父亲是一位酷爱音乐的外科医生。在父亲的影响下,他开始学习钢琴,14 岁便考入西南音专(四川音乐学院前身)。20 世纪 60 年代初,但昭义被选派赴京进修,师从我国著名钢琴演奏家和教育家周广仁教授,为其一生的钢琴教学事业打下坚实的基础。1964 年,他回到四川音乐学院成为一名教师。

到了 20 世纪 90 年代,随着中国改革开放的步伐加快,但昭义有了"想挪动一下"的想法:"大半辈子都待在四川,没几年就要退休了。中国这么大,应该到外面看一看,尽可能去经济发达、对外交流机会多的沿海城市。"

当得知但昭义有向外寻求发展的想法时,时任深圳艺术学校校长陈家骅、副校长李祖德向但昭义抛出了"橄榄枝"。此前,但昭义的学生陈萨、吴驰接连在德国埃特林根国际青少年钢琴比赛、首届中国国际钢琴比赛上获奖，引发深圳文化部门和深圳艺术学校的高度关注。李祖德认识但昭义一个学生的爸爸，就通过这位学生家长动员但昭义来深圳。

1995年年初，但昭义带着学生李云迪前往美国比赛时，特意选择经深圳到香港乘机，专程到深圳看一看，到深圳艺术学校看一看。这一次途经深圳给他留下了深刻的印象。他看到了一座充满活力、生动勃勃的移民城市，深圳文化部门和深圳艺术学校领导对他的到来表现出了巨大的热情。当得知但昭义师生出国比赛的费用是自己东借西凑才凑齐的，李祖德就开诚布公地向但昭义发邀请，说深圳很重视钢琴艺术而且靠近香港，比赛和学习的机会都将给予他们充分的保证。

事实上，深圳并不是但昭义的唯一选择，他当时还受到广州和厦门的邀请。而且，作为一名大学教授，"屈尊"到深圳来教中专，这让他有点犹豫。但是，经过对深圳的一番考察后，他下定了到深圳来的决心。"深圳艺术学校的校长、老师，以前都是大学教授，他们能来，我为什么就不能来？"比赛归来，从深圳返回四川时，但昭义带上了深圳艺术学校的商调函。

"深圳是年轻人的城市，我当时已经55岁了，深圳市人事局按规定引进专业人才的年龄上限是45岁，特殊人才可以放宽5岁，我还是不够条件。但深圳不愧是特区，考虑到我的特殊情况，对我破格引进，我非常感激。"20多年后，忆起这段经历，但昭义说，这就是深圳开放包容的城市精神的一个很好例证。而自己选择到深圳，一是为这座城市发展文化艺术的雄心和海纳百川、求贤若渴的气度所感动；二是深圳是移民城市，人际关系简单，机会公平，工作气氛好，自己可以放开手脚干点事。

办调动手续时，当时的校领导很不理解，都说深圳是"文化沙漠"，你去干什么？但昭义义无反顾，他想，那我就去"开发沙漠"吧。

"给你条件，但不给压力"

但昭义清楚地记得，他特地挑了个好日子率队南下——1995年10月1日，那是一个艳阳天，男男女女、大大小小十数口人，浩浩荡荡，创造了一位老师调任，一群学生和家长随行的奇观。深圳，这座城市张开双臂迎接这支来自西南内陆的队伍。为了吸引这些优秀的生源，深圳不仅给琴童和他们的家长免费提供住宿，还为不少家长安排了工作。

在深圳，但昭义和学生过去相对稀缺的比赛和学习的机会很快变得密集起来。刚到深圳两个多月，他就接到深圳交响乐团邀约，请陈萨、李云迪在新年音乐会担任协奏曲独奏。因为有了充足的经费保证，李云迪在1999年就参加了三个国际比赛，还两次去国外上大师班。但昭义的教学工作也得到了强有力的支持，开始有计划地把境外专家请进来讲学。2000年，肖邦国际钢琴比赛，虽然评委中一个中国代表都没有，要取得好成绩非常困难。但深圳文化部门和深圳艺术学校依然支持李云迪参赛，还组成了代表团支援，并从香港请了老师。

"给你条件，但不给你压力"，这是但昭义到深圳之后的最大感触。那时深圳钢琴基础很薄弱，大家对国际比赛的认识也不一定透彻，但深圳文化部门和深圳艺术学校对自己的决定和要求却毫无保留地支持。甚至从来不给大家下任务，从来没有说一定要去拿奖，而是放手让这些孩子去锻炼和闯荡。

他举了一个例子，1996年，他带着陈萨去参加利兹国际钢琴比赛，深圳艺术学校不仅承担了他们师生出国参赛的全部费用，临行前李祖德还专门给他们"松包袱"。他说，我们是第一次参加这么高规格的国际钢琴比赛，既可能获奖，也可能不获奖，这都没关系，今后还有的是机会，咱们是去开开眼界，锻炼锻炼。

"那时，我们参加国际大赛的经验很少，就是因为没有压力，我们并不紧张，而是保持了平常心态，能够更加踏踏实实、心无旁骛地练习、参赛。"但昭义说，陈萨现场发挥得很好，作为年龄最小的选手，她以第四名的成绩，第一次将中国国旗插到利兹的领奖台上，实现了中国选手在国际一流大赛中"零的突破"。

接着是李云迪、涂宇亮、左章、张昊辰、杜雯雯、何其真、陈诚……一批学生在国际比赛中脱颖而出，到今天，但昭义的学生中总计有26人在国际钢琴赛事中获奖70项，其中26次获得第一名，这个数字还在不断刷新当中。钢琴教育的"深圳现象"引发了国内外众多专家学者关注，但昭义和他的"但家军"成为当之无愧的深圳骄傲。

"为什么但昭义弟子在国际顶级赛事取得的荣誉都产生在深圳？他的辛勤耕耘为什么在深圳开花结果？"前年，在"但昭义钢琴艺术教育成就研讨会"上，有人直言不讳地发问。但昭义说，如果不是在深圳，我和这些孩子要拿这样的成绩，不大可能，或者说根本不可能。这不仅仅是因为深圳有足够的经济实力在教学条件和出国参赛等方面给予大力的支持，更在于深圳包容、宽松的氛围，这体现了一座城市的力量。

钢琴教学也需要开放创新

很多人都关心一个问题，但昭义的钢琴教学成绩如此斐然，究竟有没有什么秘诀？但昭义笑着说，钢琴教学是一个非常长期的系统工程，远不是一两个绝招就能教好学生的。但是，经过这么多年的教学实践，他确实探索出了一套比较行之有效的教学方法。

"与深圳的城市精神一样，钢琴教学也需要开放创新。"但昭义说，在教学当中，并没有什么必须的成规，要根据学生本人的特点来进行，要保护每一个学生对音乐的天赋和个性。比如，张昊辰在读上海音乐学院附小的时候，学校因为怕盲目拔高，不允许学生弹肖邦练习曲。以至于张昊辰在学习内容上经常"吃不饱"，练琴也没有动力。后来他妈妈把他送到但昭义门下，第一个假期，但昭义"剑走偏锋"不按常理出牌，一次性给张昊辰布置肖邦的 12 首练习曲。张昊辰的学习兴趣和挑战意志马上被大大激活，仅 16 天就全部完成。可见对天才要有特别的教育方法，这就是所谓的因材施教。

在业界，但昭义独特的教学方法被称为"但式教学"，他将哲学思考和古典文学运用到教学当中。比如，在启迪学生理解肖邦音乐的时候，就曾经运用了"中国诗词解读法"。因为中国诗词的意境和肖邦的浪漫主义音乐风格是相通的。自己给学生解释肖邦的《幻想波兰舞曲》作品 61 号时，就会用"苍山如海、残阳如血"来启迪学生去想象和体会。

但昭义将他的教学心得总结为"三个注重"：注重基础、注重声音、注重音乐表现。这其中，对音乐的诠释是最重要的。他常常和学生说，钢琴弹奏不是耍杂技，钢琴家是艺术家，不是匠人，演奏技巧只是手段，音乐才是最终目的。不要盲目追求技巧，没有抓住音乐的情感和灵魂，无论弹得多猛，都只能说震撼人，但不一定打动人。

为"钢琴之城"建设鞠躬尽瘁

尽管但昭义多次表达对深圳的感恩之情，但其实，他与这座城市是互相成就的。但昭义和他的学生们受益于深圳这块沃土，深圳也因为他们动人的琴声而散发出迷人的气质。

正是因为但昭义教出了享有国际盛誉的高水平学生，推动了深圳的钢琴教育水平和钢琴艺术水平的发展。2003年，深圳在做文化战略选择时，才有底气提出建设"钢琴之城"的目标。多年来，但昭义也为"钢琴之城"的建设鞠躬尽瘁、倾注心血。

2006年，但昭义在深圳市政府的倡导和支持下，牵头创办起"中国深圳国际钢琴协奏曲比赛"，亲自担任艺术总监，在国内、国际乐坛都取得了很好的反响。2015年，该赛事正式加入联合国教科文组织旗下的"国际音乐比赛世界联盟"，并于2017年升级为"深圳国际钢琴协奏曲音乐周"，成为"钢琴之城"建设的龙头和标杆性品牌活动，每次都吸引一大批国内外钢琴教育顶尖专家和钢琴新星汇集深圳。

如今，深圳"钢琴之城"建设取得丰硕成果，各项大型赛事在深遍地开花，深圳家庭钢琴拥有量、学习钢琴人数、钢琴考级人数等指标大幅度提升，钢琴普及水平位居全国前列，深圳音乐学院建设也将于今年开工，这让但昭义倍感振奋和欣慰。

虽然被称为"金牌教授"，但昭义始终心系钢琴基础教育工作。但昭义觉得，自己现在的年龄已经不太适合教太小的孩子，但对于将自己多年的基础教学经验、感悟分享给深圳乃至全国的年轻老师们，还能发挥一些余热。总结自己 50 余载教学经验，用了数年时间，但昭义编写了一套适用于中国基层钢琴教师的《新路径钢琴基础教程》，并于 2006 年出版。过去几年来，他一直处于"空中飞人"的忙碌状态，结合这套教程，给全国十几个城市的数千名钢琴教师上公开课。

最近一年，但昭义还创新了教学方法——将这套钢琴基础教程重新改编、升级，编成讲义、视频等相结合的立体课程，并放到网络上分享。让更多孩子在快乐中学习钢琴，并得到更科学有效的指导，是这位已年届八旬的老人最朴素而真挚的愿望。"万事开头难，我计划要编 200 课，准备了一年时间才编了几课，还要抓紧时间，抖擞精神。""作为教育工作者，我们应该关注怎样能真正让音乐、艺术成为下一代人的一种素养，真正滋养人的心灵，让音乐成为他们健康成长的无形陪伴。"

作为中国钢琴教育的守望者，但昭义桃李芳华。2019 年 12 月 16 日，在"今夜星空灿烂——致敬深圳文艺名家"晚会上，他作为扎根深圳、具有全国影响力的文艺名家之一，接受了深圳这座城市向他的致敬——

"你的梦想，与'钢琴之城'同频共振，蜚声国际，却永葆赤子纯真。你以最宽广的胸怀、最严谨的姿态，把对音乐、对学生的爱，融入几十年如一日的教学中。点点滴滴心血，化为一曲最隽永动人的旋律，与这座城市同在！"

第四节
专家访谈

一、访上海交通大学全球文化管理研究中心主任单世联：没有开放包容，就没有深圳的发展进步

深圳特区报："开放包容"既有岭南文化、海洋文化的地方性文化基因，也有中华文明的历史传承。请您结合深圳的城市发展历程，谈一谈"开放包容"之于深圳发展的历史和现实作用？

单世联：成长于中国改革开放伟大历程的深圳发挥了、激活了岭南文化的包容性和"杂语性"，率先创造了只有在深圳才能产生的新的精神形态和文化现实。

在此过程中，香港的经验具有不可取代的参考甚至典范的意义。深圳并不是一花独放。自上而下的开放政策及国内的大环境、大气候，全国各地在人才、资源和信息等方面的参与，都使得深圳具有超地方的国家性格。"深圳人"并不只是"岭南人"，"深圳精神"融合了"中国精神"，是中国的示范。

深圳诞生于阔步走向世界的中国。正如邓小平同志所说："关起门来搞建设是不行的，发展不起来。"当代的"开放"是向世界，特别是向西方世界开放。2000 年前后，中国流行的话语是"与国际接轨""融入世界文明主流"等。从加入世界贸易组织到签署各类世

界公约、参与全球治理，中国成为世界大国，深圳成为全球明星。深圳的开放，就是由孤立的城市而嵌入全球经贸网络，与中国、与全球化一体相关。从这三个意义上说，没有开放，就没有深圳。

深圳特区报：1990年，"深圳精神"被概括为"开拓、创新、团结、奉献"。2002年重新概括为"开拓创新、诚信守法、务实高效、团结奉献"。此次将"开放包容"列入"新时代深圳精神"，这一新增词条对现在的深圳人来说，有何时代特点和意义？

单世联：城市是无数人的聚合体，城市生活包括人类生活的所有方面。像深圳这样因缘际会、迅速崛起的城市，可以有无数的词汇来抽象并阐释其精神价值，这里只有代表性、准确性的差异，而没有唯一性、排他性。

把"开放包容"列进来，这当然是对历史更清晰的认知和尊重。没有"开放包容"，就没有深圳及其物质成就和精神文化。这同时也是一个有时代特点的表述。自20世纪70年代末以来，"开放包容"是中国现代化的必由之路。叶剑英同志的"追科学，西方世界鞭先着"，所表达的就是这个意思。改革开放以来，我们"开放包容"的理念与实践，有着明确的策略、手段的意义，即以开放促发展，以包容求增长。今天的中国仍需要以"开放包容"来追求高质量的发展，在中国人民已经探索、品味"美好生活"的背景下，"开放包容"同时也应当是我们精神生活的必具品格和基本要求。

把"开放包容"列入"新时代深圳精神"，既是"深圳精神"与时俱进的反映，客观上也点明了当代中国的时代精神。抽象并阐释城市精神，不但要有独特性、总结性，也要有普遍性、引领性。通过对"开放包容"的完整叙述、深入阐释和充分实践，"深圳精神"将会在全国、全球发挥其应有的，也必须有的积极作用。

深圳特区报：深圳是国内最大的移民城市，开放的市场环境也孕育了包容的社会氛围。"鼓励创新，宽容失败"的文化制度环境激励了城市的创新和创造。"来了，就是深圳人"，不仅是一句温暖异乡人的温柔话语，也是一种社会文化上的认同。"开放包容"的"深圳精神"对提升深圳的城市竞争力有何帮助？

单世联：关于城市竞争力，有无数的研究、争论和探索。

从精神文化上说，"开放包容"应当是提升竞争力的第一条。近20年来，高新技术产业已成为深圳经济发展的第一增长点，自主创新也日益成为发展的主要方式，这就需要有一种城市精神成为其价值支持。

真正的"创新之都"，一要有创新型政府，以完成规划引领、法规建设、政府投入、配套服务等工作。二要有创新型人口，即吸引、培养大量高科技领域的各类人才并全面提升深圳人的知识文化水平。三要有创新型文化，能够塑造、导向社会、企业与个人的思维—行为方式。这些既是发展战略和产业政策，也是精神需要和文化规划。

国内学者一度爱谈理查德·佛罗里达的《创意阶层的崛起》一书。作者认为"尽管创意阶层欣赏开放性与多样性，但这种多样性在一定程度上只是精英人物的多样性，只是受过高等教育、具有创意精神者的多样性"。这一结论可能符合美国创意阶层的价值观。

但如果没有开放性、多样性，精英的"强烈的个性化和自我表达"又如何实现？结合深圳作为中国的一个城市来看，首先是开放性、多样性的城市精神，然后才是精英的个性化和自我表达。因此，把"开放包容"作为"深圳精神"，就是完善提升城市竞争力的价值基础和精神气氛。

深圳特区报：深圳经济外向度高，深圳是全国口岸数量和出入境人数最多、与国际经济联系最密切的城市。城市经济结构和功能决定了深圳文化具有高度开放性和外向性。以开放吸纳文化的多元性，以包容化解文化的冲突性，增强了深圳在国际经济交往中的亲和力，减少摩擦。如何理解"开放包容"的"深圳精神"在深圳对外开放进程和打造城市营商环境中发挥的作用？

单世联：就对外开放而言，增强亲和力，减少误读、误判以及由此而来的摩擦和冲突非常重要而且必要。

回到数十年前，深圳的开放其实有模仿、吸收、追赶的意思，中国文化中的"学习"性格在开放实践中发挥了巨大作用。近年来，国际经贸领域的各种矛盾进一步凸显，在"逆全球化"似乎成为现实的今天，作为积极参与经济全球化并从中受益的城市，深圳的"开放"也面临着转型和新生。过去是敢不敢开放的问题，是如何"胆子再大一点，步子再快一点"的问题。现在是全球化面临重大挑战，是我们能否与外部世界通过对话交流实现相互理解、相互信任的问题。

在清醒地认识到我们今天也不能"关起门来搞建设"的前提下，继续发扬中国文化中的"学习"传统，不仅以"开放包容"

作为发展的手段，也把"开放包容"作为我们一切行动的内在品质。"文化多样性""包容性发展"我们喊了多少年，这不只是要求外部世界尊重我们，我们也要尊重外部世界，讲信用守规矩，承认差异，尊重他者，在实践习近平总书记所说的"共商共建共享"最终实现"共赢"的过程中，建设一种积极的开放包容心态、行动和政策。

深圳特区报：开放迎来多元，包容孕育创新。"开放与包容"也体现在深圳能开明对待各种新生事物、虚心学习一切优秀文明成果，"深圳，与世界没有距离"。但也不可避免地受到外来多元文化的冲击，年轻的深圳如何在"八面来风"中坚持中国特色社会主义文化自信，坚守深圳独特的城市文化本色？

单世联："深圳，与世界没有距离"是一种开放心态的表达，实际上当然是有距离、有差别的。深圳怎么可能成为洛杉矶？但如果把中外对立起来，理论上和实践上都是错误的。以为全球化就会带来文化的同质化，更是一种误解。这一点，相关研究早已阐明。

从事实上看，随着中国经济实力的增强，民族文化传统得到了更多更好的弘扬而不是相反。文化自信以文化自觉为前提，也包含文化自谦并带来文化包容的积极效果。在这一方面，以开放、创新为显著特征的深圳文化应当有自己的作业和答案。

深圳早期的开放，主要是学习外来的科技、管理等"用"的方面。今天我们讲开放，是指向整个人类文明的开放，就是列宁讲的"确切地了解人类全部发展过程所创造的文化"，这当然也包括传统文化以及在文化交流中形成的中国特色社会主义文化。

对深圳来说,首先要做的是如何精准地认识并表述深圳的历史和文化特色,其次是在中国发展与全球大势的演变中,具体明确深圳要在哪些领域扩大开放,还需要包容什么,这些是可以通过历史分析和在科学研究的基础上列表说明的。

深圳特区报:深圳城市精神的开放性、包容性与深圳改革开放后外向型经济结构和移民城市性质密切相关。这就是说,"深圳精神"中的"开放包容"实际上具有对外和对内两个向度。那么在谈"开放包容"时,是要内外有别,还是全面的开放,无差别的包容?

单世联:内外肯定有区别,包容一定有差别。但这不是说一套做一套,而只能是开放包容实践的结果。

习近平总书记说过:"中国开放的大门不会关闭,只会越开越大。"我的理解,是说我们开放的步子迈得还不够大,还要进一步开放。经济技术管理等方面的开放,已经不是问题,现在的关键是精神文化的开放包容,是如何切实具体地践行习近平总书记提出的"和平、发展、公平、正义、民主、自由",这些是"全人类的共同价值"。

在追求这些共同价值方面,不存在内外有别的问题,但如何追求、怎样实现这些价值,中国与外国、深圳和其他地方,应当有也肯定有不同的做法。如果说,经济技术的现代化可以通过模仿、学习而达成,那么一个数千年来自成一体,且曾经贫困落后的大国要拥抱、接受现代文明价值,则是一个更为长期的过程。

深圳是中国最优秀的城市之一,当然可为其他城市所不能为。有中国自信、城市自信的深圳,必须再次焕发"特区精神",继续先行一步。对外，向不同文化开放；对内，向全国人民开放，逐步并坚定地在心态与行为上以交流代替对立、以包容代替排斥、以共处代替摩擦，建设一个内外一体、光明磊落的精神世界并创造一个众声喧哗、多样包容的城市文化。

深圳特区报："开放包容"的"深圳精神"，需要相应的文化政策与文化制度加以培育呵护，您如何看待深圳市政府在这方面做出的努力，还有哪些需要改进和提升的地方？

单世联：政府的努力已经落实为深圳的建设成就，有目共睹。就基础设施的先进、服务体系的完整、市民文化的丰富而言，深圳当然排在全国前列。以我的专业而言，有三个印象。

一是深圳较早提出"实现市民文化权利"的问题，政府在这方面做了许多工作。我国的公共文化建设，主要的目的就是实现公民文化权益。

二是深圳官员提出并论证"文化是流动的"观点。如果仅就文化理论来说，此论新意无多，因为文化从来就是流动的，因为从来就没有人说文化是静止的。但把此论与深圳文化发展联系起来，此论就有了从理论上总结、提炼深圳经验的深意，这使我感到深圳的文化官员是用脑子的。

三是深圳一直推动城市文化研究。我记得多年前深圳有人提出"特区文化"和"城市文化"两个概念之间的关系问题。不能把所有这些都说成是政府的功劳、深圳的创造，但得到政府支持和参与的深圳文化学术界，率先对这些议题进行了比较大规模、比较长时间的研究和论证，这是值得尊重的历史。现在问题是，有了好的硬件、软件的深圳，如何提供更多的具有"开放包容"精神的文化产品。

深圳特区报："开放包容"的"深圳精神"，也需要社会涵养，如何充分发挥深圳社会组织、公益组织的作用和力量，为"深圳精神"的健康生长提供优良的社会土壤？

单世联：这就是从"开放包容"的精神走向"开放包容"的社会。没有"开放包容"的精神，一切都是政府说了算，肯定不利于社会建设。"开放包容"的精神不落实为"开放包容"的社会，也只是头脑中的观念。

改革开放以来，我们的社会组织、公益组织在艰难中生长。在近年来的一些重大事件中，都可以看到深圳社会组织的身影。这其实是一个如何建设深圳软权力的问题。20世纪马克思主义理论，比如葛兰西的一个重要观点，就是区别政治社会与市民社会，区分强制性权力和领导性权力。中国的历史和国情，决定了中国的"两个社会"不可能严格区分，但我们确实要看到软权力在全球竞争中的重要性，即使是硬权力之争，也要有软权力的支持和依托。

近十多年来，我们说了很多软权力，但实际发展起来的，主要是经济、军事、技术等硬权力。深圳下一步的领先性应在社会建设、文化建设等软权力的领域中寻找，这就是以人民为中心，相信人民的主动性、自律性，形成一个"包容"政府权力和社会权力、公民权利的权力系统，使社会组织更多地参与社会事务并从中提高社会的组织性、秩序性。

深圳特区报:"开放包容"的"深圳精神",在个体的层面如何培育、提升,您有何建议?

单世联:总结近几十年来城市精神、城市文化建设的经验教训,问题之一是市民个体的自觉性、参与性有待提高。

精神本身是抽象的,它必须落实、体现在个体生活之中。社会开放、技术更新所带来的一个紧迫问题,就是在物质丰饶、学历提高、闲暇增加的环境中,我们如何改进、提高精神世界和文化品格的问题。

以网络文化为例,几乎每一个深圳人,都拥有了前所未有的发言机会,也各有其传播效果,但第一,发言者是否都秉持了文明社会的一些基本价值?世界和社会都太复杂了,我们的每一句话当然不能全都符合真、善、美的要求,但至少我们要有说真话的初心,要有反思传播效果的自觉。看看网络上的各种言论,显然不能满足这些基本要求。这特别表现在遭遇不同意见时,一些人严重缺少尊重差异、容忍他者的开放包容心态,动辄用大话压人、用脏话骂人,甚至党同伐异,查祖宗三代,喊打喊杀。

第二,网络带来了文化的开放性,但网络文化有其受控性和选择性,有其技术上的片断性和简单性。如果我们只有这一个信息—知识的渠道,则网络就成为一个封闭的空间,广阔的文化—知识世界也就对我们关上了大门。因此,在每个人都有说话的权利,也有说话的机会的背景下,发言者要讲理,阅读者要通过更多的知识—信息源来平衡。

深圳特区报:在 2020 年这场抗击新冠肺炎疫情的"战疫"中,

"开放包容"的"深圳精神"有突出体现,譬如对疫情重点地区人员的接纳、全球抗疫中"深圳力量"的贡献等。此次疫情,是否可以理解为对"开放包容"的"深圳精神"的一次检验和升华?

单世联:这当然是对"深圳精神"的检验和升华。对疫情重点地区人员的接纳和关爱,实际上是对生命的尊重,是一种人道关怀。所谓"开放包容",说到底就是把他人当人,理解非我、接受非我。每个城市、每个人都是相对独立的个体,但在人类社会,任何个体都生活在一个"共处"的世界中,而非常时期更提示着"我们"之于"我"的优先性。

"爱国"不是一句空洞的口号,更不是我们发泄对他人不满的理由。爱国情怀以从对身边的人和物的爱为起点,然后展开为对家庭、邻居、社会的爱,再扩展到对民族、对国家的爱,最终进入"人类之爱"的大同之世。爱国主义是由这些具体的爱所充实起来的开放心态和包容情感。进而,全球抗疫中"深圳力量"的贡献,正是爱国之"爱"的生动体现,爱是对他者的关怀、同情和帮助,是所有人性的共同见证,也是建设"人类命运共同体"的心理动力。

深圳的抗疫行动,既是"开放包容"精神的生动写照和自觉行动,也赋予高远宏大的爱国主义以具体内涵。开放包容也好,爱国主义也好,都遵循着从个体走向全体、从"我"走向"我们"的逻辑。这里需要的是行动,哪怕是最小的行动;而不是口号,哪怕是最动听的口号。

二、访中国社会科学院政治学研究所所长、国际中国学研究中心主任张树华：
弘扬"开放包容"精神，讲好新时代深圳故事

深圳特区报：一个城市的宽容度是这座城市自由度和开放性的最重要标志。有人说，深圳是国内最具包容性和宽容度的城市。您认同这一评价吗？请您谈谈对深圳开放包容的城市印象。

张树华：我很认同。很多到过深圳的人谈到对这座城市的印象，有一点很突出，就是它是国内道路上实现"车让人"的为数不多的几个城市之一。再到城市街区中逛一逛，就会对深圳那种看似有点松散、实则细致到位的城市管理有了更深的印象，空气中弥漫着一种放松、宽松、宽容、包容的氛围。甚至还有人说，在深圳待久了，去外地出差后再回到宝安机场，一下飞机就有种"如释重负"的感觉。

再一个，就是深圳劳动力和人口由来自五湖四海的移民构成，造就了一个中国社会关系网的奇观——在20世纪80年代的深圳，你可以很容易地看到官员、知识分子和小商贩、草根创业者一起毫无障碍地攀谈、交流，人与人之间似乎不存在那种由身份、级别造成的距离感。在深圳，一切创意和梦想都可以毫无阻隔地进行碰撞，迸发出创新创业的火花，从而营造出这座城市独特的包容氛围。在深圳，那些团团伙伙、码头文化、圈子文化缺乏天然的生存土壤，而这个特点也正是现代化都市发展创新创意产业所需要的。

深圳特区报：开放是一种姿态，包容是一种涵养。开放包容是

文化创新与发展的重要动力，也是人类和谐相处的前提。请您从经济社会发展、社会文化氛围等方面谈谈对深圳"开放包容"精神的理解。

张树华：深圳的包容，首先是"经济的包容性增长"。2019年，深圳人均生产总值突破20万元，民营经济极为发达，目前仍然是国内就业机会最好、选择最多的城市之一，每年吸引大量的年轻人来这里就业、生活。

其次是"社会的包容性发展"。作为特大城市，是否有深圳户籍对外来务工人员而言，并不构成其享受城市公共福利如置业安家、子女入学的障碍。

再次就是"深圳，与世界没有距离"。包容的深圳不光欢迎全国的同胞，也欢迎来自全球五湖四海的劳动者。由于毗邻香港，与国内其他城市相比，深圳一诞生就具备接近世界的先天开放优势。但是，由于深圳产业结构和香港不同，兼之城市文化底蕴的相对不足，如何吸引外国人才融入深圳，如何更加包容地对其进行管理、服务，是未来提升城市管理水平的一大挑战，也是深圳建设粤港澳大湾区核心引擎和中国特色社会主义先行示范区的重要内容。

最后就是对于人才从事科研事业和创新创意产业的包容，即"鼓励创新、宽容失败"。一方面，对于高科技创新人才而言，深圳具备完整的产业链和供应链，只要有创新的魄力和创意的点子，在深圳就"没有做不出来，只有想不出来"的。另一方面，深圳的金融产业也与香港不同，其特点是与产学研紧密结合，不事投机，专注于科技金融。这种务实的实践主义精神体现在科创风投上，就是深圳的投资者敢于也愿意为高科技产业创业进行投资，这种金融投资体制上的包容，也是国内很多城市所不具备的优势。

深圳特区报：深圳是一个移民城市，"来了，就是深圳人""深爱人才，圳等你来"等口号吸引着人们来深圳工作、生活、创业，深圳的包容体现在对外来人口的慷慨接纳。随着城市人口的增长和城市历史的延续，深圳常住人口越来越多，而城市的承载量又是有限的，这是否会影响深圳未来的包容度和对人才的吸引力？如何看待"来了，就是深圳人"和"深爱人才，圳等你来"之间的张力？

张树华：深圳是一个充满生机与活力的城市，它犹如一个朝气蓬勃的青年，意气风发。这一点从人口结构上可以看得出来。深圳是国内最充分地享受人口红利及其所带来的人才红利的城市。而对一个城市来说，比人口增长更重要的，是人口结构的持续优化。

数据显示，2016年年底，深圳常住人口平均年龄为32.5岁，是全国人口最年轻的城市；2018年，深圳全市新增常住人口中，应届大学生和各类人才达28.5万，占比近六成。人口年轻化、人才占比高，释放出源源不断的人口红利和人才红利，为深圳的经济社会发展提供了强大的人力资源支撑。

从根本上看，决定一个区域人口集聚的是"经济—人口分布平衡法则"，人口流动的基本逻辑在于"人随产业走、人往高处走"。当前，随着产业转型升级和创新驱动发展战略的深入推进，"基础研究+技术攻关+成果产业化+科技金融"全过程创新生态链的加速打造，创新型、成长型企业如雨后春笋般快速崛起，深圳对高层次人才的需求剧增，也为创新人才提供了广阔舞台。

2012年12月7日，习近平总书记在考察深圳光启研究院时指出,国家的强盛,国力的竞争,归根结底是人才的竞争。哪个国家拥有人才上的优势,就会拥有实力上的优势。国家要走创新发展之路,首先要重视创新人才的聚集,应该择天下英才而用之。人才竞争,归根结底是人才环境竞争。近年来,深圳始终大力实施"人才强市"战略,在人才培养、引进、评价、使用、激励、服务全过程中加大创新和支持力度,推动构建与国际接轨、更具全球竞争力的人才制度体系。这些都是值得肯定的。

在经济特区建立40周年之际,关于"开放包容"这一"新时代深圳精神",需要展开一次逆方向的"头脑风暴"——首先,深圳是国内四大一线城市中落户门槛最低的,"来了,就是深圳人"意味着深圳对外来人口的接纳包容。但近年来,深圳遭遇了"成长的烦恼",较高的生活成本导致深圳对人才的吸引力下降,出现了高技能人才流失的现象,改革开放再出发需要真刀实枪的利益再分配"破局"。

其次,就是对"深爱人才,圳等你来"内涵的把握。深圳的企业和人才聘用的标准在某种程度上有利于年轻、高学历的高科技人才。未来,深圳应构建多层次、多元多样的现代化人才梯队,努力营造跨越各个领域部门的"老中青"齐备的人才成长生态。

深圳特区报:当下,一些国家奉行"去全球化""反全球化"的单边主义政策,保护主义、民粹主义抬头。在当今迅速变化的世界格局中,深圳仍然坚持"开放包容"的意义何在?深圳如何在世界百年未有之大变局中保持"开放包容"的心态,继续坚持改革开放不动摇?

张树华：从中美贸易摩擦到 2020 年全球新冠肺炎疫情暴发，我们可以预见，肩负中国特色社会主义先行示范区建设重任的深圳未来所面对的发展前景，具有新的不确定性。站在新的十字路口，既要防止系统性金融风险的"黑天鹅"，也要提防实体经济增长下滑的"灰犀牛"冲击。对深圳而言，需要在保持战略定力、强调底线思维的同时，使用唯物辩证法对发展前景做出符合时代特征的思考和展望。

从某种意义上讲，深圳改革开放的发展得益于融入全球生产贸易体系的价值链，得益于 20 世纪 90 年代兴起的全球化，得益于 2001 年中国加入世界贸易组织并成为"世界工厂"。伴随着中国的崛起，深圳的产业结构进行了深刻的调整，在国际分工链上不断升级，逐渐开始竞争诸多行业及细分产业领域的话语权。当前，大国对于科技革命引领所涉及的知识产权、大宗商品定价权、商品标准制定权和意识形态的制度性话语权的全方位竞争不断加剧。深圳正是在这个时代背景中，自觉或不自觉地被推到了大国博弈的前沿战场，华为更是打响了新时代大国竞争"上甘岭战役"的第一枪，这是不以人的意志为转移的历史运动。

从宏观运动看微观调整，在当前强调"开放包容"，首先，不只是对西方的开放，还对一切谋求全球"包容性增长"、热爱和平的国家与组织的开放；其次，不是毫无底线原则的开放，不是在社会主义国家鼓吹"市场万能论"，而是在历史时钟的钟摆再度摆向"社会的反向保护"一侧时，重新思考市场机制的作用和局限，并对深圳 40 年的经验进行系统总结和提炼。

深圳特区报：在粤港澳大湾区和中国特色社会主义先行示范区

建设"双区驱动"的重大历史机遇下,深圳如何实践"开放包容"的精神?

张树华:在"粤港澳大湾区"的区域规划里,深圳的对应位置,是具有世界影响力的"创新创意之都"和"全国性经济中心城市",深圳的布局和眼界被充分扩展,从区域性的标杆直升至坐观全球的远望。2019年8月,《中共中央 国务院关于支持深圳建设中国特色社会主义先行示范区的意见》发布,深圳被拔升为"国家战略城市",中央还支持深圳建设"国际金融中心",推进人民币国际化,探索创新跨境金融监管,尤其是希望探索"香港以外"的人民币国际化金融中心和新制度,比如外汇管理体制的改革。

新时代,深圳的改革开放是一个自上而下与自下而上相互作用的过程,既有各自贸片区权力(市场主体权利)的积极拓展,也有中央主动赋权。赋权改革就是要让地方获得更多改革自主权,越是处于制度创新的前沿,就越应拥有更大自由度。要完成这个先锋任务,对深圳而言是"舍我其谁"。从"先行先试"到"先行示范区",深圳对标的不是具体的经济和贸易制度变革功能,而是"中国特色社会主义"这个宏大框架。

实践证明,开放包容的深圳一直走在探索中国特色社会主义道路的前列,具有先天杰出的试验基因和后天优良的试验体质,有条件更有能力在新的历史起点上坚持和发展中国特色社会主义,拓展发展中国家走向现代化的途径,并继续为解决人类发展问题贡献中国智慧、提供中国方案。

深圳特区报:湾区经济作为重要的滨海经济形态,是当今国际经济版图的突出亮点。国际一流湾区如纽约湾区、旧金山湾区、东京湾区等，具有开放的经济结构、高效的资源配置能力、强大的集聚外溢功能和发达的国际交换网络，发挥着引领创新、聚集辐射的核心功能。请您对深圳如何借鉴世界一流湾区的经验，打造粤港澳大湾区核心引擎提点建议。

张树华：当前，第四次科技革命和产业变革推动全球创新版图加速重构，深圳有意愿更有能力抓住历史性机遇，深入实施创新驱动发展战略，积极推动制度创新、管理创新和文化创新，从"跟随者"向"引领者"角色转变，从"引进全球"向在部分领域"引领全球"跨越发展，成为国际新竞赛规则的重要制定者、新竞争场地的重要主导者，成为全球创新版图中重要一极。

深圳应该学习借鉴美国旧金山湾区在 20 世纪 70 年代的经验和做法：围绕着高科技发展所需要的学科来兴办高等院校与科研院所，提升湾区城市文化品位，实现湾区学术界各学科均衡发展并逐渐形成自己的人文社科特色与风格。同时，鉴于深圳在未来全球竞争格局中所处的重要位置，也急需发展国际关系、法律等相关学科，培养本土的相关专业国际化人才，为深圳在国际资本市场上"逆风飞扬"保驾护航。最重要的是，深圳要积极与香港、澳门开展联动合作，尤其是基础理论与学科方面的合作，并共享它们在各领域的国际资源，学习它们与国际社会打交道的经验。

深圳是一个具有典型理工科气质的城市，通过与纽约湾区和旧金山湾区发展经验的对比，加上对近年深圳一些高科技企业出现的管理层问题的反思，现在它也需要一些"忧伤的文科男"加入。据美国经济学家加尔布雷斯的观点，在互联网科技迅速发展的今天，对于具有跨国垄断企业性质的互联网公司而言，其所谓的"专家组合"，即技术官员、工程师、财务人员、法务人员等，已经代替企业所有者而接管了掌控企业的权力——这种现象上升到城市层面，也会出现"专家组合"主导城市改革与发展的方向。

在这种情况下，对于城市的均衡健康发展而言，就需要面向全球引进作为一个社会精英阶层的"科教人员"——包括基础学科研究人员、教师、医护人员、人文学科学者、艺术家与创意设计人员等，即从开放包容地引进全球人文社科人才的角度理解、执行"深爱人才，圳等你来"。这一战略抉择的意义不仅仅是促进深圳的创新层次突破"巴斯德象限"，而是要以更长远的目光来规划城市发展，这个问题涉及城市产业及社区空间、城市社会阶层均衡和人口结构的长远规划。

深圳特区报："开放包容"是一种成熟的文化心态，深圳如何既能在文明交流互鉴中实现自我更新与完善，又能处理好多元文化价值带来的冲击与争论？从开放包容的角度，我们该怎样认识科技创新带来的思想观念的变化？

张树华：就以华为为例，他们就是在开拓全球市场的同时充分发挥社会主义制度在协调劳动和资本、社会和资本之间的利益关系的优势，创造了一个世界上最大的"合伙人制度"，持续加大企业研发投入，杜绝自己的肌体感染"唯资本马首是瞻"的市场万能论病毒。

同时，华为靠着企业内部的股权认购和分红机制，既保证每个员工在职业生涯黄金时间得以贡献最大聪明才智，又保证员工在职业生涯"黄金年代"后得到股权收益的"黄金降落伞",充分享有自己的劳动成果并开启属于自己的创业空间。因此,在深圳,华为、腾讯这种企业也被称为"创业者的梦想工厂"——这难道不是中国智慧对现代市场经济体制变革的贡献吗?

进一步而言,深圳打造城市文明典范,绝不是打造西方的"年轻人的战场、老年人的坟墓"那样的城市,而是通过社会主义市场经济条件下的波兰尼所说的"再分配体制"的创造性重建,实现"幼有善育、学有优教、劳有厚得、病有良医、老有颐养、住有宜居、弱有众扶"。

新时代,"开放包容"的"深圳精神",要强调"以人民为中心、以人为本",强调"劳动成果要为整个社会所共享"这个社会主义国家最基本的原则。某种意义上,意味着在未来以 AI 技术、云计算、物联网、大数据科技为代表的第四次工业革命时代,深圳要向整个世界诠释新时代的包容,对生产力的包容、对人性的包容、对整个社会共同体的包容。

深圳特区报:文化在全球竞争中的作用日益广泛而深刻。深圳应该如何扩大文化的国际传播力、辐射力,讲好新时代的中国故事、大湾区故事、深圳故事,向世界展现真实、立体、全面的中国,提高国家文化软实力和中华文化影响力?

张树华:40 年来,深圳一直是海外学界、媒体了解中国改革开放的一扇窗户。深圳作为改革先锋、创业高地、东方硅谷的名片已经深为世界所接受。某种意义上,深圳代表着中国故事里最具现代感和时代精神的部分。深圳的国际魅力来自它与时俱进、不断创新的活力和"开放包容"的城市精神,只要保持这种活力与精神,深圳的魅力就不会褪色。

进一步扩大深圳的国际影响力,要打造本地的国际化媒体平台。在这方面,深圳可以向上海和北京学习,打造如 Six Tone 或 Beijing Review 这样的在线和纸质宣传媒体。拥有具有国际传播力和影响力的本地媒体是城市国际化水平的一项重要指标,要向全球城市迈进,深圳亟须补齐这一短板。

对外讲好深圳故事,应内外有别,力戒对外宣传中"自说自话""自卖自夸""出口转内销"。要避免貌似"高大上"的宏大叙事,将"敢闯敢试、开放包容、务实尚法、追求卓越"的精神化作一个个生动具体的"深圳故事"。

首先,在传播内容上,深圳可以把关注重点放在年轻群体和外来务工群体上。注重挖掘他们在深圳工作、生活的平凡而精彩的故事,向世界展示中国人民的勤劳、智慧、活力与开放,让全世界的年轻人都喜欢上年轻的深圳和深圳的年轻人,这就是一个很好的主题,也许是深圳故事中最容易赢得国际社会兴趣的部分。

与此同时,深圳要进一步充分发掘众多高科技民营企业在全球互联网文化传播方面的创新能力与潜在优势,学会在全球舆论场造势引势,设置议程,扩大国际传播力和影响力。

其次,随着国内学界对深圳软实力做出更多扎实的研究,深圳要将 40 年改革开放所积淀下来的精神予以总结、提炼、制度化,作为一种新时代中国特色社会主义文化的示范来传播出去,让世界重新认识中国的体制和文化。让深圳经验借助"深圳故事"变成"向深圳学习"的国际共识。

第三章
务实尚法

第一节
"务实尚法"释义

党中央创办经济特区的目的是为改革开放先行探路,"杀出一条血路"。前方面临着诸多不确定性,这要求深圳在发展过程中必须实事求是,从实际出发,正视问题、直面矛盾,敏锐观察、随机应变;必须结合世情、国情、党情、民情,审时度势,科学制定目标和路线图;必须注重实践,不空谈,不虚夸,脚踏实地,埋头苦干,用实践成果先行示范,从而形成务实精神。

务实是实事求是,从实际出发,正视问题、直面矛盾,敏锐观察、随机应变。深圳经济特区建立之初,在国家只给政策没有资金投入的情况下,大胆改革创新,通过土地使用制度改革、劳动用工制度改革,吸引内引外联,推动经济快速发展。到特区建立十周年,全市生产总值增长了62倍,以实践证明党中央改革开放决策的正确性。在之后的特区发展中,深圳曾面临"四个难以为继"的困难、前有标兵后有追兵的竞争、国际经贸摩擦带来的震动,在压力和困难面前,深圳没有退缩,而是努力在危中寻机,化危为机,实现优化经济结构的同时保持较快发展速度。

务实是既有远大理想,又不好高骛远,是结合世情、国情、党情、民情,审时度势,科学制定目标和路线图。深圳经济特区在建立初期的十年,针对经济社会发展落后的情况,着力加快发展,通过大胆改革开放,创造了"深圳速度"。到1990年第一次召开党代会时，根据已有基础，提出了再创"深圳效益"的自我要求。之后的历届党代会，深圳根据经济社会发展状况、国内外环境、全市干部群众的期待，提出了建设社会主义现代化国际性城市、率先基本实现社会主义现代化、建设和谐深圳与效益深圳、建设现代化国际化先进城市、建设现代化国际化创新型城市的奋斗目标，均是根据党和国家对深圳经济特区的新要求、深圳当时已有发展基础和机遇挑战，科学确定目标，不断攀登高峰。

务实是目标确定后的脚踏实地、埋头苦干，向理想的目标迈进；是注重实践，真抓实干，不空谈，不虚夸，踏踏实实去实践，用实践成果先行示范。深圳经济特区发展过程中经历了姓"资"姓"社"、"特区特不特"的争议，"深圳你被谁抛弃""深圳你抛弃了谁"的批评。面对争议和批评，深圳没有陷于争论、辩解，而是始终保持对改革开放的坚持和执着，既当改革促进派，又当发展实践派，积极研究新形势、新情况，根据新变化提出发展新理念、新路径，不断开创发展新局面，从创造"深圳速度"到"深圳效益"，再到"和谐深圳""深圳质量"，始终当好探索中国特色社会主义道路的"排头兵"。

经济特区是依法建立的，1980年8月26日《广东省经济特区条例》的正式施行是经济特区建立的标志。经济特区建立初期，在引进外资过程中，外商对法律的重视使务实的深圳人认识到法治的重要性，在发展经济的同时推进法治，每一项重大改革都通过国家或广东省制定的经济特区法规固定框架、稳步推行、保障施行。如果说，法治建设最初只是深圳出于发展外向型经济和对市场经济是法治经济认识的务实选择，那么，经过40年发展，法治已经成为深圳的自觉选择，深圳已经形成尚法精神。

尚法即崇尚法治，是国家将法治作为治国理政的基本方略，是党依法执政、政府依法行政、司法机关公正司法。1994年3月，深圳在全国率先进行依法治市试点，并提出了"建设现代化国际性社会主义法治城市"的目标。在此后的26年间，深圳依法治市工作不断推进，法治城市建设不断升级，从现代法治城市、一流法治城市，到法治中国示范城市。

尚法是以法治思维重构城市治理体系，法治原则作为社会各项活动必须遵循的基本原则。从特区建立初期通过国家和广东省制定特区法规，到1992年7月1日取得特区立法权和2000年取得较大市立法权后，积极利用"两个立法权"为改革创新、社会建设、民生保障、生态环境保护定规立矩，规范政府行为，重构城市治理结构，成为制定地方法规最多的城市，推动了"五位一体"总体布局在深圳的贯彻落实，保障了改革有序推进，营造了创新创业完整生态，创造了公正公平安全稳定的社会环境，成为中国法治环境指数位居全国第一的城市，法治正在成为深圳发展的核心竞争力。

尚法是公众信仰法律，自觉遵法、守法、护法。随着普法宣传教育的深入，公众法治意识不断增强。而法规体系的不断完善，党委依法执政、政府依法行政、司法机关公正司法的不断加强，以及立法中公众参与的增加，执法社会监督回应机制的建立，增强了公众对法律的信任，遵法、守法、护法已经成为市民的自觉习惯，尚法精神已然成为深圳城市的内在精神。

回望特区40年，"务实尚法"是深圳经济特区发展过程中自然呈现并不断明晰的城市精神。早在2002年，经过"深圳精神如何与时俱进"的大讨论，"深圳精神"就在原来"开拓、创新、团结、奉献"基础上，增加了"诚信守法、务实高效"两个词。"务实"已经明确被认为是深圳显著精神，而"诚信守法"是尚法的具体体现。2010年特区建立30周年时，隐含着务实精神的"空谈误国，实干兴邦"被评选为"深圳十大观念"，"拼搏实干"被评为"深圳人的十大特征"，体现了深圳人对务实精神的广泛认同。

当前，中国特色社会主义进入新时代，党中央、国务院支持深圳高举新时代改革开放旗帜、建设中国特色社会主义先行示范区，这是深圳加快发展的新机遇，也是新挑战。如何在更高起点、更高层次、更高目标上推进改革开放，形成全面深化改革、全面扩大开放新格局；如何更好实施粤港澳大湾区战略，丰富"一国两制"事业发展新实践；如何率先探索全面建设社会主义现代化强国新路径，为实现中华民族伟大复兴的中国梦提供可复制可推广的经验，需要深圳人继续发扬"务实尚法"精神，深思深察，科学制定线路图和时间表；继续脚踏实地、埋头苦干，向着理想目标前进；需要牢记党中央对深圳建设法治城市示范的期许，继续以法治方式促进改革与发展，用法治规范政府和市场边界，营造稳定公平透明、可预期的国际一流法治化营商环境；继续以改革精神统领法治建设，全面提升法治建设水平，率先营造彰显公平正义的民主法治环境，并为企业参与各层次国际竞争提供法治保障。

自2020年年初开始席卷全球的新冠肺炎疫情使国内外环境变得格外复杂，发展的不确定因素增多，面对如此复杂的环境，深圳必须坚持"务实尚法"精神，牢记党中央的嘱托、人民的期待，在新时代中国特色社会主义理论指导下，坚持以人民为中心，积极发挥人民的智慧和力量，努力攻坚克难、危中寻机、化危为机，大胆改革创新，奋发有为，向着竞争力、创新力、影响力卓著的全球标杆城市前进。

第二节
务实尚法：深圳的底色和气质

三月的深圳，阳春布德泽，万物生光辉。

在中国改革开放伟大事业的重要发源地——深圳蛇口，绿底金字的"空谈误国 实干兴邦"标语牌，屹然竖立在南海大道与工业六路交会处，在车水马龙的喧嚣中默默注视着眼前步履匆忙的人群逐梦前行。

蛇口，已从当年荒凉的农村蝶变为现代化国际化街区，而1992年扎根蛇口的这块标语牌，成为见证奇迹的守望者，亦是奇迹的诠释者。

东部，位于盐田区沙头角海滩路的深圳宪法公园，微风细润，繁花盛开。进入公园南门，首先映入眼帘的是"法治天平"雕塑，公园中心位置有全国最大的景观园林"宪法墙"，"宪法墙"前是全国首个公民自主宪法宣誓平台，普通市民可以在此向宪法宣誓，表达尊宪爱国情感。这也是宪法公园最大的意义所在——让宪法宣誓成为深圳人的"法治第一课"，让法治成为深圳人的基本素质。

标语牌与宪法公园，一西一东隔空相望；实干与法治，遥相呼应，相辅相成，构成"深圳精神"谱系中两个鲜明而具体的"坐标"。

伟大的事业，必成于实干，兴于法治。

务实尚法，是深圳经济特区壮丽辉煌40年的亮丽底色和迷人气质。深圳经济特区，始于冲破思想禁锢和体制束缚，一切从实际出发的现实选择；兴于不争论、不空谈，用实践来检验真理的埋头苦干；强于尊重游戏规则，依法治市、依法办事的法治护航。

务实尚法，从改革开放的实践中沉淀而成，是成就今日深圳的密码，也是未来深圳的正确打开方式。

一、"向前走，莫回头"

2017 年 4 月 23 日，坐落在蛇口海上世界文化艺术中心广场的袁庚塑像揭幕亮相。这一天，是袁庚的百年诞辰，老先生于一年前在蛇口逝世，享年 99 岁，生于斯，成于斯，亦卒于斯。

袁庚塑像高约 2.6 米，呈深铜色。塑像中的袁庚，宽额阔面，目光炯炯，露齿而笑，意气风发，衬衫袖子撸至手肘，上身西装搭在手臂上，面朝大海，迎着海风，自信地迈步向前。

是坐，或是站，还是迈步走？在创作袁庚塑像时，对于人物形态的种种细节，广州雕塑院副院长陆增康思考了许久。在他看来，大多数人像塑像所选用的坐姿或站姿，以及一般企业家日常西装革履的装扮，虽显稳重庄严，但放到袁庚的身上并不合适。一个大步迈进、衣袖带风、"撸起袖子加油干"的袁庚，才更符合袁老留在人们心目中的改革先锋和实干家的形象。

"向前走，莫回头。"这是袁庚生前常说的一句话。他的塑像，传神地反映出其中的精髓。

和蛇口一样，袁庚已成为中国改革开放最具代表性的标签之一。

1980 年 8 月 26 日，深圳经济特区正式建立。自此，深圳担负起为全国改革开放探路破局、探索建立具有中国特色的社会主义市场经济体制的历史重任。

为什么要兴办经济特区？

党中央的初衷，就是为了打破计划经济的条条框框，突破僵化的体制机制，在经济特区引入和利用境外资本、信息、技术及先进管理经验，"试验"发展社会主义市场经济，通过释放生产力，激发经济活力。

从这个意义上说，经济特区的建立，本身就是从实际出发的产物。务实，是经济特区与生俱来的基因。深圳的改革发展历程，也是一条脚踏实地的实干之路。

蛇口，是深圳改革开放"春天的故事"最精彩的起笔。

1979年7月8日，招商局蛇口工业区基础工程正式破土动工，"开山第一炮"成为改革开放的启幕乐章。袁庚以花甲之躯，领导开垦蛇口工业区这块中国改革开放最早的"试验田"，进行了一系列的改革尝试，成功探索出闻名遐迩的"蛇口模式"，缔造了中国经济特区的雏形。

作为蛇口工业区的灵魂人物，袁庚曾被人问及："蛇口是怎么发展起来的？"他回答："是从人的观念转变和社会改革开始的。"

修建蛇口码头时，为了调动工人的积极性，当时出了一个规定，每超一车的工作量就奖励4分钱。工人一下子热情高涨，由原来每天拉20车，变成拉131车。1981年6月17日，《人民日报》报道了这件事，肯定了蛇口工业区按劳分配、多劳多得的分配方式。

不光是收入分配制度，还有社会保险制度、工会制度、公开招聘人才制度、职工住房制度等一系列改革也率先在蛇口工业区推行，并迅速在全国产生示范效应。

旧有体制机制被撕开一道又一道口子，人们的思想也焕发出勃勃生机。

1983年，蛇口工业大道路口立起一块招牌，上面写着一句标语"时间就是金钱　效率就是生命"，被誉为"冲破思想禁锢的第一声春雷"。1984年春，邓小平同志视察蛇口工业区，肯定了这句口号，当场表示"很好，很好"。

效益意识、竞争意识、法治意识，下海、跳槽、炒鱿鱼，从蛇口走出去的一个个带有市场经济特征的观念和概念，一次又一次地刷新着改革开放初期国人的"三观"，随后从冲击到接受并成为日常。

于蛇口而言，观念转变加上制度变革，带来的是发展先机。1980至1981年，蛇口工业区的工业总产值还是零，1991年已达340亿元。到1991年，工业区累计协议项目达382个，累计协议投资6.3亿美元，经济发展十分活跃。到20世纪90年代初，蛇口人均生产总值已经达到5000美元，堪比"亚洲四小龙"。[①]

但放眼全国，制度的每一步改革、观念的每一次转变，随之而来的都是争论。

创办吸收外资的蛇口工业区，曾被似褒似贬地说是"新洋务运动"；改革工资制度，搞计件制工资制度，根据贡献来分配，也被取笑是"一切向钱看"，是"资本家"干的事。虽然邓小平同志在1984年春首次来深圳视察时肯定了深圳经济特区的改革开放成果，并题字"深圳的发展和经验证明，我们建立经济特区的政策是正确的"，让深圳人吃了一颗定心丸，但长久以来，关于特区姓"资"

---

① 程洋. 风起南方　潮涌蛇口[N]. 时代周报，2018-09-04.

还是姓"社"的争论从未止息，直到1992年1月18日至2月21日，邓小平同志先后到武昌、深圳、珠海、上海等地视察，发表了著名的南方谈话，强调"发展才是硬道理"，争论才日渐消停。

"空谈误国，实干兴邦"就诞生于那次南方谈话。八个字，字字千钧，如春雷般炸响，拨开了层层迷雾。崇尚实干的深圳人感受到这八个字透出的春天的气息，旗帜鲜明地把它们书写在特区土地上。1992年3月，"空谈误国　实干兴邦"以醒目的标语牌形式，竖立在深圳蛇口工业区的大门口。

"深圳蛇口工业区竖起一块'空谈误国　实干兴邦'的醒目标牌，摆脱了一场姓'社'姓'资'的无谓争论，拉开了一段'中国故事'的序幕。"2012年，《人民日报》"复兴之路启示"系列评论这样写道。

"空谈误国，实干兴邦"所散发的思想光芒，并不因时间而褪色。2012年11月29日，习近平总书记在国家博物馆参观《复兴之路》展览时，深情阐述中国梦，特别提到"空谈误国，实干兴邦"这一句激励人心的口号。2012年12月7日至11日，党的十八大后，习近平总书记首次离京视察广东深圳、珠海等地时，再一次强调"空谈误国，实干兴邦"。他动情地说："这个响亮的口号就是邓小平同志在1992年视察南方途中提出来的。我国改革开放30多年的实践充分证明了这个真理。面向未来，全面建成小康社会要靠实干，基本实现现代化要靠实干，实现中华民族伟大复兴要靠实干。"[1]

从"时间就是金钱，效率就是生命"到"空谈误国，实干兴邦"，一脉相承。2010年8月，在深圳经济特区建立30周年举办的

---

[1] 2012年12月7日至11日在广东考察工作时的讲话。

深圳最有影响力"十大观念"评选活动中,这两句倡导实干新风、反映市场经济规律的效率观和价值观的口号,作为务实精神的生动表述得到深圳人的普遍认同,双双入选,并位居"深圳十大观念"前两位。

这两句口号,既真实反映了深圳特区建立之初奋斗的历史背景,又真实地体现了特区人反对形式主义,不驰于空想、不骛于虚声,埋头苦干、拼搏实干的务实作风,折射出深圳按市场法则和经济规律办事,运用经济手段管理经济、搞活经济的理性。

深圳特区建立早期一系列打破旧有体制的做法,在当时可谓"石破天惊",而如今回过头来看,不过是市场经济的常识,不过是一切从实际出发的务实之举。正是这种实干精神,为深圳的"敢闯敢试"做出奋斗的注脚,激励着深圳人一路铿锵前行,推动着中国改革开放披荆斩棘、阔步向前。

二、来之不易的立法权

深圳经济特区建立初期,深圳人用敢闯敢试、埋头苦干的务实行动,一步步搭建起社会主义市场经济体系的基本框架。

改革开放刚开始,一切都是摸着石头过河。深圳虽然被党中央批准为"试验田",拥有特区优惠政策,但是许多领域无法可依,只是靠政府的"红头文件"管理,而在国际视野中,这些只是"土政策",法律效力不足,外商"不放心"。

一个典型的例子是:1988年,深圳决定设置福田保税区,这一国内首创的做法引起海内外瞩目,吸引了数十批外商前来洽谈投资,但在外商与深圳草签的协议上大都写明"本协议待《福田保税区条例》颁布后生效"的条款。外商最为关心的,不仅是特区的政策有多优惠,更是特区的政策有多稳定,他们对政策的可持续性和法律效力提出了更高要求。

这让深圳的决策者强烈意识到,务实的行动既需要受到法律保护,又应当受到法律约束。社会主义市场经济要走向成熟稳健,除了"务实",还要"尚法"。只有依靠法治,才能营造让外商"放心"的公平公正、安全可预期的营商环境,也只有法治,才是固根本、稳预期、利长远的最大保障。

为了打破计划经济体制的束缚,深圳埋头苦干,务实地开始了建立社会主义市场经济体制的探索;而为了更好地发展市场经济,深圳再次务实地选择了用法治来保驾护航。

1987年,在经济特区立法研讨会上,深圳首次提出希望获得立法权的想法,当即在会上"炸开了锅"。1988年,深圳市主要领导向国务院呈递了请求授予深圳市立法权的报告。在深圳的争取下,1989年,国务院向七届全国人大二次会议提出授权深圳市制定深圳经济特区法规和规章的议案,但在表决时,还是有一部分代表投下了反对票。[①]

"为什么想自己要有'立法权'?"原深圳市法制局局长、被称作特区立法"第一人"的张灵汉在接受媒体采访时曾回忆,除了客观上省里的立法任务重外,随着特区的不断发展,很多问题暴露出来,立法工作迫在眉睫。深圳要真正加快发展,要真正做到有法可依,必须要有自己的立法权。

[①] 周頔. 深圳:一个城市的立法实践 [N]. 民主与法制时报,2015-03-15(第02版).

诚然，有了独立的立法权，深圳不仅可以快速改变靠"红头文件"管理经济的被动局面，同时可以因地制宜通过立法推动改革，建立市场经济的"游戏规则"。

但当时的深圳，只设有党委和政府，类似于现在的开发区、功能区模式，连人大都还没成立。深圳"要法是假，要权是真""没有'户口'就要'粮票'"等质疑接踵而来，甚至有人直接批评，给深圳立法权是"违宪"。

巨大的争议中，深圳没有被"吓"住。一个"表决心"的行动是——1990年12月，深圳市人大常委会正式成立。同时，经过法律专家研究，全国人大有授予深圳特区立法权的权力，此举也并不"违宪"。

1992年春天，邓小平同志视察深圳，时任深圳市委书记李灏再次表达了争取特区立法权的想法。也正是邓小平同志的这一次南方视察，在全国掀起了新一轮改革开放的热潮，人们的思想再次获得解放。

1992年7月1日，一份不到400字的文件震惊全国，全国人大常委会正式授予深圳经济特区立法权，明确深圳"根据具体情况和实际需要，遵循宪法的规定以及法律和行政法规的基本原则，制定法规，在深圳经济特区实施"。

深圳市第一届人大常委会主任厉有为就在七届全国人大常委会第二十六次会议的表决现场，他的记忆刻度精确到"秒"："当天下午3时07分30秒，117人投票，除了9人弃权和1人未按表决器外，

107 人都赞成授予深圳特区立法权，没有反对票。"①

在中国的法治建设进程中，这是一个开风气之先的决定。

当时除了全国人大及其常委会外，只有省级人大及其常委会才拥有立法权，即使是各省的省会城市也只有"半个立法权"。国家最高权力机关把立法权授予深圳这样一个"小城市"，这在全国还是第一次。

拿到"尚方宝剑"后，深圳可谓"时不我待、只争朝夕"地开展了立法工作。从 1980 年深圳经济特区建立到 1992 年被授予特区立法权前的 12 年间，深圳经济特区通过国家和广东省立法机关制定了 23 项特区法规，初步建立了深圳经济特区市场规则。在深圳经济特区取得立法权的最初 5 年，深圳快马加鞭，解决积累多年的立法需求，到 1997 年年底，由深圳市人大及其常委会通过和修改的法规就达到 111 项，由深圳市人民政府通过的规章达 104 项，基本实现了特区建设中重要问题都有法可依。

"那些年，我一直在做市场经济法治的'贩子'。把国外的市场经济立法经验'贩'到深圳，然后再从深圳'贩'到国内其他城市。"张灵汉回顾深圳一系列开创性的立法尝试时这样说。深圳的立法，走的就是一条发扬"敢闯敢试"精神、勇于探索的创新之路。在所立的法规中，一部分是在国家相关法律法规尚未制定的情况下，借鉴中国香港及国外法律法规先行先试的；另一部分是根据特区经济发展及改革开放的实际需要，对国家法律、行政法规进行必要变通、补充和细化的；还有一部分是属于为加强行政法治、城市管理

---

① 李舒瑜. 特区授权立法 25 周年成果斐然——深圳共制定法规 220 多项，其中三分之一填补国家立法空白 [N]. 深圳特区报，2017-07-12（A01）.

以及精神文明建设等需要而制定的。

2000年，深圳被授予较大市立法权。拥有特区立法权和较大市立法权的深圳在立法实践上先行先试，为特区立法和地方立法摸索实践道路。通过积极立法，初步建立了深圳经济特区市场规则。

目前，深圳已成为全国立法最多的城市。到2019年年底，深圳共制定法规229项，现行有效法规168项，覆盖了经济社会发展的各个方面，推动了"五位一体"总体布局在深圳的贯彻落实，初步形成了与国家法律体系相配套、与国际惯例相接轨、与深圳经济社会发展相适应的法规体系。

三、开辟先河的"第一次"

深圳是改革开放的"试验田"，也是一块法治"试验田"。务实的作风，贯穿深圳立法始终。

深圳先行先试，在立法实践中创造了许多"全国第一"。早期的立法，深圳"破"字当头，"务实"体现在率先破除陈规、突破局限性上，有很多法规是在国家尚无立法先例的情况下，深圳大胆采取"拿来主义"，借鉴中国香港及国外成功经验先行先试，并且把引进的先进体制机制为己所用，变成"自己的东西"。深圳立法还有一个重要原则，就是"急用先立，先行先试"，也体现出深圳人的务实。

1993年，深圳率先全国制定的《深圳经济特区股份有限公司条例》和《深圳经济特区有限责任公司条例》，是我国第一批公司法，成为深圳建立和完善市场经济体制的开路先锋，也为国家制定公司法提供了立法试验。继两个《公司条例》之后，深圳市人大及其常委会又先后制定了国有独资公司、国有资产管理、商事、企业清算、企业破产等条例，使特区规范市场主体的法规基本完备，大量企业如雨后春笋般成长起来，推动深圳经济社会发展。此外，深圳还在全国率先制定国有资产管理条例，形成独具特色的"深圳管理模式"；制定了全国第一部政府采购条例，被称为规范政府消费行为的"阳光法案"……使得市场要素迅速在深圳集聚。

《深圳经济特区律师条例》被称作"律师界首个跟国际接轨的条例"，出台时引起广泛关注。在《深圳经济特区律师条例》出台之前，我国只有1982年由国务院颁布的《中华人民共和国律师暂行条例》，规定律师机构名称叫法律顾问处，律师是国家的法律工作者。当时，张灵汉等人接待了美国、日本等国一行20多人的访深律师代表团。交流中，代表团提出"律师身份是国家工作人员，如果外商在深圳与当地政府发生纠纷怎么办？不同利益争议都去找同一家法律顾问处的律师服务，会不会串通"等问题。如果不改变律师管理体制，将严重影响境外投资者的信心，也不符合国际惯例。1995年，《深圳经济特区律师条例》颁布实施，率先对律师体制、律师协会行业管理等进行了改革和规范，这是深圳获得特区立法权后通过的一部有广泛影响的法规，开创了中国律师制度立法先河，为全国《律师法》的出台奠定了基础。

在社会建设领域，深圳的立法也不断取得突破。1994年，《深圳经济特区住宅区物业管理条例》获通过，在国内首次以立法的形式确立了"物业管理"这一全新概念，奠定了我国物业管理法律制度的基石；1995年，《深圳经济特区公民无偿献血及血液管理条例》出台，成为中国内地第一部有关无偿献血的地方性法规；2003年，

《深圳经济特区人体器官捐献移植条例》出台，开创了中国内地人体器官捐献立法的先河……

如果说深圳最初的立法主要是靠"破"字当头，赢得建立社会主义市场经济的先发优势，在逐步建立起社会主义市场经济体制后，深圳的立法则以"立"字为先，"务实"体现在告别"照搬照抄"，从深圳实际出发不断修正立法的方向和内容，从"有法可依"到"良法可依"，特区立法进入"精细化"时代。

深圳几乎所有重要改革都与特区立法相伴，创新成果和经验能够快速地固化为法规条文。从某种程度上说，深圳改革成果的最高表现形式，就是把它变成一项法规。比如，深圳在全国率先启动商事登记制度改革，深圳市人大常委会同步启动全国第一部商事登记地方法规的立法工作，为这项改革"开路"和"撑腰"，成为立法与改革"同频共振"的有力例证之一。2013年3月1日，《深圳经济特区商事登记若干规定》颁布实施，民间投资创业热情瞬间被点燃，深圳新注册的公司数量出现井喷。

将立法决策与改革决策相结合，立法主动适应改革发展需要，确保改革在法治轨道上推进，做到重大改革"于法有据"，把立法的制度优势转化为改革发展的动力优势——以法治引领改革"蹚过深水区"。

深圳还率先为"创新"立法，以激发创新主体从事创新活动的热情和活力。

"鼓励创新，宽容失败"是深圳文化的精髓。2006年，深圳出台国内首部以改革创新为主题的法规《深圳经济特区改革创新促进条例》，使创新驱动发展战略在立法层面牢固确立下来。条例关于改革创新工作未达到预期效果的免责条款，当时引起不小的争议，外界也因此将该条例称为"试错条例"。有人认为，免责条款会造成"拍脑袋"决策和资源浪费。对此，深圳市人大法制委解释：改革创新往往具有一定的风险性、困难性、复杂性，宽容机制本身也是科学的改革创新激励机制的一部分，"宽容失败"正是鼓励大胆改革创新。后来，深圳还通过《关于支持改革创新建立容错纠错机制的若干规定（试行）》，明确广大干部只要主观上出于公心、行为上没有谋私、程序上符合规定，就可以大胆闯、大胆试。

党的十八大以来，深圳在更高水平、更高层面上深化改革、扩大开放，发展方式、经济结构、扩大开放、社会治理上实现了根本性改变。进入"走在前列""先行示范"的新时代，深圳更是勇于在"无人区"先行先试、率先进行立法探索——

2014年5月，国务院批复同意深圳建设国家自主创新示范区，这是党的十八大后国务院批准建设的首个国家自主创新示范区。很快，深圳市人大常委会启动制定《深圳经济特区国家自主创新示范区条例》，将示范区建设纳入法治化轨道；

深圳是全国首个质量强市示范市。2017年7月1日，深圳出台实施全国首部宏观质量地方法规《深圳经济特区质量条例》，对有关深圳质量的重点工作和行之有效的经验做法以法规的形式予以确定，通过立法为"深圳质量"保驾护航，为深圳进一步加大改革创新力度，走质量型增长、内涵式发展道路提供了可靠的制度保障；

深圳知识产权创新活力位居全国前列。2019年3月1日，被称为"最严知识产权保护条例"的《深圳经济特区知识产权保护条例》正式实施。这是全国首部综合类知识产权保护条例，着力构建与深圳创新发展相匹配、与国际通行规则相接轨的知识产权保护体系，为探索粤港澳大湾区全链条知识产权保护政策法规体系打下坚实基础；

……

中国社会科学院法学研究所课题组曾对深圳经济特区立法发展状况进行了系统梳理，并形成《深圳经济特区立法研究》报告。从1992年到2017年6月，深圳制定的220项法规当中，有105项法规走在国家立法前面，有40多项特区法规直接为国家立法提供了有益的参考和借鉴。报告认为深圳的立法创新不仅体现在制度创新，还体现在观念创新。比如，《深圳经济特区改革创新促进条例》中的依法改革理念、宽容失败理念，质量条例中的质量引领标准先行理念，交通法规中的文明礼让理念等，都为国家和其他地方立法提供参考。正是深圳等地立法的成功实践，让中央作出赋予所有设区的市地方立法权的重大决策，为完善我国社会主义立法体制向前迈进一大步。[①]

四、城市价值观的底色

1994年3月，深圳在全国率先进行依法治市试点，在国内地方政府中首次提出"现代化国际性社会主义法治城市"的目标。在深圳，通过法治来凝聚共识，塑造城市的法治文化，"尚法"已经成为从政府到企业、市民思考问题和行动的基础，成为城市的价值观，逐渐内化为一种新的城市气质。

打造法治政府，无疑是法治城市建设的"牛鼻子"工程。

[①] 李舒瑜，杨丽萍. 深圳105项立法走在全国前面[N]. 深圳特区报，2017-07-13（A03）.

早在 1985 年，深圳在全国较早地成立了独立建制、定为政府一级职能局的市政府法制局。1988 年，深圳在国内首次设立市政府法律顾问室，聘请了一批境内外著名法律专家作为市政府法律顾问。1992 年获得立法权后，深圳一次性面向全国招聘 100 名立法干部，为法治建设构筑了中坚力量。[①]

"该做的事情一定要做，但一定要合法地做。做任何事情，都要考虑以后涉及诉讼能够不败诉！"深圳的领导干部心里都绷紧这根弦，这代表了一种理念：凡是涉及较为广泛的领域、影响数量较大的民众，牵涉多个政府部门的重大决策，都尽可能运用特区立法权和较大市立法权，使决策经缜密的程序上升为法规。

比如，早些年为了经济利益，一些市民改"种田"为"种房"，乱搭乱建既埋下了安全隐患，又影响了城市环境，政府对此十分头疼。社会各界都伸长脖子等着看，政府却迟迟没有动静。市委、市政府考虑到：行动缺乏法律依据，容易造成违法行政。不能单纯以行政手段解决，必须在法律框架内解决。一些人不理解，认为"政府发个文件就够了，有必要那么复杂吗？"最终，等到《深圳市建筑市场严重违法行为特别处理规定》颁布实施后，"违章建筑"改名成"违法建筑"，依法清理工作才正式开始。

回顾深圳建设法治政府的发展历程，力度之大不啻一场"刀刃向内"、自我加压的行政机关的"自我革命"，开全国先河的"率先"之举不胜枚举：率先进行政府审批制度改革，率先提出政府机构和行政行为必须努力实现"九个法定化"，率先设立专职法律顾问机构和队伍，率先将法治政府建设作为重要内容纳入政府绩效考

---

① 张玮玮. 为有源头活水来 [N]. 深圳商报，2019-12-22（A04）.

核，率先推出网上申请、后台无人干预全自动数据对比、审批结果秒出的"秒批"模式……

深圳在法治政府建设方面保持"优等生"的领跑姿态。2008年，《深圳市法治政府建设指标体系（试行）》出台，利用指标统领各部门法治建设。该指标体系于2015年进行了全面修订。有专家认为"法治政府指标体系描绘了法治政府的具体轮廓，提供了考核标准，让法治政府的概念由抽象变得具体"。在中国政法大学2015年以来开展的中国百城法治政府评估中，深圳始终名列前茅，其中两次位列第一。2017年，深圳荣获"法治政府建设典范城市"称号。

在2020年抗击新冠肺炎疫情中，法治也是深圳"战疫"的鲜明底色，深圳多年来努力推进的法治政府、法治城市建设体系效果显现。

疫情警报拉响，"法治键"即时按下：依法启动重大突发公共卫生事件一级响应，一系列防控措施立即按照相关法规全面有序铺开。2020年1月28日，2.8万字的"深圳版"《新型冠状病毒疫情防控期间重点领域行政执法工作指引》发布，确保关于疫情防控的重大决策和相关措施于法有据。

此次新冠肺炎疫情源头被指与野生动物非法交易有关，2020年3月31日，深圳市六届人大常委会第四十次会议表决通过《深圳经济特区全面禁止食用野生动物条例》，充分发挥经济特区立法变通优势，设置了比相关上位法更严格的法律责任，并在内地率先立法禁食猫、狗。

在现代市场经济的发展中，政府所发挥的宏观调控或管理作用，往往被称作"看得见的手"。如何让这只"看得见的手"有为而不越位，普遍被认为是推进法治政府建设的关键。作为全国首个法治政府建设试点城市，深圳在处理好政府和市场的关系时，做好

"减加乘"三法:"减"即进一步简政放权,减少政府对经济社会微观事务的干预;"加"即优化政府服务,推动政府力量转向保持宏观经济稳定、加强市场监管、保障公平竞争等方面;"乘"即放大市场和社会活力,赋予市场和社会更多自主权。

深圳培育出众多创新企业的背后,源于这片改革创新的沃土,源于对市场经济本质的深刻理解,把市场的交给市场,更加清晰地界定政府与市场的边界,发挥市场在资源配置中的决定性作用,真正体现"有效市场"和"有为政府"。

华为创始人任正非说过一段话,让人感触良深:"深圳有着良好的法治化、市场化环境,为华为的成长提供了良好的支撑。"在很多深圳企业家眼里,法治化和市场化已内化为深圳最显著的城市特色,是他们选择深圳、扎根深圳,获得成功的最重要因素。

深圳致力于打造法治化营商环境,用法治为企业创新发展保驾护航。同时,企业经营者、管理者注重运用法治思维开展经营活动,通过加强企业制度建设为发展提供保障。早在 1998 年,华为就实施《华为基本法》,明确了华为的核心价值观、基本组织政策、管理控制政策等,一经推出就引起了国内企业的震动。2019 年,全国首个"民营企业法治体检自测系统"在深圳上线运行,帮助企业查找制度漏洞和薄弱环节,持续提升民营企业的风险管理能力,助力民营企业高质量可持续健康发展。

良法善治,民之所向。深圳依法治市稳步推进,关切着百姓的关切,保障着百姓的生活。"法治是可感的,市民用直观地感受传递着法治成长的脉动。""法治是有温度的,它体现着对百姓生命和财产的关心和守护。"深圳的法治化与每一个生活、居住在这座城市中的人有关,这是法治最深层的实践。

深圳自 1992 年获得特区立法权，初期的立法主要集中于经济领域，随着深圳经济社会的发展，社会建设、民生领域的立法被摆在更突出的位置。群众关注什么问题，就重点解决什么问题，立百姓需要的法，立造福社会的法，一部部"接地气"、承载民生诉求、回应民生关切的法规相继出台。

深圳为"好人"立法，《深圳经济特区救助人权益保护规定》明确助人不用自证清白，举证责任由被救助人担负，保护了义举，创国内先河；深圳为无偿献血立法，《深圳经济特区无偿献血条例》加大对献血行为的鼓励，市民参与无偿献血哪怕只有一次，即可享受终身无限量优先使用临床用血；为全民阅读立法，深圳全民阅读工作从城市文化自觉迈入法治化治理的新时代；为器官捐献立法；为食品安全立法……以人为本、立法为民已成为深圳立法工作鲜明的时代品格。

立良法，方能行"善治"。深圳的立法者深知，科学立法、民主立法，须开门纳谏，广泛听取民意，充分吸收民智。要立什么法？一年一度编制立法计划时征求市民意见是惯例，立法规划、立法计划、法规草案及其说明等立法信息，都在深圳市人大门户网站向社会公开。法规如何起草？市民可以参与立法座谈会、论证会、听证会等，这些民主立法形式已被制度化。

比如，《深圳经济特区文明行为促进条例》在制定过程中经历三轮民意调查，回收近 30 万份调查问卷。法律界人士评价，如此广泛进行民意调查，在地方立法中是少有的。听证制度为越来越多市民所熟悉，2013 年，在《深圳经济特区控制吸烟条例》立法听证会上，各方争辩激烈。仅就这个条例，深圳市人大常委会举行了 6 场听证会，并根据听证代表的意见，对征求意见稿中对违法吸烟罚款额度进行修正。

根据经济社会法治的实际需要，不断对法规进行修正也体现了深圳的"务实"。如2020年4月29日，深圳市六届人大常委会第四十一次会议表决通过了关于修改《深圳经济特区文明行为条例（修正案）》（以下简称《条例》）的决定。新冠肺炎疫情防控实践充分表明，公众自觉采取戴口罩、主动如实申报行程和接触史、居家隔离等措施，能够有效防止传染性疾病的传播。为进一步提升市民对传染性疾病的防控意识，强化市民的法律意识和责任意识，新修订的《条例》新增了市民在传染性疾病防控中应尽义务的内容，明确市民应当遵守的公共场所行为规范包括"患有传染性疾病时，采取有效措施防止传染他人"。

凝全市之力，集全民之智，通过立法对政府权力与公民行为进行约束与规范，深圳逐渐打造了一个事事有法可依的现代型法治城市。法为你我而定，因你我信仰而更有力量，学法、尊法、守法、用法，已成为深圳人的共同追求和自觉实践，法律信仰逐渐形成，崇尚法治蔚然成风。

五、"双区驱动"时代的新使命

"深圳前海生机勃勃"，习近平总书记在2019年新年贺词中的这句评价，不仅是对前海的再次肯定，也是前海改革创新的真实写照。

2012年12月7日，习近平总书记在党的十八大后基层视察的第一站就来到前海，在前海石前提出谆谆嘱托：一张白纸，从零开始,精耕细作,精雕细琢,画出最美最好的图画。

2018年10月24日,习近平总书记再次视察前海。同样是在前海石前,习近平总书记发出感叹:发展这么快,说明前海的模式是可行的。

深圳人用实干,在前海绘出最美图画,推动前海面貌一年一个样。深圳用"法治先行"的理念,用法治思维,为前海的改革创新和跨越式发展提供了强有力的保障。

前海是目前国家唯一批复的中国特色社会主义法治示范区。"前海的改革,要相信法治的力量。"习近平总书记在2012年12月7日视察前海时指出,前海可以在建设具有中国特色社会主义法治示范区方面积极探索,先行先试。

牢记习近平总书记的嘱托,深圳不断丰富发展法治领域的"前海模式",打造新时代全面依法治国实践的典范之区。

2013年进驻前海的深圳国际仲裁院,是中国内地第一家推行法定机构改革,并实行以国际化的理事会为核心的法人治理机制的仲裁机构;2013年,前海借鉴香港廉政公署体制,在全国率先建立廉政监督局,探索集纪检、监察、检察、公安和审计"五位一体"的廉政监督新体制;2014年,深圳市蓝海现代法律服务发展中心成立,前海建成全国首个提供法律查明服务的专业平台,开启了前海朝着域外法律查明高地建设的征程;2014年,中国首家内地香港合伙联营律师事务所落户前海;2015年成立的深圳前海合作区人民法院,在全国首创"港籍调解员"与"港籍陪审员"制度,适用香港等域外法审理案件……前海法治创新硕果累累。

中国社会科学院评估认为"前海在规则体系、司法保障、法律服务方面走在全国前列"。2019年,在普华永道对照世界银行营商环境指标体系进行的评估中，前海在执行合同效率、成本及司法环境方面处于世界领先水平，全球排名第三。

2019年11月6日，前海第一栋永久性公共建筑"前海法治大厦"启用。在全国自贸区首个法治专题展览"前海法治建设专题展"上，一幅幅历史照片、一件件实物展品，勾勒出前海法治建设的壮美画卷。

坚持法治改革创新优先，前海确立与国际接轨的前海特色法治规则。这片"特区中的特区"，为中国特色社会主义法治建设提供了鲜活样本，也成为新时代"务实尚法"深圳精神的生动实践之区。

从前海出发，进入粤港澳大湾区和中国特色社会主义先行示范区"双区驱动"时代的深圳，正被赋予更重大的光荣使命。

2019年8月18日，《中共中央 国务院关于支持深圳建设中国特色社会主义先行示范区的意见》正式发布，给出了深圳在新时代新发展中的最新战略定位。

"法治城市示范"是未来深圳发展的五个战略定位之一。这既是对深圳法治建设成就的肯定，也为深圳践行新的法治使命提供了根本依据。进入2020年，深圳从"有法可依"走向"良法善治"的步伐更加铿锵有力。

法治是最好的营商环境。

深圳将围绕优化营商环境及时立法、修法、废法，破解营商环境痛点、堵点、难点问题，拟探索建立法治化营商环境评价指标体系，减少执法对企业正常经营的干涉。同时，深圳拟行使特区立法权，率先对营商环境立法，加快出台《深圳经济特区优化营商环境若干规定》等地方性法规，并将抓紧修订《深圳经济特区商事登记若干规定》和适时修订《深圳经济特区中小企业发展促进条例》，全面优化企业生存发展环境，营造稳定公平透明、可预期的国际一流法治化营商环境。

经济社会发展的步伐行进到哪里，立法就要跟进到哪里。

深圳市政府 2020 年度立法计划中，就对标建设先行示范区五个方面的战略定位确定了立法项目。大数据、人工智能等技术提高了社会治理智能化、专业化水平，深圳正在加快推进《深圳经济特区数据条例》立法，旨在为全市"数字政府"建设、数字经济发展奠定法律基础和法治保障。此外，新冠肺炎疫情是对各城市应对公共卫生事件能力的一次大考，深圳的立法工作还聚焦社会稳定、公共安全和政府自身建设，结合疫情防控的需要，抓紧制定突发公共卫生事件应急条例。

依法而治，循法而行。

深圳将按照党中央依法治国办对法治政府示范创建的方向性要求，推动全市上下各相关单位形成合力，实现法治政府建设新突破，并对标法治政府建设示范创建要求，实现靶向提升，努力成为全国法治政府建设示范城市。同时，探索改革决策和立法决策的同步启动机制。

过去 40 余年改革开放的成功经验，是指引我们在改革开放新征程中找到正确路径的航标。务实尚法，是深圳改革开放实践的重要经验之一，推动深圳进入知行合一的新境界。

因为务实尚法，深圳"埋头苦干"的生产力得到成倍放大；因为务实尚法，深圳的城市发展方向得以始终保持一致方向，历届市委、市政府能始终如一地瞄准一个"城墙口"冲锋，一步一个脚印，一棒接着一棒，在奋力奔跑和接续奋斗中成就梦想。

"只要路走对了，就不怕遥远。"

第三节 案例故事

一、深圳治水：不见清波誓不还

在位于深圳市宝安区的茅洲河燕罗湿地公园，淡紫色的九品香水莲轻卧在水面，与荷叶相映成趣。经湿地公园净化处理后的潺潺清水，奔腾、跳跃着冲入茅洲河内。微波粼粼、碧水连天的美景让游人流连忘返。

随着茅洲河水污染治理的成效凸显，燕罗湿地公园已成为茅洲河畔的"网红"休闲娱乐之处，更是野鸭、白鹭等禽鸟的栖息地。到 2019 年年底，深圳全市 159 个黑臭水体、1467 个小微黑臭水体全部消除黑臭，五大河流考核断面水质全部达到 V 类及以上，曾经污染最严重的茅洲河、深圳河水质分别达到 1992 年、1982 年以来的最好水平，留住了人们龙舟竞渡、戏水摸鱼的美丽乡愁，也让沿河两岸的市民幸福感得以大幅提升。

在深圳快速城市化进程中，水污染一度成为最大的环境问题和发展短板。近年来，深圳深入贯彻习近平生态文明思想，贯彻落实习近平总书记关于广东、深圳工作的重要讲话和批示精神，牢记建设中国特色社会主义先行示范区的神圣使命，以超常规的举措、务实求真的作风，全力打好水污染治理攻坚战。截至 2019 年年底，深圳用 4 年补齐了 40 年的污水处理设施欠账，治理工作创造了多项国内外历史纪录，一大批河流成为靓丽风景线和市民休闲胜地。

城市发展日新月异，水污染曾是发展短板

就在几年前的 2015 年年底至 2016 年年初，深圳的河流水环境完全不是这番模样。

当时，在茅洲河下游松岗北环路段，浑黑的河水夹杂着泡沫一路流去，随风飘来的臭味扑鼻；在茅洲河中上游光明新区塘尾村段，本该早已完工的综合整治，由于征地难而致使整个工程完工时间一拖再拖，计划的截污工作不得不延期；在沙井河沙井桥段，工厂、企业的污水口面对河道直排的问题突出；在深圳湾，深圳河、大沙河等入海河流未达标的河水以及后海建筑直排的污水，严重影响着本该清洁的海滨。

在茅洲河流域、沙井街道共和社区共和涌两岸，一排排的污水排污管直对河道，5 万多人没有经过任何处理的生活污水，都汇入这条仅长 1.27 公里的小河涌。黑色的水面上漂浮着五颜六色的垃圾。河道里有两只小木筏来回穿梭，负责清理河道垃圾。

金余粮是河道清洁工。每天，他和几位工友都要强忍着浓烈的气味，打捞两旁居民投掷的各色垃圾。"每天每个人捞起来的垃圾，平均要装满 18 个大袋子。"他说道。

2015 年 7 月，广东省环境保护厅发布《2015 年上半年广东省环境质量状况》，公布了全省跨市河流 37 个交接断面水质检查结果：深圳流出的茅洲河、深圳河、观澜河、坪山河等河流的水质达标率为零。这也是广东省环保厅自 2014 年第二季度公布"省内重点河流水质状况"以来，深圳跨界河流首次达标率为零。而全省 22 条重点整治河流中，水质污染严重的前五位依次是茅洲河、练江、石井河、潼湖水和深圳河。深圳的两条大河又"榜上有名"。

河流水质不佳，暴露出深圳治水工作中长期存在的难点和薄弱环节。

深圳是全国面积最小、产业最密集、人口密度最大的超大型城市。深圳建市以来，城市建设突飞猛进，城市人口迅速聚集。高速发展过程中，长期存在的多种复杂因素导致水体污染严重。从深圳河流的特点来看，尽管河流数量多，但单条河流的长度短、天然径流少，最大的茅洲河每年的径流量也仅为3亿多立方米，相当于珠江的千分之一，自身净化能力有限。一些河流污染日积月累，部分河流涉及跨界联合整治，宝安西部众多河流又受到感潮影响，治理难度大。

以茅洲河为例，流域内雨污混流现象普遍存在，管网错接乱排、潮位倒灌、垃圾淤堵致使大量污水入河，主要建成区仅建成污水干管，受河道感潮影响，入河污水口难发现、难采取截流措施；雨源型河流缺乏基流补充，加之下游属感潮河段，水动力不足，污染交换扩散慢并形成集聚效应，加剧了河道的黑臭现象；河道生态平衡已经遭到破坏，河流基本丧失了自身生态修复功能；工业废水偷排普遍造成污染加重。

据统计，2016年年初，深圳310条河流中有159个黑臭水体，数量居全国36个重点城市之首，另有各类小微黑臭水体1467个，纵横交错的"臭水沟""墨汁河"，被称为深圳"脸上的一道道疤"。

如果河流也有生命，那么，此时深圳的部分河流无疑已经"病入膏肓"。

向黑臭水体宣战，巴掌大的一块都不行！

绿水青山就是金山银山！

党的十八大以来，以习近平同志为核心的党中央把生态文明建设提到了前所未有的高度。党的十九大更是将"坚持人与自然和谐共生"写入新时代中国特色社会主义基本方略，为美丽中国建设指明了道路。

2015年年底至2016年年初，深圳市委、市政府决定把水环境治理工作作为未来几年最大的惠民环境工程，实施"治水十策"和"十大行动"，全面发力打一场水污染治理攻坚战、持久战，为持续提升民生幸福水平、努力建成现代化国际化创新型城市提供支撑。

治水是一项系统工程，区域之间、部门之间不能割裂开来、各自为战。打好这场战役，首先就要理顺组织架构，必须要加强组织领导，全面统筹。

"年底前，在我们深圳1997平方公里土地上，任何一片黑臭水体都不允许存在，巴掌大的一块都不行。"在2019年年初深圳市委六届十一次全会上，广东省委副书记、深圳市委书记王伟中的坚决表态，表明了深圳推进水污染治理的超强决心，也是深圳把水污染治理作为重要的政治任务、最大的民生工程，以河长制、湖长制为抓手，建立党政主导、上下联动、齐抓共管的治水机制的具体体现。

深圳市委、市政府成立由市委书记和市长挂帅的污染防治攻坚战指挥部和全面推进河长制工作领导小组，市委书记和市长带头领最重的任务、啃最硬的骨头，分别担任市总河长、副总河长和治理难度最大的茅洲河、深圳河市级河长。其他市领导担任观澜河、龙岗河、大沙河等市级河长。特别是针对中央环保督察反馈的问题，第一时间成立环保督察整改工作领导小组，由市委书记任组长、市长任第一副组长，迅速制定整改工作方案，下达"军令状"、制定"任务书"。

深圳市政府还成立了水污染治理指挥部，构建由市治水办、市直相关部门、各区责任单位组成的"1+8+12"的组织体系，建立责任清单，统筹推进治水工作。全市共落实1057名市、区、街道、社区四级河长和647名湖长，层层压实责任。各级河长和各部门守土有责、守土尽责、分工协作，凝聚起攻坚决战的决心意志和强大合力。督查、组织和纪检监察部门共同发力，实施最严格的考核问责。督查部门把治水工作纳入政府绩效考核体系，每月跟踪督办进度。组织部门把治水"战场"作为干部"考场"，创新开展干部专项考核，提拔、重用治水中勇于担责、成绩突出者。纪检监察部门严格环保责任追究，严肃问责作风不实、工作不力者，强化制度的刚性约束。人大、政协把治水作为重点监督领域，定期开展专项调研和专题质询，有力推动工作落实。

深圳积极探索的党政主导、上下联动、齐抓共管的治水机制，着力破解"部门分治、各自为战"的问题，为水污染攻坚战的全面胜利奠定了坚实基础。

"大兵团"作战优势凸显，6万人奋战治水一线

治水要遵循水的自然规律。首先要认清的就是：一条河流虽然流经多个行政区，但从流域系统性着眼，治理决不能分级分片、条块分割、分段治理，必须全面统筹干支流、左右岸、上下游、陆上水上。深圳创新推行全流域治理、大兵团作战的新模式，达到系统治理的效果。

2016年2月3日，经公开招标，深圳水污染治理迎来了第一个大项目"茅洲河流域（宝安片区）水环境综合整治项目"的落地，这也是国内第一个全流域治理的水环境综合整治工程。当天，宝安区政府与中国电建集团（以下简称中国电建）在深圳市委举办项目签约仪式，正式拉开了茅洲河治理大会战的序幕。

茅洲河流域（宝安片区）水环境综合整治项目采取 EPC 总承包方式，项目总投资约 152 亿元，涉及河道综合整治、片区排涝等六大类工程 46 个子项目。采用 EPC 总承包的方式，即突破传统治水思路，以"大兵团、机械化作战"方式体现，将宝安区范围内 112 平方公里的茅洲河流域的 1 条干流、18 条支流作为一个系统，46 个子项目作为一个整体工程，开展系统性全流域治理，最终实现茅洲河流域水生态修复与人水和谐共生。为确保项目如期推进，宝安区专门出台《宝安区加快推进茅洲河流域（宝安片区）水环境综合整治工程建设工作方案》，成立 17 个专项工作小组，由区相关部门"一把手"担任小组长，实行包干责任制，统筹推进综合统筹、征地拆迁、资金保障、建设服务、规划用地等工作。

在茅洲河畔，"织网突击队""碧水突击队""畅通突击队""宁水突击队""高效设计突击队"和"百日大会战"先锋队的旗帜在高空飘扬。

在超过 120 平方公里的高密度建成区，面临施工技术复杂，涉及单位多，工程质量、安全、进度管控难度大等困难。在大会战实施中，中国电建发挥集团优势，坚决实施"大兵团"模式，牵头组织 20 多家设计、施工、科研、装备企业的 3000 多名管理人员和 3 万多名施工人员奋战在茅洲河流域水环境综合整治一线，近 2300 台/套设备投入施工。

在茅洲河水环境综合整治工程排水管网施工过程中，中国电建完成污水管道铺设 702 公里，单日敷设 4.18 公里、单周敷设 24.1 公里的纪录，创造全国纪录。在茅洲河管网检测过程中，7 天内完成 CCTV 检测 273 公里，日平均检测 39 公里，最高日检测 47 公里；7

天内完成竣工测绘 441 公里，日平均测绘 63 公里，最高日测绘 79 公里，这又是全国的新纪录。在茅洲河水环境综合整治工程建设期间，管网工程实际完工工期比合同工期平均提前 9 个月；河道工程实际完工工期比合同工期平均提前 6 个月。

实施全流域治理、大兵团作战治水模式，是破解"头痛医头，脚痛医脚"问题的好办法，是适应深圳超常规治水力度的正确选择。从茅洲河开始，深圳以流域为单元，统筹打包实施所有治水项目，采用 EPC 和 EPCO 总承包方式，招选一个大企业作为实施主体，统一规划、统一标准、明确责任，开展全流域、全要素一体化治理，实现项目设计、质量、安全的全方位管控，推动项目整体大幅提速。

2016 年 9 月，中建水务环保有限公司中标深圳坪山河干流综合整治及水质提升工程项目；2017 年 12 月，中国交通建设股份有限公司中标前海铁石片区水环境综合整治项目；2018 年 5 月，中国十九冶集团有限公司中标大空港片区排水管网正本清源工程项目；2019 年 3 月，深圳水务集团中标光明区全面消除黑臭水体治理工程项目；2019 年 3 月，中国能建葛洲坝集团第二工程有限公司中标铁岗—石岩水库水质保障工程（四期）……

高峰时期，全市治水战线共有参建人员 6 万多名、设备 1.3 万台，用务实求真的严谨、卧薪尝胆的奋斗，谱写了南粤大地上波澜壮阔的治水之歌。

闻鸡起舞、日夜兼程，将治水进行到底

穿上雨鞋、连体潜水衣，戴上呼吸面罩、头灯，拿上对讲机、照相机、三维激光扫描仪，"全副武装"的潜水员陈大根和刘光辉就准备下井了。井下等待他们的，是宝安区上寮河第 12 号暗涵的数据排查。

补齐污水收集处理设施短板是深圳治水过程中面临的最迫切问题。面对人口密集、管网底数不清、水环境容量小、暴雨频繁的实际，深圳下"最笨"的功夫，以最费时费力的方法推进源头治理、全要素治理。2016年以来，全市建成污水管网6274公里，是"十二五"建成数量的4.5倍，四年来共完成13793个小区和城中村的正本清源改造，是"十二五"改造数量的10倍。

完善污水收集设施过程中，最难的莫过于暗涵整治：许多暗涵根本不在图纸上，不封堵住这些污水源头，消除黑臭是纸上谈兵。

陈大根、刘光辉是很有经验的潜水员。为了给后续整治提供基础，他们需要人工下井，采集暗涵渠本体尺寸特征，检查井空间分布、排水口情况等信息。可仅仅借助微弱的头灯灯光，他们又是如何在不长的时间内精确地获取这么多信息的呢？秘密就在跟一台家用投影仪差不多大小的三维激光扫描仪上。

原来，三维激光扫描仪可以在短短数分钟的时间内对周围环境进行全景扫描，形成包含暗涵渠内排水口的类型、材质以及探查时污水的情况在内的数字信息。根据暗涵渠的大小不同，每隔3到5米采集一次，再通过模型运算，就可以得到整条暗涵渠的全景图了。

即使有了新技术助力，一步一个脚印的人工排查依然必不可少。走一步、探一步，两个人花了差不多两个小时，在暗涵里走了差不多100米。等到换班时，陈大根和刘光辉一身水、一身汗、一身泥、一身臭地从井口爬出来，一股呛鼻的气味从井下蹿上来，逼得人倒退几步。

水污染治理没有回头路。这是一份良心活，也是苦差事。深圳全市上下一心，撸起袖子加油干，"5+2""白+黑"是工作常态，闻鸡起舞、日夜兼程、午夜狂奔是真实写照。

深圳水污染防治攻坚战打响以来，在深圳莲花路水源大厦20层的办公大楼里，经常深夜依然亮着灯光。中共党员、高级工程师曾岭岭就是深圳治水工作的一员。她经常手里拿着材料一路小跑送领导审阅；经常在别人都吃完饭了才匆匆赶到食堂；经常顶着高温酷暑仍坚持在工地、河道巡查……

可她和其他女性一样，也是为人女儿、儿媳、妻子和母亲。2016年年底，曾岭岭怀孕了。临盆在即，她仍挺着大肚子坚持工作。2017年下半年，曾岭岭开始休产假，可这时治水工作正处于攻坚克难阶段，她主动放弃了应休的产假，提前88天回到工作岗位。有人对她说："小曾，你多休息几天也没有关系，深圳治水不少你一个。"她却说："治水不少我一个，但多一个人总要更多一份力。我一休假工作都压给了同事们，看他们加班加点，我在家也待不住呀！"

光明区水务局局长黄海涛，在茅洲河达标冲刺动员大会上代表全区5000名治水参战人员表态："不为自己找退路，只为治水找出路！"他身体力行，带领光明告别了"黑臭水体"，2019年工程建设分指挥部收到9面锦旗；宝安区水务局工程事务中心工程二部副部长李宝森，时常头戴一顶印刻"宝安治水"字样的安全帽，东奔西跑、日晒雨淋，他在工地上被亲切地称作"宝部长"；大鹏新区有64条河流，占全市河流总数的1/5，其中部分河流位于深山密林，人迹罕至，黄峰作为新区河道和排水管理科负责人，为彻底了解水环境状况，用双脚走遍了新区每一条河流；市水务局办公室的"80后"付巍巍，长年从事水政执法、基层水利工程管理、综合协调等工作，用实际行动"让青春在治水攻坚中怒放"……

一切为了群众，一切依靠群众，从群众中来，到群众中去。

家住宝安区新乐社区的热心老党员李惠琴，很长一段时间里每天都要完成的"必修课"是沿着家门口的双界河走一走。2015 年 11 月，双界河水环境改善工程开工建设。但工程需要占据部分绿化带，部分时段连续浇灌，有些居民提出了疑问。一方面为了协调施工单位与沿岸居民关系，另一方面也是代表居民做好监督，新乐社区及时成立起义务宣导队。"经过我们的宣导，大家都对民生工程特别支持。"李惠琴说。

在深圳，这些热情的护河治水志愿者被统称为"河小二"，包括志愿者河长、"护水骑兵"志愿服务队、高校治水联盟、中小学"红领巾河小二"、各单位"党员河小二"等。全市现已拥有十万名"河小二"护河志愿者，还成立了全国第一家志愿者河长学院，形成全覆盖、专业化的志愿治水护水网格体系。

有法必依执法必严，坚决打赢水污染防治攻坚战

治水和经济社会发展密切相关，也需要充分发挥法治力量，综合运用多种手段，才能协同各界力量推进治理。

作为拥有特区立法权和较大市立法权的深圳在立法实践上先行先试，坚持依法治污，先后修订《深圳经济特区河道管理条例》《深圳经济特区物业管理条例》等多部法规，不断完善法规体系。特别是深圳利用《深圳经济特区物业管理条例》《深圳市排水条例》等法律法规修订的契机，大力探索突破小区红线限制，委托专业排水公司对小区内部排水设施进行精细化管理，着力打通"最后 100 米"，实现从小区出户井、市政管到水质净化厂的全覆盖纳管。

有法必依，执法必严。除了生活污水外，工业废水也是深圳河流的污染源之一。特别是个别企业利用假日、夜间实施偷排、直排等违法排污行为，对河流水质有严重影响。

2017年4月初，深圳环保部门得到消息：一家名为永利鑫五金制品有限公司的企业可能在偷排电镀废水。4月6日，环保部门派出执法人员到企业进行检查，却没有发现问题。大家没有放弃，在企业附近连续蹲守了三天，终于在企业外墙的污水井找出破绽：永利鑫居然将电镀废水混入厕所的下水管，通过市政排污井偷排入茅洲河。

永利鑫对违法问题拒不改正。2017年8月，深圳环保部门对永利鑫暗管超标直排重金属废水拒不改正的违法行为实施按日计罚，罚款1239万元，为当时深圳最高的环保罚单，同时吊销了这家企业的排污许可证，并将企业涉嫌环境犯罪违法行为移交公安机关追究刑事责任。最终，该公司法人因污染环境罪被判处有期徒刑6个月。

针对违法行为，深圳绝不姑息，而是采取加大执法力度、提高环保标准等措施，倒逼产业转型升级和高质量发展。

2017年11月13日，深圳市政府召开全市环保专项执法"利剑一号"行动动员大会。行动以严格的监管执法向黑臭水体流域内违法排污行为宣战，确保如期完成深圳市建成区黑臭水体综合治理的目标任务，要求各区、各部门、各单位务必拿出逢山开路、遇水架桥的劲头，对所有涉水环保违法行为敢于亮剑。

短短一个多月，"利剑一号"行动就取得了阶段性成果。全市排查发现存在环境问题企业达5063家，共查处各类环境违法行为1437宗，形成黑臭水体治理压倒性态势。

2017年以来，"利剑"专项执法行动也继续延伸，成了深圳打击环境违法行为的系列执法行动，累计查处环境违法案件6648宗、罚款4.88亿元，查处案件数量和罚款金额均居全国前列，完成全部

1.31万家"散乱污"企业综合整治。

水不清,不鸣金;河不净,不收兵。黄沙百战穿金甲,不见清波誓不还!坚持以习近平生态文明思想为指导的深圳,用4年补齐了40年的污水处理设施欠账。

按照建设中国特色社会主义先行示范区的目标要求,深圳将对标全球最高最好最优城市,以更高的定位、更开阔的视野,坚决打赢水污染防治攻坚战,探索出一条水环境治理新路,加快推动水生态环境治理体系和治理能力现代化,率先打造人与自然和谐共生的美丽中国典范!

二、保护知识产权,"护航"创新之城

华为起诉美国 Verizon,海外亮剑捍卫专利权;腾讯诉中禁令获支持,"争分夺秒"打击网络恶意竞争行为;"科创板专利第一案"开启境内外维权,彰显光峰科技科创硬核实力;"知本"变资本,深圳首单知识产权证券化项目落地⋯⋯

在第 20 个世界知识产权日到来之际,深圳公布了 2019 年度深圳市知识产权十大事件。极具标志意义的十大事件,刻印着深圳知识产权保护的成绩,也彰显了深圳企业、深圳人知识产权意识的不断提升。

《深圳市 2019 年知识产权发展状况白皮书》显示,深圳 PCT 国际专利申请量连续 16 年居全国大中城市首位。"连续 16 年第一"的背后,是深圳作为首批全国知识产权示范城市、全国知识产权综合管理改革第一批试点地区、全国首个以城市为基本单元的国家自

主创新示范区,近年来不断加快知识产权综合管理改革,加快推动知识产权保护条例立法工作,实施最严格的知识产权保护,构建与创新驱动发展要求相匹配、与国际通行规则接轨的知识产权综合管理体系,加快打造国家知识产权示范城市。

从知识产权保护状况可以看出一个城市的市场化程度、法治化程度和创新驱动发展的环境。深圳取得今天的成绩,与建设法治中国示范城市的各项举措密切相关。深圳在知识产权保护方面走在全国前列,基于其法治化程度。可以说,深圳知识产权保护工作是深圳"尚法"的一个缩影。

纵观世界创新版图,全球创新之都必是知识产权保护高地。当前,知识产权的市场化、法治化、国际化程度已成为体现一个创新型城市国际竞争力的重要指标。从"世界工厂"到"创新之城",深圳经济转型和经济增速背后离不开知识产权的"护航",知识产权已成为城市创新发展的重要砝码,助推深圳营造稳定公平透明、可预期的国际一流法治化营商环境,加快建成具有全球影响力的创新创业创意之都。

"连续16年第一"背后:以知识产权筑牢创新发展之基

深圳经济特区建立之初,"三天一层楼"的"深圳速度"是我国改革开放的象征;如今,"一天71件发明专利"的"新深圳速度"是我国新一轮改革开放,从要素驱动向创新驱动转型、从重发展速度向重发展质量迈进的新标杆。

便民小程序"粤省事"上线,实现政务服务"零跑动"或"最多跑一次";"腾讯觅影"眼底疾病筛查AI系统,提高临床诊断的效率和准确率……

走进位于深圳市南山区粤海街道的腾讯大厦的展厅，一件件知识产权高质量创新成果"遍地开花"。数据显示，截至2020年3月底，腾讯在全球主要国家和地区专利申请公开数量超过3.7万件，授权专利逾1.4万件。专利申请量在国内互联网公司中排名第一，在全球互联网公司中排名第二。

知识产权一头连着创新，一头连着市场，而企业是创新的主体。得益于深圳对知识产权的尊重与保护，企业能真正激发创新的活力。

作为"中国民营经济第一城"，截至2020年1月底，在深圳登记设立的商事主体已达329.8万户。平安、腾讯、华为、正威、比亚迪……一个个产业巨头在深圳本土诞生苗壮；大疆、华大基因、优必选……一个个细分行业的领跑者在深圳创业创富，形成了深圳知识产权创新创造的强大"主力军"。

《深圳市2019年知识产权发展状况白皮书》显示，2019年深圳市知识产权创造数量及质量均取得突破，全市专利申请量、授权量、授权量增速、有效发明专利五年以上维持率、PCT国际专利申请量五项核心指标居全国第一。2019年，深圳国内专利申请量达261502件，其中发明专利申请82852件；国内专利授权166609件，其中发明专利授权26051件，这意味着"平均一天71件发明专利"。

截至2019年年底，深圳累计有效发明专利量达138534件。每万人口发明专利拥有量达106.3件，为全国平均水平的8倍；PCT国际专利申请量17459件，约占全国申请总量的30.63%（不含国外企业和个人在中国的申请），约占广东省总量的70.61%，连续16年居全国大中城市首位。

"连续16年第一"背后，是深圳知识产权保护机制的日渐完善。

自2005年以来，深圳已在国内率先探索实施知识产权和标准化战略，并于2006年在《深圳市知识产权战略纲要（2006—2010年）》中，提出了建设知识产权强市的总体目标。此后，先后出台了《深圳经济特区加强知识产权保护工作若干规定》《深圳市贯彻落实国家知识产权战略纲要的实施意见（2009—2010）》《深圳市互联网软件知识产权保护若干规定》等一批地方法规和规章制度，使深圳在知识产权政策法规体系建设方面取得了积极进展，城市的创新活力和发展潜能得到深度激发。

"十二五"期间，深圳颁布实施《深圳市知识产权与标准化战略纲要（2011—2015年）》，作为国内首个知识产权与标准化紧密结合的战略纲要，在促进知识产权创造、运用、管理和保护等方面发挥了重要的战略引领作用，有力推动了创新型城市的建设。2012年，深圳被授予国家首批知识产权示范城市。

深圳也是率先推行知识产权管理体制改革的城市，于2009年成立深圳市市场监督管理局。2012年，深圳市市场监督管理局加挂深圳市知识产权局牌子，被誉为我国知识产权界一个里程碑事件。

率先探索的魄力让深圳知识产权创造能力全国领先。"十二五"期间，深圳市知识产权各项指标处于全国领先地位，实现数量与质量双提升。

但"优等生"深圳从不止于此，而是继续务实推进知识产权工作。2016年，《深圳市知识产权"十三五"规划》印发，提出了更高目标要求。2017年，深圳成为知识产权综合管理改革第一批试点地区。2019年，《深圳市关于打造国家知识产权强市推动经济高质量发展的工作方案（2019—2021年）》，提出到2021年，全市知识产权创造、保护、运用、管理、服务能力进一步增强，构建与创新驱动发展要求相匹配、与国际通行规则相接轨的知识产权综合管理体制，将深圳打造成为国家知识产权保护的样板区域，国家知识产权运营交易的重要枢纽平台，全国知识产权领域创新政策的策源地。

从率先探索实施知识产权和标准化战略，到打造全国知识产权领域创新政策的策源地，深圳知识产权发展走过十余年，促进知识产权创造、运用、管理和保护，知识产权政策法规体系不断完善，以知识产权筑牢创新发展之基。

一场"跨洋较量"：迈出中国知识产权司法国际化新步伐

2013 年，华为技术有限公司（以下简称华为）与美国 IDC 公司（以下简称 IDC）的反垄断和标准必要专利之争备受世界瞩目。该案是世界第一单对许可率作出判决的案例，也被誉为"中国标准专利第一案"。有世界知识产权界"福布斯"之称的权威杂志《知识产权管理》将该案评选为 2013 年"全球年度案例"，是中国大陆 2013 年唯一入选的案例。

2013 年 10 月 28 日，一纸终审判决振奋人心。广东省高级人民法院作出终审判决：维持深圳市中级人民法院对华为诉 IDC 两案的一审判决，判定美国 IDC 公司构成垄断，赔偿华为技术有限公司 2000 万元人民币。

一方是世界通信终端生产巨头华为，另一方是全球通信标准专利巨头 IDC，这场知识产权纷争横跨太平洋，从美国一直打到中国。

华为要生产符合标准的手机等通信设备，就不可能绕过对对方专利的使用。专利许可费应该是多少，双方显示出了巨大的分歧。

事实上，2008 年华为与 IDC 就标准必要专利许可展开谈判，却始终没有达成一致。2013 年 1 月，在 IDC 的推动下，美国国际贸易委员会（ITC）宣布对华为等公司的 3G、4G 无线设备发起"337 调查"，一旦"337 调查"的结果认为构成知识产权侵权，意味着华为在美将被禁售相关产品，从而失去美国市场。与此同时，IDC 还在美国特拉华州法院提起了民事诉讼，指控华为 3G 产品侵犯了其 7 项专利。

IDC 发起的一系列诉讼威胁到了华为在海外市场的立足，IDC 手中的谈判筹码究竟有多少分量？IDC 手中的筹码就是标准必要专利。通俗来讲，没有 IDC 的标准必要专利授权，华为的手机可能无法连上 3G 网络，这也是 IDC 能"锁"住华为的原因。

IDC 公司是 2G、3G 标准的大赢家，直接参与了标准制定，并将自己的专利融入标准。根据 IDC 公司 2011 年年报，其通过全资子公司持有超过 19500 项与无线通信基本技术有关的专利和专利申请组成的专利组合，其中许多成为移动无线标准的关键。

华为必须得到 IDC 的授权，这一点两家公司都心知肚明。但专利许可费应该是多少？华为公诉起诉 IDC，叫板的就是这个费率。

IDC 的要求高到华为几乎不可能同意。在 IDC 的要约中，其专利许可费几乎可以掏空华为单个通信设备的全部利润。令华为更加无法接受的是，IDC 在对外进行专利许可时采取了多重标准，厚此薄彼。比如，同样是标准必要专利授权，IDC 向苹果、三星等生产商的要价远低于华为，其中的差距呈十倍甚至上百倍。

2011 年 12 月 6 日，华为向深圳市中级人民法院提出两起诉讼，以 IDC 滥用市场支配地位为由提起反垄断诉讼，请求法院判令其停止垄断行为，并索赔人民币 2000 万元。同时，华为还请求法院按照公平原则判定 IDC 的专利许可费率。

摆在深圳市中级人民法院知识产权庭法官桌上的起诉书中，华为认为，IDC 首先是"歧视性定价"，与 IDC 对苹果、三星的授权合同相比，IDC 发给华为的要约定价过高。其次是"附加不合理条件"，IDC 要求华为将其所拥有的全球所有的专利无偿许可给自己，相当于夺走华为的核心竞争力之一。再次是"搭售行为"，IDC 提出将其标准必要专利和非标准必要专利打包许可给华为，收取天价的许可费。最后是"违反 FRAND（公平、合理、无歧视）原则"，在双方谈判过程中，IDC 突然在美国起诉华为，本质上是拒绝与华为进行交易，违反了 IDC 自己向欧洲电信标准化协会承诺的 FRAND 原则。

2011 年 12 月，深圳市中级人民法院决定受理该案并组织了骨干力量组成合议庭，通过广东省高院向 IDC 送达传票。

2012 年 10 月 10 日，该案正式在深圳市中级人民法院开审。

据深圳市中级人民法院工作人员介绍，在开庭前两个公司提交了大量的相关证据，普通案件一般只有两个卷宗，但是华为与 IDC 案的卷宗多达 100 个，这些卷宗放在一起能垒成十余摞，每摞都有 1 米高，开庭的时候法官都是推着推车前往。

经过精心准备，从 2012 年 10 月 10 日开始，该案审理持续了 6 天。在法庭上，两大国内一流的律师团队就该案的每一个细节问题唇枪舌剑，双方从举证、质证到辩论，你来我往。本案审理的激烈程度从庭审笔录中可见一斑，每天庭审的笔录都高达 2.5 万余字，最终笔录足足近 300 页纸。经过合议庭审议，两案的判决书最终形成 8 万字的长文，打印在 A4 纸上有 160 多页。

2013 年 2 月 4 日，深圳市中级人民法院对此案正式宣判，判定美国 IDC 公司构成垄断，赔偿华为技术有限公司 2000 万元人民币。此外，法院综合各种因素，参照苹果、三星等费率标准，就 IDC 对华为的专利许可费率作出了判决。从世界范围来看，这是首宗针对标准必要专利使用费纠纷作出的判决。IDC 在收到广东省高院的二审判决后，已经通过深圳市中级人民法院主动向华为支付了判决赔偿的 2000 万元人民币。

深圳市中级人民法院就华为诉 IDC 一案的审理取得了巨大的成功，尤其是在标准必要专利 FRAND 许可和反垄断领域的司法实践，走在了全球司法创新的前列。

从 2011 年年底开始，华为与 IDC 的"角斗"持续了两年，这场围绕着"垄断专利标准"的知识产权之战，从美国打到中国，横跨了整个太平洋。华为诉 IDC 垄断纠纷案和华为诉 IDC 标准必要专利使用费纠纷案，作为全世界范围内首宗就标准必要专利适用 FRAND 原则予以判定的案件，标志着深圳法院迈出了中国知识产权司法国际化新的步伐，这两个案件分别入选了 2013 年中国法院十大知识产权案件和 50 个经典案例。

实施最严知识产权保护：营造国际一流法治化营商环境

法治是最好的营商环境。深圳要营造稳定公平透明、可预期的国际一流法治化营商环境，离不开立法对知识产权实施"最严保护"。一流的创新需要"一流的呵护"，实施最严格的知识产权保护，是深圳迈向全球"创新之都"的必由之路。

"实行严格的知识产权保护制度。""让知识产权制度成为激励创新的基本保障。""健全以公平为原则的产权保护制度，建立知识产权侵权惩罚性赔偿制度，加强企业商业秘密保护。"随着国家创新驱动发展战略的加快实施，党中央和国务院将知识产权工作提到了一个前所未有的高度，先后作出系列决策部署，要求不断改革完善知识产权保护体系，全面加强知识产权保护力度，综合运用法律、行政、经济、技术、社会治理手段强化保护。

深圳作为首批国家知识产权示范城市，肩负着改革创新的重任，必须深入贯彻落实党中央、国务院决策部署，把知识产权保护工作作为创新发展和营商环境改革的重中之重，加快修改完善深圳市知识产权保护立法，完善知识产权保护体系，实施严格的知识产权保护，把深圳建设成为知识产权强国建设的高地和重要战略支点，在国家知识产权保护中发挥先行示范作用。

早在 2008 年，深圳市已出台《深圳经济特区加强知识产权保护工作若干规定》，对于完善深圳市知识产权保护体系、加大知识产权保护力度起到了积极的作用，但随着经济社会的快速发展，对于知识产权工作面临的新形势和新任务，《深圳经济特区加强知识产权保护工作若干规定》的部分条款和内容已和时代发展不相适应，有必要出台新的知识产权保护立法，为完善深圳市产权保护制度、激发创新活力、提高经济竞争力保驾护航。

2018 年 12 月 27 日，深圳市六届人大常委会第二十九次会议表决通过了《深圳经济特区知识产权保护条例》，通过特区立法权，深化知识产权保护体制机制改革，针对知识产权保护中存在的突出问题，从制度建设层面做出一些突破性尝试，为知识产权保护提供强有力的法制保障。

《深圳经济特区知识产权保护条例》于 2019 年 3 月 1 日起实施，是全国首部涵盖知识产权全类别、以保护为主题的地方法规，在建立合规性承诺制度、设立行政执法技术调查官、发布行政临时禁令、构建信用惩戒机制等方面进行创新，为最严格的保护提供法律保障。数据显示，《深圳经济特区知识产权保护条例》实施首年，深圳市市场监管系统共查办知识产权违法案件 1608 件，比 2018 年增长了 31%，结案 1224 件，比 2018 年增长了 13%，罚没款 5150 万元，移送公安机关涉嫌犯罪案件 45 件。

2019 年，两份重磅文件对深圳知识产权工作提出了新时代的新要求。《粤港澳大湾区发展规划纲要》提出，实行严格的知识产权保护，强化知识产权行政保护，更好发挥知识产权法庭作用。《中共中央 国务院关于支持深圳建设中国特色社会主义先行示范区的意见》提出，要探索知识产权证券化，规范有序建设知识产权和科技成果产权交易中心。此外，《关于强化知识产权保护的意见》的出台和实施，国家对知识产权保护愈加重视和严格。

为进一步优化激励和保护创新的良好营商环境提供强有力的法治保障，推动创新驱动发展和经济高质量发展，在《深圳经济特区知识产权保护条例》实施一年后，按照深圳市人大常委会 2020 年度立法计划安排，深圳市人大常委会法工委于 2020 年 3 月启动《深圳经济特区知识产权保护条例》修改工作。

2019 年 8 月，《中共中央 国务院关于支持深圳建设中国特色社会主义先行示范区的意见》明确提出："用足用好经济特区立法权，在遵循宪法和法律、行政法规基本原则前提下，允许深圳立足改革创新实践需要，根据授权对法律、行政法规、地方性法规作变通规定。"这为深圳此次修法提供了依据和保障。

2020 年 4 月 28 日，《深圳经济特区知识产权保护条例修正案（草案）》提请深圳市六届人大常委会第四十一次会议审议，拟增设"司法保护"专章，充分发挥知识产权司法保护主导作用，拟依法明确侵权损害赔偿，规定故意侵犯知识产权情节严重的，可适用一倍以上五倍以下的惩罚性赔偿。同时还规定实行集中快速审理，努力缓解知识产权维权"周期长"问题；强化证据披露义务，支持律师协助调查，着力解决知识产权维权"举证难"问题。

此次修法，将进一步完善深圳产权保护制度，加强知识产权保护，激发创新活力，加快建成现代化国际化创新型城市，打造具有全球影响力的创新创业创意之都。

第四节 专家访谈

一、访深圳大学中国经济特区研究中心主任、教授陶一桃："务实尚法"是深圳社会走向成熟稳健的标志

深圳特区报：特区建立40年来，深圳从边陲小镇实现了向国际化大都市的蝶变，"务实"可以说已经成为深圳人的精神底色，请您谈谈对"务实"精神的理解。

陶一桃："务实"精神是深圳这座以改革起家的城市与生俱来的"敢闯""敢干"城市品格的现实展现，是"敢为天下先"城市特质的真实写照，它构成了从"先行先试"到"先行示范"伟大实践的扎实足迹。在改革开放进程中，"务实"又形成了不断开创历史、创造奇迹的制度力量。

对"务实"精神的理解，不能脱离中国改革开放的历史背景。经济特区的建立，标志着一个时代的结束和另一个时代的开始，标志着中国社会由传统的计划经济向社会主义市场经济的转型，标志着思想解放与观念更新的到来，标志着我国真正开始走上了"发展是硬道理"的正确之路。

所以，对经济特区的建设者们来说，经济特区不仅是穷则思变、革故鼎新的产物，更是向传统观念的挑战。从这个意义上讲，

"务实"是观念更新的产物，是一种足以带动中国社会摆脱传统意识形态的束缚、由普遍贫穷走向共同富裕的观念力量；是推动、促进一个计划经济大国在较短时间内迅速而成功地走向以"一部分地区、一部分人先富起来"为标志的、充满活力的社会主义市场经济体制的精神力量。

深圳经济特区的成功，已让"务实"成为今天中国的人文风貌。

深圳特区报：1992年，深圳蛇口竖起了"空谈误国 实干兴邦"的标语牌，这一口号后又被人们评选为"深圳十大观念"之一。为什么"务实"精神能够得到深圳人的普遍认同？

陶一桃："空谈误国，实干兴邦"在当时直指传统计划经济的弊端，反映了跃跃欲试的深圳人开拓奋斗的迫切愿望与时不我待的紧迫感，所以这个口号一提出来就具有震撼力、感召力与动员力。

这个口号之所以后来被评为"深圳十大观念"之一，并作为"务实"精神的生动表述而得到深圳人的普遍认同，是因为它既真实反映了特区建立之初奋斗的历史背景，又真实地体现了深圳经济特区发展的奋斗历程，实干即务实，务实即实干。实干兴邦，即务实才能发展，务实才能创造，务实才能获得繁荣与富裕。人们认同"空谈误国，实干兴邦"这个口号，实质上是对自己奋斗历程的认同，对自己所奉献的城市的认同，对中国改革开放的认同与礼赞。

如果说，深圳经济特区40年来，以"先行先试"的实践与"敢为天下先"的气概与勇气，为推动中国社会改革开放的进程提供了一种激荡人心的精神，而"敢闯""创新"推动了足以影响亿万人的观念更新和思想解放，促进了具有革命性意义的与社会主义市场经济相适应的观念与改革创新文化的形成，那么"务实"作为"敢为天下先"的行动，则给予了"敢闯"以奋斗的脚印。

深圳特区报：深圳出产"实干"，信奉"实践"。"务实"是深圳人对时代变化做出的最强回应，"务实"精神是如何深刻影响深圳今天的面貌的？

陶一桃："务实"对深圳和在深圳奋斗的人们来说，是从昔日的边陲小镇到现代化国际大都市的美丽蝶变，是激荡人心的创业故事，是不断创造奇迹的踏实脚步。

2019年，深圳地区生产总值超2.6万亿元，比1979年的1.96亿元增长了13000多倍，比2000年翻了11倍，居内地城市第三位，经济总量超过香港，也超过罗马尼亚等欧洲国家全国的经济总量。以2019年年末常住人口计算，深圳人均地区生产总值超过20万元，是全国平均水平的3倍以上，比1979年的606元翻了330多倍；2018年深圳出口值达1.63万亿元，出口规模连续26年居内地大中城市首位；2018年深圳市专利申请量达到22.86万件，每万人口发明专利拥有量达90余件，是全国平均水平的近10倍。

深圳PCT国际专利申请量连续16年全国第一，根据世界知识产权组织等机构联合发布的《全球创新指数报告》显示，中国的深圳—香港创新集群自2018年起已连续两年成为全球第二大创新集群，仅次于日本的东京—横滨集群，超越美国的圣何塞—旧金山集群；根据《中国地方政府效率研究报告》，深圳已连续三年位居地级市政府效率排行榜首位。"务实"给深圳带来的不仅仅是无限的精神力量，还有强大的物质力量与制度力量。

深圳特区报：从"实干"到"务实"，结合特区建立40年的实践，应该如何理解这种从行动到精神层面的升华提炼过程？

陶一桃：观念不能直接改变社会，但观念能改变人，而人能改变社会。从这个意义上说，"实干""务实"首先作为观念的力量影响人，从而影响人们的选择行为。不同的民族以不同的方式创造着不同的文化，不同的文化又以不同的方式塑造着不同的民族。从这个意义上说，从"实干"到"务实"是源于奋斗的思考，源于成功的总结，源于实践的升华。

深圳作为一座移民城市，具有鼓励创新、宽容失败、脚踏实地、追求卓越的显著移民文化特质，其中最突出的就是"敢闯""敢冒险"的特区创新精神。据不完全统计，40年来，深圳创造了1000多项"中国第一"和120多项世界首创。每一项改革在全国都引起了阵阵回响，每一次突破都给传统计划经济撕开了一道道裂口，都把市场经济的活力注入正在转型的体制机制之中。这一创造奇迹的过程就是从"实干"到"务实"的观念与行动足迹的体现。

深圳特区报："务实""尚法"合并作为"新时代深圳精神"的一个词条，两者之间有没有内在联系？

陶一桃："务实"与"尚法"是行与知的统一，又是纲与目的关系。

从深圳经济特区的建立初期来看，"务实"更多地表现为改革开放轰轰烈烈的行动，但随着市场经济体系的确立和与社会主义市场经济体制相配套的社会管理体制机制的更新完善，尤其是法律法规的完善，务实的行动既受法律保护，又受法律约束，成为市场中经济人的理性行为。

一方面，"务实"以尚法为准则；另一方面，"尚法"使"务实"更具有现实的力量，为其提供依据。可谓"纲举目张，执本末从""知行合一，止于至善"。务实尚法是深圳社会走向成熟稳健的标志。

深圳特区报：1990年，"深圳精神"被概括为"开拓、创新、团结、奉献"，后经过2002年开展的"深圳精神如何与时俱进"大讨论活动被概括为"开拓创新、诚信守法、务实高效、团结奉献"。"新时代深圳精神"提出"尚法"这一新表述，从"守法"到"尚法"，表述变化意味着什么？

陶一桃：从"守法"到"尚法"，是社会走向成熟的标志，是法治社会价值—文化形成的路径，塑造了现代国际化大都市的风格与风貌。

"守法"更多体现了来自"他律"的外在约束，"尚法"则更体现为法治社会公民的自觉与责任。强大的国家与发达的市场是我们所向往的，但前提是法治社会的完善。从"守法"到"尚法"，不仅反映了深圳自身法治社会建设的成熟与完善程度，而且反映了政府对法律的尊重并在依法办事的同时，一视同仁地受到法律的监督。这是"尚法"更深刻的意义。

深圳特区报：2019年发布的《中国营商环境与民营企业家评

价调查报告》显示，深圳法治环境指数得分81.49，位居全国第一，良好的法治环境在深圳是如何形成的？

陶一桃：在深圳建设良好法治环境的过程中，有三大关键因素在起作用。

其一，作为中国最早最成功的经济特区，深圳获得了改革开放所赋予的社会主义市场经济体制率先试验、发展的机会与权力。市场经济即法治经济，与市场经济相适应、相配套的机制建立与完善，就是法律法规的建立与完善。同时，先行先试的使命，又使深圳在深化改革的进程中不断推进法治建设。法律法规的制定及法律规则体系随着市场经济的完善而一同趋于完善。

其二，香港提供了可学习、可借鉴的成功经验。在相当长时期里，香港都是祖国内地了解世界、学习市场经济、融入国际社会的最直接便利的窗口。香港拥有较为成熟、完善的市场经济秩序，它也向我们展示了服务型政府的工作效率，公平竞争的市场秩序，以及完善、普惠的社会保障机制，这些都对我们营造良好的法治环境提供了启发。

其三，具有远见卓识和开放精神的政府，是法治社会建设的根本保障。有什么样的政府就会有什么样的制度安排，政府的文明是制度文明的前提与保障。法治政府的内涵不仅仅是政府依法行政，更重要的是政府自身要能受到法律的约束。深圳市政府自身的开明与对法治社会的认知，以地方政府次级行动集团的力量，以诱致性制度变迁的方式，推动了深圳法治社会的建设与完善。

深圳特区报：1992年，七届全国人大常委会第二十六次会议正式授予深圳经济特区立法权。请您谈谈拥有经济特区立法权对深圳改革开放事业发展的重大意义。

陶一桃：七届全国人大常委会第二十六次会议正式授予深圳经济特区立法权，是中国改革开放历程中具有里程碑意义的大事。

它不仅是自上而下的重大改革举措，是"摸着石头过河"的大胆尝试，更是对深圳经济特区使命的赋予。这一举措使深圳拥有了率先改革开放的政治特权；拥有了冲出传统体制藩篱的合法权；拥有了突破传统意识形态束缚，从而大胆探索的冒险权；拥有了以开放促改革，让中国走向世界，让世界走进中国的话语权。在改革开放初期，这种权力的给予，就是机会的给予、责任的给予，成功与失败同时并存，风险与使命共同担当。

深圳特区报：从第一部针对公司方面的立法、第一部物业管理立法、第一部企业欠薪保障立法、第一部政府采购立法、第一部改革创新立法到第一部碳交易立法，深圳每一项改革创举都与立法相生相伴，请您谈谈改革与法治的关系。

陶一桃：从根本上说，改革与法治是同一过程中不可或缺的两个方面。改革开放是完成由传统的计划经济向社会主义市场经济的转型、走向全球化的过程。这一过程是发展经济的过程，更是规制社会的过程，而法治既是制度营建的重要内容，又是保障中国改革开放有序地朝着制度文明与制度自信道路发展的前提。

一方面，没有改革开放的伟大行动，就无所谓与社会主义市场经济相适应的中国特色的现代法治社会体系的确立、营建与完善；

另一方面，没有法治社会的建设与不断完善，就不可能有中国改革开放踏实、稳健的步伐与中国奇迹的创造。

深圳许多在全国具有影响力、可复制的改革举措，都是首先通过立法将其制度化的，并通过法制化减小改革的阻力，从而增加改革的理性与制度的张力。要注意的是，中国社会进行的是自上而下的强制性制度变迁，无论是推动改革开放还是促进法治社会建设，都离不开政府的自我革命与认知的自我成长与提升。

深圳特区报：市场经济是法治经济，特区建立 40 年来，法治在深圳建立和完善市场经济体系的过程中是如何发挥作用的？

陶一桃：法治，是深圳率先改革开放的前提，也是完善社会主义市场经济体制的保障。但从深圳改革开放的历史进程上来说，深圳的改革是从"干了再说"开始的。

深圳的"先行先试"是在计划经济的大海中建立的一个市场经济的绿洲，面临着的是不破不立的选择与使命。最初的立法表现为特殊政策和特区的规则，立法在特区市场经济体系营建中，走过了从特殊政策到规则再到立法的社会规制的完善历程。这一过程是深圳这座城市成长、成熟的表现，也是中国社会发展成熟稳健的表现，尤其授予深圳经济特区立法权，给了以率先改革开放起家的深圳以更大的改革开放"政治特权"，使"先行先试"到"先行示范"具有了制度保障。

对产权的保护是深圳经济特区得以率先发展并可持续发展的关键。市场经济是以建立和保护排他性私人产权制度为基础的。无数成功的市场经济案例证明：当产权的制度安排使人们感觉值得从事生产活动时，社会经济就会出现持续增长。1992年深圳就形成了民营企业占主导地位的所有制结构。深圳拥有在中国独一无二的"6个90%"现象：深圳90%以上的研发机构设立在企业、90%以上的研发人员集中在企业、90%以上的研发资金来源于企业、90%以上的创新型企业是本土企业、90%以上的职务发明专利出自企业、90%以上的重大科技项目发明专利来源于龙头企业。今天的深圳已形成了以民营企业为土壤，以高新技术产业为翅膀的可持续发展模式。这一模式在带来深圳经济高速增长的同时，也为深圳在未来国家整体战略布局中成为创新型国家建设的"政策性增长极"与"区域引擎"奠定了物质与制度基础。

深圳特区报：如何理解《中共中央 国务院关于支持深圳建设中国特色社会主义先行示范区的意见》中关于"用足用好经济特区立法权，在遵循宪法和法律、行政法规基本原则前提下，允许深圳立足改革创新实践需要，根据授权对法律、行政法规、地方性法规作变通规定"的表述？

陶一桃：这一表述是党中央给予深圳深化改革的更大自主权、创新发展的更大自由权。

依法是前提，党中央对深圳充满改革精神的灵活授权，不仅可以进一步激发地方政府的改革热情、改革动力和改革的自主性与创新性，同时意味着中国社会的制度变迁已从改革开放初期的以自上而下为主的强制性制度变迁，走向以自下而上为重要动力的、充满发挥"次级行动集团"——地方政府创新力的诱致性制度的变迁。法律的力量将成为为市场竞争服务的制度力量。

二、访广东省社会科学院前院长、广东省政协经济委主任王珺：以务实推动自主创新 以尚法推进营商环境优化

深圳特区报：在2002年"深圳精神"的概括中就提出了"务实高效"，"新时代深圳精神"中的"务实"有哪些新阐释？

王珺："务实高效"，"务实"解决的是干与不干的问题，面对新问题，不断地寻找新办法、新手段与新方式加以解决的过程。"高效"解决的是怎么干的问题。在深圳过去的发展历程中，这种"务实"精神成为深圳人精神的鲜明特征。之所以能形成这种精神，是从实际出发，善于学习的结果。这种学习就是在内地与港澳地区以及其他高收入市场经济体存在着收入差距、体制差异下，更多地借鉴了他们发展的经验教训。

现在，深圳人均地区生产总值超过20万元，高出世界平均水平，在科技发展等方面已经积攒了许多宝贵经验，与世界发达国家和地区的差距大幅度缩小，所以在新时代的背景下，"务实"精神应该更多地体现在自主创新上。

具体而言，需要注意以下几个方面：

一要讲究科学。即用科学的方法和策略发展各项事业，尊重科学规律，在建设粤港澳大湾区和先行示范区中充分发挥深圳的科技引领作用。讲究科学的规律性和科技发展的创新性是新时代赋予"务实"精神的核心内涵。

二是讲究实际。坚持一切从实际出发，根据深圳不同时期的具体实践，创新经验和方法。

三是讲究效率。在粤港澳大湾区建设中，协调好和港澳及其他

地区的关系，发挥不同资源禀赋地区优势，调动企业积极性，激发企业家精神。

深圳特区报："务实"精神强调从实际出发，正视问题、直面矛盾，您认为深圳未来发展必须正视和直面的主要问题和矛盾有哪些？

王珺：我认为主要的问题是空间不足。深圳现有常住人口1300多万，而土地面积不到2000平方公里，再加上流动人口的迁入，深圳成为全国人口密度最大的城市，密度大，土地成本就高，新产业发展就会受到限制。

解决这一问题，有两种路径。一种是进一步提高土地使用效率，比如"向空中发展"，提高楼层层数，不断地向高空要空间。但是这种做法不仅成本很高，也不符合深圳带动周边城市发展的定位。另一种是通过与周边城市的互动，推动区域内产业转移与结构优化，进一步拓展深圳腹地。两者比较，后者不仅建筑、管理成本低，也符合大城市发展的规律。纵观世界大城市发展，凡是持续有活力的大城市，都有广袤的腹地支撑。缺少腹地，大城市发展就会受到限制。

主要矛盾有两个。首先是经济发展与社会治理之间的矛盾。随着深圳经济的高质量发展，人们的需求呈现多元化特征，社会治理难度进一步加大。这是高收入经济体在发展过程中都会遇到的一个问题。此外，深圳的特殊性在于，外来人口比重大。移民城市的好处，就是汇集了不同文化背景、生活习惯的群体，在社会认知、行为习惯等方面的差异会带来更多活力。困难在于，治理比较复杂。所以，必须进一步提高社会治理能力。在社会治理中，法治作为提高社会治理能力的重要手段，通过法律制度的有效供给，进一步规范人们的行为，尤其是经济交易行为，为高质量发展提供支持。

其次是经济高质量发展与公共服务均等化之间的矛盾。当深圳人均地区生产总值超过了20万元后，人们对优质的公共服务需求日益增长，比如说，上学有优教、看病有良医。但是，相对不断增长的高品质需求来说，供给还存在不充分、不平衡的问题。在这方面，深圳可以继续探索政府与社会资本合作的方式方法，用好民间资源，增加高质量供给。

深圳特区报：外界评价《中共中央 国务院关于支持深圳建设中国特色社会主义先行示范区的意见》（以下简称《意见》）"干货多、硬货多"，如何理解这种国家层面对深圳发展目标定位、政策措施中展现的"务实"？

王珺："干货多、硬货多"讲的首先是《意见》的针对性强。其实，目标定位准确、政策措施可行，都是基于现在的深圳发展实际对未来图景的诠释，也就是说，《意见》的明确指向性，是为深圳量身定做的，而不是针对其他城市的。同时，又具有标杆性，推动深圳在更高起点、更高层次、更高目标上推进改革开放。

更高起点，关注的是发展阶段的变化。改革开放的前40年里，我国处于工业化发展阶段，深圳在工业化方面起到了引领示范作用。但现在城市化接力工业化，成为中国经济发展的新动能。在城市化进程中，我们看到城市群的发展尤为重要，比如珠三角城市群，它是我国城市化率最高的地区，辐射带动华南、中南和西南地区的发展，是全国经济发展的重要引擎。根据城市群的发展规律，城市群中必然有大城市的参与，大城市作为引领，扮演着"火车头"的角色，深圳现在作为先行示范区，也承担着带动区域城市发展的任务，这是更高起点的第一个含义。更高起点的第二个含义，要从时代性来理解，也就是在全球追求科技创新的时代背景下，深圳打造先行示范区，必须注重科学技术的研发和应用。更高起点的第三个含义，要从开放性来理解，也就是深圳如何进一步融入国际社会，在市场机制和要素流动等方面和国际市场互联互通。

更高层次，一方面关注的是产业发展层次的变化，从初级产品的生产到先进制造业的生产，再到现在走向创新引领产业发展的过程，突出创新的意义。另一方面关注的是人与自然、人与人关系的演进更新，强调人与自然、人与人应该和谐相处，人自身要实现全面发展。

更高目标，则指的是《意见》赋予深圳的五个战略定位：高质量发展高地、法治城市示范、城市文明典范、民生幸福标杆和可持续发展先锋。这些目标正是从深圳的实际出发，充分考虑了深圳目前的发展阶段，为深圳的未来指出方向。这个目标反映了整体性与系统性，而不是某个方面的单打冠军。

深圳特区报：在知识经济与信息化时代，随着虚拟经济、网络经济的蓬勃发展，出现了"虚拟经济来钱快，实体经济发展难"的现象，从发展战略和创新创造的角度来讲，人们越来越注重"务虚"，这和我们提倡的"务实"精神是否存在冲突？

王珺：首先，这是两个不同层次的问题。"务实"指的是一种精神或行为导向，而不是某一个具体的行业或业务。虚拟经济、网络经济是一种具体业务形态。换句话说，在开展这些具体业务中，既可以突出"务实"精神，也可以贯穿其他的精神等。

对于虚拟经济，以金融行业为例，人们希望将资金得到优化配置，获得更多收益。具体来说，老百姓都希望自己的钱能增值，那么，怎么做才能实现在风险可控下的保值增值呢？这需要金融部门、投资公司等机构脚踏实地地开展研究，评估风险，选择项目以及及时发布信息等。这些业务都是通过认真负责的"务实"精神加以实施的。从宏观上讲，我国金融领域的开放是一个面对复杂的不确定环境与自己的管控能力而渐进调整的过程，这也是一种"务实"精神的体现。总之，要从实际出发，依据国际市场规律，借鉴各国和地区的发展经验教训，不断地发现与解决新问题，扎实推进各项金融与资本市场改革。这个过程都体现了"务实"精神。

还比如说，对于网络经济，我们也面临着数据产权需要进一步界定等问题，当然，这并不意味着有问题，就不去发展创新了。遇到现实问题，我们便解决问题，不断把边界界定清楚，把规则进一步明确，这也是"务实"精神的体现。

深圳特区报：《意见》要求深圳全面提升法治建设水平，并将"法治城市示范"作为深圳的五大战略定位之一，什么样的城市才能成为法治城市示范呢？请谈谈您的理解。

王珺：法治城市示范，应当在处理以下五种关系时发挥典范作用。

一是处理好营商环境正面清单与负面清单的关系。正面清单是指政府将允许的市场准入主体、范围、领域等以清单方式列明，负面清单指政府将限制及禁止进入市场的领域、行业等情况以清单方式列明。前者可以理解为市场主体"允许做的空间是有限的，除此之外，不允许做的空间是无限的"。后者则是"不允许做的空间是有限的，除此之外，允许做的空间是无限的"。法治城市示范，应当为创新创业提供更大自由度，所以，应该更多地采用负面清单的管理方式，而不是正面清单。

二是处理好政府和市场的关系。法治城市示范应该让市场"法无禁止即可为"，让政府"法无授权不可为"，政府和市场其他主体都是一样的，都要依法办事。

三是处理好人与人之间的关系。在交易活动中，合约连接着交易双方，法治城市示范应当保证交易双方能够切实履行合约。

四是处理好制度制定与执行的关系。现在一些地区制度制定得又快又多，但大多只做原则性规定，对于谁来执行、怎样执行缺乏具体要求。这就导致有些人去钻制度空子，选择性地遵守制度规则。法治城市示范，不应当出现这种情况，制度制定应该明确具体，制度执行应该有力有效。

五是处理好正式制度与非正式制度之间的关系。法律条文不可能覆盖社会的方方面面，即使在法律法规完善的地区与国家，非正式制度规则也是发挥重要作用的。对于深圳来说，首先要有一套约束人们行为的法律规范，然后让这种规范变为人们日常生活与工作中的一种习惯和潜意识。再用这种习惯以及正式规则调整原有生活与工作中不适应的习惯等。在法治精神的引领下，促进人们自觉规范行为。

深圳特区报：在深圳建设中国特色社会主义先行示范区的过程中，您认为经济特区立法权应该在哪些领域重点发力？

王珺：首先，是营商环境领域。对标世界银行营商环境指标体系，找出深圳在哪些指标上还存在差距，在这些地方重点发力。比如深圳在"跨境贸易""获得信贷""合同执行"等方面，都需要进一步完善。

其次，是城市规划建设领域。城市规划建设涉及建设者、政府管理者和土地的经营者、使用者或所有者，是多元利益集中的地方。深圳土地市场活跃，如何制定和履行涉及土地的相关合同、如何处理好租赁相关方的利益关系，必须在城市规划建设中好好把握，要借助立法来规范相关市场主体行为，理顺利益关系。

再次，是大数据应用领域。在数据作为重要资源的背景下，数据产权界定、隐私保护、信息安全等问题需要特别关注，深圳在大数据应用方面具有领先优势，相应的法治建设也应该跟上，为全国提供新鲜经验。

最后，是监管领域，也就是如何监管好法律的制定和执行。首先要注意监管的尺度问题，一方面要把握好监管的"松"和"紧"，另一方面要注重对被监管方一视同仁；其次要注意监管是否到位，既不能"缺位"，也不能"管过头"。

深圳特区报："法治城市示范"的战略定位中提出，营造稳定公平透明、可预期的国际一流法治化营商环境，如何解读？

王珺：市场化、国际化与法治化是当前全球普遍认同的具有竞争力的营商环境标准,法治化是市场化、国际化的保障。

第一,稳定、可预期的营商环境意味着法律法规不能"朝令夕改",不能让市场主体无所适从。

第二,透明的营商环境需要法律法规及时公之于众,不仅是原则公之于众,更重要的是,具体细则、操作指引也要公之于众。比如,新冠肺炎疫情防控与复工复产期间,一些地方政府出台了一系列补贴企业的政策,但是有些政策的实施设计不够具体,也没有操作指引,企业不知道到哪个部门、办理什么手续,才能获得这些好处和补贴,这就影响了政策的落实到位。

第三,公平的营商环境意味着法律必须对所有市场主体一视同仁,不因所有制的不同而区别对待,也不因投资规模的大小对某些特定市场主体有差别待遇。

深圳特区报:大数据、云计算、人工智能等技术提高了社会治理智能化专业化水平,请您谈谈科技如何为法治赋能。

王珺:科技进步为有效的法治化建设提供了技术基础。比如说,大数据技术应用在司法取证中,就可以提高取证效率,大大降低取证成本;还比如说,应用大数据后,一些人违规被发现的概率会大幅度增加,那么,侥幸心理和说谎行为就会减少,守法行为就会增加,这对信用社会的建设至关重要。

此外,也可以考虑大数据技术与区块链技术的结合。由于区块链采用分布式账本数据库,具有去中心化、信息不可篡改等特征。这不仅可以帮助区块链在经济领域发挥作用,比如深圳此前开出了全国第一张区块链发票。同样地,深圳可以利用区块链方面的技术优势,将其运用在法治上,比如储存电子证据数据,杜绝利益相关方篡改;再比如无纸化审判,保证数据传输的真实性;还有司法公开和监督,审判记录、裁判文书等信息可查询可溯源,等等。

第四章
追求卓越

第一节
"追求卓越"释义

2019年，在建市40周年之际，深圳经济总量达到26927.09亿元人民币，位列全国第三。2020年，深圳迎来经济特区建立40周年。此时此刻，眺望2035年和2050年，作为粤港澳大湾区中心城市之一，深圳对标的是"全球"。如同《中共中央 国务院关于支持深圳建设中国特色社会主义先行示范区的意见》赋予深圳的新定位："到2035年，成为我国建设社会主义现代化强国的城市范例；到本世纪中叶，成为竞争力、创新力、影响力卓著的全球标杆城市。"可以说，进入新时代，深圳要担起新使命、实现新作为，必须在已有基础上对标最高标准、最好水平，在新的时代坐标中坚定"追求卓越"的发展取向。"追求卓越"的"新时代深圳精神"，体现了新时代深圳"走在前列、勇当尖兵"的创新实践，也体现了"先行示范区"的战略定位和"全球标杆城市"的远大追求。

按照一般的理解，所谓"卓越"，是指杰出、超出一般，也即高超出众之意。相应地，"追求卓越"不是一种静态的恒定，而是一个动态的过程；它不是封闭性的自我设限，而是一个开放性的目标系统，是立足于全球视野的城市梦想，也是内化于城市生活的精神状态，更是不断超越自身、臻于完美、引领潮流的价值追求。

就深圳自身而言，以"追求卓越"的"新时代深圳精神"建设社会主义现代化强国的城市范例和全球标杆城市，既是党中央对深圳过去 40 年发展模式、经验和成就的高度肯定，也是深圳发展理念历史演进的逻辑结果。经济特区建立之初，深圳的发展理念是以经济建设为中心，追求的是"深圳速度"——深圳 40 年来地区生产总值持续高速增长和城市社会人口规模急剧扩展所创造的人类城市发展史的"奇迹"，使深圳名扬世界。而与此发展理念相匹配的，就是经济特区建立之初"杀出一条血路"的"敢闯敢试"等"深圳精神"，它为全国突破计划体制、探索社会主义市场经济体制，拓展了一条崭新的道路。进入 21 世纪以来，深圳的发展理念实现了从"强调速度"到"追求质量"的转换，这就是"深圳质量"——它既是社会主义市场经济发展提出的内在要求，本身也内含着一种不断追求卓越的精神维度。尤其是在发展过程中，深圳面临着土地空间、环境容量、资源能源、劳动力成本等诸多挑战，必须实现由粗放型向集约型、以创新为驱动、以卓越为追求的发展模式的转变，坚持质量第一、效益优先，实现更有质量的发展。在 2011 年 1 月举行的深圳市"两会"上，"深圳质量"被郑重写入《政府工作报告》，这无疑是深圳"追求卓越"的自觉意识和城市精神被确立的标志。时至今日，深圳不仅经济总量、人均地区生产总值、辖区公共财政收入等核心经济指标位居全国前列，而且因较早且成功地推动产业结构的转型升级，培育了颇具国际竞争力的支柱产业和知名企业，成为世界闻名的科技产业创新中心，而成为中国特色社会主义发展的一面旗帜。正是由于深圳高质量创新发展所取得的丰硕成果，中央始终对深圳高看一眼、厚爱三分，支持深圳建设成为社会主义现代化强国的城市范例和全球标杆城市，这必将为深圳"追求卓越"的新时代城市精神注入强大的动力。

深圳建设社会主义现代化强国的城市范例和全球标杆城市，既是党中央对深圳未来的发展方向、定位、目标的战略要求，也是深圳作为梦想之城的自我期许，这使得"追求卓越"将内化为这座城市的核心精神理念，融入市民的社会日常生活，最终升华为城市文化的灵魂。"追求卓越"精神是在与经济特区建设的互动中孕育、积淀、演进而成的，基于自身发展的巨大成功，它既源于一种发展道路的高度自信，也源于对标国际一流城市的高度自觉。而这种对标国际一流的自觉首先又体现为对其他先进城市强烈的学习意愿和能力，从早期的学习香港，到后来的学习新加坡，再到学习世界一流湾区城市的发展经验，它们无不是在某些方面代表了全球最为卓越的城市范例，在对标即为学习、赶超的意义上，我们既从中看出深圳面向未来的勃勃雄心，也集中体现了在新时代深圳对于卓越、超越的孜孜以求，这也是"先行示范""全球标杆"的题中应有之义。事实上，深圳在改革创新发展实践中不断追求卓越的城市精神，既体现在社会经济和城市治理的现代化高质量发展，也体现于对青春时尚的现代文化和高品位的城市生活的执着追寻；其中最突出的，无疑是深圳产业的创新发展以及深圳企业的优异表现，伴随传统制造业到高新技术产业的转型升级和近年战略性新兴产业的大放异彩，深圳涌现了平安、华为、腾讯、万科、大疆等一大批国际知名企业，而它们在国际国内市场上的强大竞争力，无不与袁庚、任正非、马化腾、王石、汪滔等杰出的"深商"群体勇于追求卓越的企业家精神息息相关。

就一座城市而言，深圳对于"卓越"的追求之心，对照《中共中央 国务院关于支持深圳建设中国特色社会主义先行示范区的意见》中的要求，就是未来要同时在如下几个方面成为卓越的先行示范者：高质量发展高地，在构建高质量发展的体制机制上走在全国前列；法治城市示范，营造稳定公平透明、可预期的国际一流法治化营商环境；城市文明典范，是新时代举旗帜、聚民心、育新人、兴文化、展形象的引领者；民生幸福标杆，实现幼有善育、学有优教、劳有厚得、病有良医、老有颐养、住有宜居、弱有众扶；可持续发展先锋，在美丽湾区建设中走在前列，为落实联合国2030年可持续发展议程提供中国经验。可以看到，这是中国特色社会主义进入新时代深圳实现"五位一体"全面发展、全面卓越的体现，也就是说，着眼于先行示范和全球标杆的要求，深圳要实现从一个个的单项冠军到全能冠军的跃升，努力成为最高最好最优最强的领跑者。而要达至这一宏大目标，又必然要求深圳必须以追求卓越的心志，以舍我其谁的使命感，以艰苦奋斗的作风和激昂向前的精神面貌，以新作为开创新局面，以"深圳"的名义赋予"卓越"崭新的时代内涵。

站在深圳经济特区建立40周年的时间节点上，回首过去，我们取得了很大成就，但也存在不少问题，展望未来，我们没有理由不满怀信心。40年前，谁能预见到深圳今天的繁盛面貌？深圳身上的这种可塑性和可能性，恰恰也是改革开放以来中国发展可能性的一个历史缩影、一个强有力的说明，它最终将指向中华民族的伟大复兴。我们寄希望于深圳，在已有成绩基础上继往开来，以锐意创新的勇气、敢为人先的锐气、蓬勃向上的朝气再出发，极大发挥精神观念的独特作用，特别是将对标最高标准、最好水平的"追求卓越"精神渗透、凝聚在经济、法治、文明、民生、生态等领域的改革发展中，以示范性的治理理念、治理智慧、治理方案，成为引领新时代中国特色社会主义发展的一面旗帜，成为竞争力、创新力、影响力卓著的全球标杆城市，为中华民族伟大复兴和世界和平发展继续贡献自己的光和热。

第二节
追求卓越：城市未来的高度

从深圳最早建成的市区——罗湖区沿着深南大道一路西行，建市初期创造了"三天一层楼""深圳速度"的国贸大厦、20世纪90年代的中国"第一高楼"地王大厦和以接近600米楼高刷新"深圳第一高度"的平安大厦，依次呈现在眼前。

这个不断向上的摩天大楼高度，像极了迎来40岁生日的深圳经济特区不断跃升的发展台阶：

经济总量从1979年的1.96亿元起步，到2011年突破1万亿元大关，用了30年时间；再到2017年迈上2万亿元台阶，仅用了六年时间；2019年，这个数字已经超过2.6万亿元，与香港等量齐观。

如同施展了法术，中国南海之滨上的这座年轻城市，在短短40年间成为一个拥有2000万人口的现代化国际化大都市，经济实力跻身全球城市30强，进入"不惑之年"的它，正焕发出独特的魅力、动力、活力和创新力。

40年前，没有人会预料到，这座城市将会带给中国、带给世界一个怎样的奇迹。

深圳经济特区建立的那一天，美国纽约时报这样告诉全世界："中国大变革的指针正轰然鸣响。"

作为中国改革开放伟大事业的"试验田"，深圳是中国从计划经济向市场经济转型的"先锋"，是中国学习先进对标世界的"窗口",是中国通过改革开放走向富强、进而实现中华民族伟大复兴"中国梦"的一个"起航点"。

这座城市的诞生,承载着伟大使命;这座城市的发展,总能刷新人们的想象。

从寄望深圳"搞快一点""增创新优势,更上一层楼",到"加快发展、率先发展、协调发展",从要求深圳在"四个全面"中创造新业绩、"四个走在全国前列",再到建设"中国特色社会主义先行示范区",每当国家在探索社会主义道路上面临抉择、党在时代发展的十字路口毅然自我革新的时候,总会把目光投向南海之滨的这座年轻城市,希望在这里率先试出一个"解决方案"。

从创造令世界惊叹的"深圳速度",到以"深圳质量"率先实现了发展模式的飞跃,再到"雄心勃勃"提出比全国提前15年实现社会主义现代化、在21世纪中叶"屹立先进城市之林,成为竞争力、创新力、影响力卓著的全球标杆城市",这座城市对自身使命的认知,绝不仅仅是多创造几万亿元的地区生产总值,而是不忘初心、牢记使命,为国家勇闯无人区,探寻中国特色社会主义路径,由此创造出最利于全体民众更长远福祉的一种发展模式。

时代洪流、国家宏愿、历史选择,与城市跃升到更高发展能级后的自我追求,正在激荡出一种伟大的城市精神——追求卓越。

它,正为深圳打开全新发展空间;它,将决定这座城市未来的高度。

一、从创造中国"奇迹"到打造全球"标杆"

2018 年 10 月,习近平总书记在深圳参观"大潮起珠江——广东改革开放 40 周年展览"后,在这片曾创造了世界工业化、城市化、现代化奇迹的热土,铿锵有力地说:"中国一定会有让世界刮目相看的新的更大奇迹!"

这掷地有声的宣誓中,也蕴含了对这片改革开放先行之地的更大期冀。

要创造"奇迹",就要志存高远,确定跳起来才能够得到的目标;就要砥砺前行,完成看上去不可能完成的任务。

深圳前 40 年的探索实践,一直在为中国奇迹的发生提供注脚;下一个 40 年,深圳该怎样为"新的更大奇迹"担当引擎?

这个时代之问在十个月后发布的《中共中央 国务院关于支持深圳建设中国特色社会主义先行示范区的意见》(以下简称《意见》)中得以明晰——

"五大战略定位""五个方面率先""三个阶段目标",锚定全球标杆城市。

这是习近平总书记亲自谋划、亲自部署、亲自推动的重大国家战略;这也是深圳综合竞争力进入更高层级后发展的全新参照系、坐标系。

这座年轻的城市已经进入了世界级的考场,要在新的历史起点重新整装再出发,代表国家去参与全球竞争与合作,向着全球顶级城市方阵迈进;这个过去的经济"优等生",面对的是一份"综合考卷",要完成从"追随模仿"到"创新引领"、从"单项冠军"到"多项全能"、从"中国式"向"世界式"的再一次跃迁。

面对这样的时代考题，深圳是自信的。

2019年8月，《瞭望》刊发了一篇中共中央党校王小广教授的署名文章《中国特色社会主义先行示范区怎么干》，引起各界广泛关注。文章开篇就回答了"为什么是深圳"这个问题："从发展成就看，深圳是中国特色社会主义先行示范区的最佳选择。"

"就经济发展水平讲，深圳在一线城市中保持领先地位……深圳在践行五大发展理念方面居于全国领先地位，是中国最接近现代化强国目标的城市。深圳创新发展能力不仅在国内领先，成为中国高科技产业发展的一面旗帜，而且开始在全球显现其巨大的影响力。另外，其在生态文明建设、开放水平等方面均有亮丽的表现。

"从创新精神看，深圳引领全面深化改革、全面扩大开放以及实施创新驱动发展战略具有天然的优势……我国改革开放许多先例都起源于深圳。深圳自建立经济特区以来，一直是改革的'试验田'、开放的'窗口'，承担为改革开放先行探索的使命……中央作出支持深圳建设中国特色社会主义先行示范区的决定，其要义就是要继续发挥这一关键性作用。

"从发展自主性看，深圳干部群众一直具有强烈的危机感和发展的超前意识，这是做好先行示范、发挥先行示范作用的先决条件。深圳干部群众有开阔的发展视野，善于谋划未来，凡事想在前头。从回应20世纪80年代'特区失败论'、20世纪90年代'特区不特论''深圳抛弃论'，再到有效应对亚洲金融危机、全球金融危机的影响，深圳都能正视危机，面对未来，主动应变，从而锻炼出强烈的先行意识。

"从发展机制看，深圳不仅形成了相当完善的市场机制，而且党和政府的作用发挥得很好。中国特色社会主义最本质的特征是中国共产党领导,发挥统揽全局、协调各方的核心作用。可以说,深圳是我国改革开放以来处理好市场与政府关系的典范。"

深圳,这是基于40年发展所带来的一种发展道路、发展模式的高度自信,也是基于对中国积淀已久、蓄势待发的"强国梦"和为民众福祉创新求变的政治勇气的一种巨大信心。

面对这样的时代考题,深圳更是清醒的。

对标全球顶级城市,首先要从寻找差距起步。深圳的主政者,加紧着手深层次的"差距研究"。

《意见》发布后不久,一份专门分析深圳与全球顶级城市之间差距的报告提交到深圳市委,报告从综合经济实力、现代产业竞争力、高端创新要素集聚能力、基础设施承载力以及城市文化魅力等方面详尽列举了深圳的不足之处:经济发展质量仍须再提升,仍然不是全球生产和服务网络中枢,尚未成为全球创新网络的核心节点,战略性基础性功能设施不齐全,文化软实力和影响力仍然不强……

小到一座城,大到一个国,都必然有"成长的烦恼"。正视差距恰是前行的动力,找到差距就有了前行的方向,深圳就是要在直面问题中诠释成长的辩证法、发展的系统论,以"追求卓越"为全新的"思维方式",解决城市发展方方面面的矛盾挑战,以舍我其谁的使命感和高位过坎的新作为,开创新时代的新局面,用"深圳"的名义赋予"卓越"以崭新内涵。

"不能只当'单项冠军',而是要多领域全方位走在前列,推动人的全面发展,社会的全面进步;不能满足于某一阶段的领先,而是要全过程领跑,把走在前列、勇当尖兵作为不懈追求;不能只是

'一马当先'，而是要带动'万马奔腾'，为其他城市发展提供经验、提供方案。"这是深圳对"卓越"的理解。

《意见》发布不到四个月，2019年的12月初，《深圳市建设中国特色社会主义先行示范区的行动方案（2019—2025年）》正式印发，127项具体工作举措，既有"高大上"的产业规划、国际化筹谋、改革举措，又有落到实处的民生细节，显示了这座城市的强大行动力。

伟大的时代孕育伟大的精神，伟大的精神成就伟大的事业。

一种追求卓越的全新"信仰"，伴随城市的"雄起"不断发端、孕育、积淀、升腾，最终在这个时间节点喷薄而出，成为深圳攀登下一座新高峰的价值导向和精神支撑。

二、转型，追求经济发展的高质量

今天，从空中俯瞰深圳湾区，深港两地的灯火已经连成了一片。罗湖的兴盛、铜锣湾的喧嚣，已在共同演绎一个盛世的繁华。

但在40年前，深圳与一河之隔的香港可谓天差地别。已经成功实现经济起飞的香港，基本完成了工业化，位列"亚洲四小龙"之首。面对经济繁荣的香港国际化都市，深圳曾经暴发了"逃港潮"。

以经济建设为中心。对外开放、向外学习、发展经济、尽快富起来，是特区的初期目标。

深圳对卓越的追求，最早在经济领域酝酿。

"三来一补"是深圳最早的产业模式。1978到1995年间，依靠这样的模式承接世界产业转移，深圳每年地区生产总值平均增速高

图 3　深圳湾公园夜景

达 35%，"东方制造之都"的美誉扬名海内外。"三来一补"企业最多时达到 8000 家，从业人员达到 100 万人。

但"繁荣"的背后，深圳也很快感觉到了"不对劲"。当时深圳市委书记、市长"一肩挑"的厉有为在接受采访时曾谈起那段历史："我到蛇口去调查，当时光蛇口一带就 30 多家小印染厂，葵冲镇在海边有一家外资印染厂，已经把我们的白海滩全部染黑了，非常可惜，逼着我们必须进行产业结构调整。"

"这样下去，深圳肯定没有未来。"深圳调整优化产业结构的"第一次觉醒"到来了。

在深圳档案中心 1994 年卷的档案柜里，一份《关于在特区内停止审批三来一补等项目的通知》的红头文件里明确写着："特区内一律不再审批三来一补项目，特区内现有的劳动密集型企业要逐步向外转移。"

依靠着"三来一补"企业起家，依靠着五湖四海打工者创造经济奇迹的深圳，一夜之间，似乎要换一副新面孔。

深圳是不是太超前了？不再审批"三来一补"项目，现有劳动密集型企业要逐步向外转移，财政收入还要不要？

尽管厉有为的耳朵里每天都充斥着这些质疑，但是在1995年4月25日深圳市第二次党代会上，深圳还是喊出了"二次创业"的口号："深圳要建成高新技术密集型产业的基地，这是第二次创业，比第一次创业更艰巨更伟大。"

并不是每一次转型都能得到当下的理解，也并不是每一项转型都能满足所有既得利益方的认可。当时，有人把状告到省里，省里派出时任省委政研室主任的钟阳胜带队到深圳调研，最后的结论是：深圳的做法是对的，而且不光深圳，珠三角、全省都应该这样做。

深圳选择高新技术产业作为经济发展新的突破口，得到了广东省委的支持。"罪状"变为了"经验"。直到2000年后，随着深圳重点确立并大力发展高新技术、金融、物流、文化四大支柱产业，曾经创造了深圳经济奇迹的"三来一补"正式退出了历史舞台。

历史总是惊人地相似。

2008年国际金融危机爆发前夕，深圳一些代工企业的倒闭，仿佛是给低端制造业敲响了生存的警钟，深圳转型升级的"第二次觉醒"到来了。

在此之前，高速行驶的深圳经济列车已经率先遭遇传统发展模式的"天花板"，"四个难以为继"的现实让深圳主政者反思，而金融危机则直接为这场被称为"腾笼换鸟"的经济转型按下"提速键"。

就在这一年，深圳痛下决心淘汰低端落后企业903家，其中规模以上企业101家，占了全市规模以上工业企业的1.4%。与此同时，深圳开始谋划布局战略性新兴产业，先后出台了生物、互联网、新能源、新材料、文化创意、新一代信息技术产业振兴发展政策。

经济的质量变革、效率变革、动力变革，在深圳迈入而立之年后真正到来。

2011年1月，深圳市"两会"上，一个新词被写入了《政府工作报告》，"深圳质量"从此成为这座城市发展的新标杆。这在今天被很多人看作是"追求卓越"的价值观在深圳的最早发端。

从"深圳速度"到"深圳质量"，"十一五"期间仍保持年均13.5%亮眼增速的深圳，主动将"十二五"预期增速调低至10%。谈及这次主动"减速"，深圳当年的主政者这样回答外界疑问："把速度变得适当一些，把更多精力放在追求经济发展质量上，为转型升级、结构优化、淘汰落后产能留下空间。"

选择"质量型内涵式发展道路"，是一个牵一发动全身的系统工程，涉及地区生产总值增速、财税收入、企业出路……在当年，并不是人人都有勇气冒这个风险。

深圳，能再次引领一场革命，给中国提供一个答案吗？

似乎是为了考验这座城市，接下来的几年，金融危机影响犹存、欧债危机持续发酵、国际经济环境的不"给力"，让经济外向型程度极高的深圳遭遇了发展的"冬天"。

深圳市原副市长、哈工大（深圳）经管学院教授唐杰记得，当年，深圳鼓励外迁的中低端企业超过8500家，造成经济下滑超过4个百分点，2012年上半年深圳的地区生产总值增速只有4.8%，这曾让深圳的这场"转型"面临炙热的目光审视，深圳再次被推到了争议的风口浪尖。

庆幸的是，深圳的脚步执着笃定：所谓"危机"是传统发展方式之危、科学发展道路之机；摈弃过去那种唯地区生产总值至上的理念、模式、思维方式和工作方法，所有行动统一到"质量"导向上来。

深圳的主政者，曾多次向外界阐述深圳的质量理念：深圳"转"则前景光明，"不转"就没有出路，只有在转型发展上先人一步，才能赢得优势、赢得未来。"今天的转型升级意味着明天城市的可持续发展和竞争力提升，转型升级的过程正是我们提升发展质量的过程。无论面临什么压力和困难，深圳转型升级的方向不能变、力度不能减、步伐不能停。"

党的十八大以后，习近平总书记离京视察的第一站就来到广东、深圳。"以经济结构战略性调整为主攻方向加快转变经济发展方式，是当前和今后一个时期我国经济发展的重要任务。"他在广东这样强调。[①]

对于深圳转型升级的这场争论，尘埃落定。"争议"再次变成了"经验"。

随着中国经济进入新常态，发展面临"速度换挡节点""结构调整节点""动力转换节点"，党中央开始强调"把推动发展的立足点转到提高质量和效益上来"，供给侧结构性改革成为经济体制改革的发力点。

当年，那个因"国人争相到日本背回马桶盖"而引发的全国性思考，对于市场经济体制较为成熟的深圳而言，早已参透其背后的经济学逻辑——只有关注创新驱动下质量和标准的提升，真正实现"中国制造"向"中国创造"转变、"中国速度"向"中国质量"转

---

① 2012年12月7日至11日在广东考察工作时的讲话。

变、"中国产品"向"中国品牌"转变，才能在新常态下谋求新的竞争力。

速度做"减法"，质量效益做"加法"；要素驱动做"减法"，创新驱动做"加法"；落后产能做"减法"，新兴产业做"加法"；政府权力做"减法"，市场活力做"加法"……

深圳靠着自创的一套供给侧改革的"加减法""组合拳"，继续为打造"中国经济升级版"贡献经验智慧。

在这场转型升级最为关键的"十二五"期间，深圳累计淘汰低端落后供给企业1.7万家，腾出宝贵发展空间，瞄准更高目标，围绕需求链部署产业链，率先构建满足需求升级的供给结构。

对的路径，反过来激发和带动了速度的稳定增长，当全国面对外部环境带来的下行压力时，已经率先完成新旧动能转换的深圳却轻装上阵，迈入令人艳羡的创新强、结构优、速度稳、质量高的增长新常态。

媒体再次聚焦深圳，各地纷纷前来"取经"。面对"深圳经济缘何能够在下行压力下'逆势增长'"的"深圳之问"，深圳的答案是："始终坚持质量第一、以质取胜，以质量优势对冲了成本劣势，以质量先行赢得了发展主动。"

在众多的经济发展模式中，一个城市能选择出一条适合的道路并不是一件容易的事情。

今天，对更高更好更优的追求在这座城市已经显得自然而又独具特色。但回望过去，这座城市每一次转型升级所经历的"阵痛"仿佛就在眼前，那些城市改革者在作出事关城市命运选择时的眼光与魄力依旧震撼着人们的心灵。深圳，就是这样在割舍过去、创造未来的自我变革中一次次体会着破茧之后的新生。

进入新时代,坚持质量第一、效益优先已经成为经济发展的必然要求。

"建设现代化经济体系,事关我们能否引领世界科技革命和产业变革潮流、赢得国际竞争的主动,事关我们能否顺利实现'两个一百年'奋斗目标。

"构建推动经济高质量发展的体制机制是一个系统工程,要通盘考虑、着眼长远,突出重点、抓住关键。"

习近平总书记在很多场合都反复强调"高质量发展"。

全国上下,对"高质量"的追求已达成高度共识,然而通向"高质量"的路径,仍需要先行者的持续探寻。

《意见》中赋予深圳的五大战略定位,排在首位的正是"高质量发展高地"。

率先建设体现高质量发展要求的现代化经济体系,向世界充分展现中国特色社会主义的强大生命力和旺盛活力,是新时代深圳经济转型的新的更高目标,也是这座城市"追求卓越"的经济底色。

2019年,深圳三大产业比重为0.1∶39.0∶60.9,来自战略性新兴产业增加值合计10155.51亿元,比上年增长了8.8%,占地区生产总值比重为37.7%;高技术制造业和先进制造业增加值占规模以上工业增加值比重分别达到66.6%和71.9%。

在不到2000平方公里的土地上,深圳聚集了世界500强本土企业7家,全年新登记商事主体50多万家、总量约320万家,新引进各类人才逾28万人,发展更具韧性和活力。

这样的经济"家底",为深圳向着"高质量发展高地"进发奠定了重要而坚实的基础。

"尽管深圳已初步走上了一条质量型发展道路,但一些传统的、粗放的体制机制依然存在,是高质量发展的一大阻力。"

深圳的主政者深谙经济转型升级的道路依然漫长,为国探路的重任依然艰巨——

必须坚持把创新驱动发展作为城市发展主导战略,深化科技供给侧结构性改革,瞄准基础研究和应用基础研究持续冲锋,打造一批世界级大科学装置集群,攻克一批"卡脖子"的核心关键技术,最大限度释放全社会创新创业创造动能;

必须实施新一轮产业园区转型升级工程,加快建设实体经济、科技创新、现代金融、人力资源协同发展的产业体系;

必须筑牢实体经济根基,做强更具比较优势的深圳制造,推动制造与新技术新业态新模式紧密结合,大力发展高端制造、智能制造、服务制造、绿色制造;

必须在共享经济、数字经济、生物经济、现代供应链等新业态、新模式抢先发力,系统梳理战略性新兴产业和未来产业,甄别产业链中关键或缺失环节,实施"强链"和"补链"。

…………

创新能力不强,被习近平总书记喻为我国这个经济大块头的"阿喀琉斯之踵"。

那就发力源头创新。

2019 年,市本级财政科技专项资金增长近一倍,其中 30% 以上投向基础研究和应用基础研究,设立首期 50 亿元的天使投资引导基金,新组建人工智能与数字经济省实验室、超滑技术研究所等研发机构,实施 50 个关键核心技术攻关项目;合成生物研究、脑解析与脑模拟等大科学装置正加快建设;深圳湾实验室等高端创新资源落户科学城，西丽湖国际科教城初步形成以鹏城实验室为代表的高水平实验室集群，以深圳为主阵地建设第四个"综合性国家科学中心"已经明晰。

在 2020 年的开年首会——全市科学技术奖励大会上，市委书记王伟中用了一个形象的比喻谈及原始创新能力的重要性——人人都想吃"爆米花"，如果没有人种玉米，哪里来的爆米花？

围绕"综合性国家科学中心主阵地"，深圳未来就是要在"种玉米"上全面发力，平台载体就是"两区两园"——高水平打造深港科技创新合作区，高标准建设光明科学城，高起点推进西丽湖国际科教城建设，高质量推进高新区建设。而冠名在"两区两园"前的四个"高"，彰显了深圳瞄准基础研究和应用基础研究冲锋、加快解决部分关键核心技术"卡脖子"问题、努力成为全球创新版图中重要一极的信心、决心。

"打造具有战略性和全局性的产业链，增强产业链韧性，提升产业链水平，在开放合作中形成更强创新力、更高附加值的产业链。"党中央这样要求。

那就加快补链、强链、稳链，推动产业基础高级化和产业链现代化，构建结构优、效益高的现代产业体系。

"深圳只有 1997 平方公里的土地，寸土寸金，在今天一次性推出 30 平方公里产业用地面向全球招商。只要是符合深圳产业方向和高质量发展需求的优质项目，深圳一定有地可落！"在 2019 深圳全球招商大会上，市委书记王伟中化身"招商专员"，向海内外优秀企业推介深圳。

西门子能源深圳创新中心项目来了，小米集团国际总部项目来了，中国船舶集团海洋科学园项目来了……这场涵盖 128 个签约项目、签约额超过 5600 亿元的大会，正是深圳瞄准高端产业又一次极具魄力和远见的创新"大动作"。

加快高新技术产业高质量发展"七大工程"，前瞻布局 5G、人工智能、4K/8K 超高清视频、集成电路、生物医药等产业，提前布局实施新一轮产业链拓展工程，增强产业链韧性，提升产业链水平，获批建设国家人工智能创新应用先导，新型显示器件、智能制造装备、人工智能等三个产业集群入选国家战略性新兴产业集群发展工程……

2020 年春分时节，以深圳机场三跑道扩建项目陆域工程为代表的一批重大项目集中开工，155 个项目总投资约 1843 亿元，其中投资额超过 50 亿元的大项目有 5 个；提速布局的 5G 网络正在快速覆盖高铁、地铁、高快速路等城市"动脉"，为数字经济培育新增长点，为深圳着力新基建、加快高质量发展注入新动能；"深圳时装周"创新性地在"云端"开秀，打造出了"云看秀＋云订货"为一体的"云"上盛事，成为科技赋能促进时尚创意产业向价值链高端迈进，推动"深圳制造"向"深圳质量""深圳设计""深圳品牌"转变的一次全新尝试……

传统产业升级换代，新兴产业加快崛起，未来产业前瞻布局，新基建蓄势储能，正在形成生机勃勃的现代产业"雁阵"，这座城市向高质量高地迈进的步伐活力四射、动能澎湃。

三、精治，探求城市治理的现代化

当一家企业业绩惊人、利润猛增，人们会称赞它是"黑马"或

"独角兽",只有当这家企业建立了完善的现代企业制度以支持自身的可持续发展,更多履行社会责任,形成超越企业自身利益的大格局、大视野,人们往往才会把它视为一家值得尊重的伟大企业、卓越企业。

一座城市亦是如此。

2020年的深圳,已然是一个拥有2000万人口的超大城市,而土地面积不足2000平方公里,人口密度居全国之首,历史遗留问题和新问题相互交织、两面夹击,"大城市病"日益显现。

开发与保护的博弈、活力与有序的把握、物质与精神的协调,方方面面,都考验着城市的综合治理能力,需要"像绣花一样精细"地管理城市,在"精治"上下功夫,把精细化要求贯穿城市规划、建设、管理、执法等城市工作各个环节,覆盖城市空间的各个区域,体现在时时刻刻。

不断提高城市治理能力治理水平,努力破解超大城市发展中的矛盾问题,打造超大城市治理样板,向世界展现"中国之治"新境界,也是深圳追求卓越的题中应有之义。

早在"深圳质量"概念提出之时,这座城市就不仅仅只瞄准经济发展质量。"深圳质量"的内涵一共包括了五个方面:经济更有效益、民生更为幸福、文化更具品位、城市更富魅力、生态更加美好。这与《意见》提出的五大战略定位一脉相承。

实际上,在对经济发展路径的一次次选择中,深圳收获的绝不仅仅是优质的产业结构、蓬勃的发展动能,政府在这场城市产业更迭中找到的自身定位,其意义和价值可谓同样重大。围绕"小政府大市场",深圳持续进行的审批制度改革、供给侧结构性改革、营商环境改革、"互联网+政务服务"改革等,一直在厘清政府与市场的边界，也逐渐让政府回归本位。

有为有不为，不缺位不越位。

政府的"有为"，应体现在培育发展环境、厚植创新土壤上。

优化营商环境，深圳从"一张复印件"开始。因为部门之间的信息壁垒，导致群众办事需要反复提交各种各样的复印件。

"企业能为办事者提供免费复印服务，为什么政府部门做不到？说到底，还是以人民为中心、为人民服务的意识不强。"

在市委书记王伟中看来，营商环境最大的"痛点""堵点"，企业和群众吐槽最多的还是政府审批流程、办事效率。

一张小小的复印件，是群众对窗口服务最直观的感受，背后折射的是一个城市营商环境尤其是政务服务水平。不仅考验部门打破"信息孤岛"的水平，更检验"以办事者为中心"的政务服务理念和水平。

通过"精准"的政策疏通痛点、堵点。

深圳以一张复印件的"小切口"，推动政务服务"大提升"、营商环境"大变革"。

优化政务服务，深圳率先推出 40 余项"秒批"、300 项"不见面审批"，实施建设投资项目审批"深圳 90"、商事登记"三十证合一"等。对照世界银行指标评价体系，出台"营商环境改革 20 条"，推出支持民营经济发展"四个千亿"计划。到 2020 年，达到全球经济体营商环境排名前 20 名，是深圳的一个小目标。

"无论是经济特区还是先行示范区，深圳很重要的一项工作是优化营商环境，为投资兴企、财富流通创造一流的发展空间。当年建立特区就是要用试验的方法在一定区域内改革营商环境。可以说哪里的'放管服'改革搞得好，哪里的营商环境就改善得快，哪里的市场活力就强，发展势头就好。"国务院参事王京生这样认为。

40 年间，深圳的企业数量从 1980 年的 830 家，到 1990 年的 2 万家，到 2010 年的 36 万家，到 2016 年的 150 万家，再到如今的 200 多万家，近十年来，近乎指数级的增长令人振奋。深圳的商事主体数和创业密度均保持全国第一，是最受创业者们青睐的"创业之城"。

这是一份高质量发展的成绩单，也是一份政府改革营商环境的成绩单。

政府的"有为"，应体现在运用新技术提高社会治理智能化、专业化水平上，让城市更聪明。

2019 年 10 月 30 日，深圳第 1000 万张区块链电子发票在南山一家金融科技企业正式开出。自 2018 年 8 月全国首张区块链电子发票在深圳亮相以来，这项新技术的应用迅速在交通、餐饮、停车、零售、互联网服务等行业场景上线。接入企业超过 7600 家，开票金额超 70 亿元。

将区块链技术应用于税收治理无疑是一项颠覆性创新的现代税收模式。这种现代技术催生的政府治理模式新变化在深圳还有一连串——

"i 深圳" App 累计整合近 4700 项政务服务事项，98% 的行政审批事项实现网上办理，94% 的行政许可事项实现"零跑动"，企业和个人政务办事需要提交的材料减少 70%；

商事登记等近 200 个事项实现"秒批"，企业注销业务办理时限压缩到 1 个工作日以内，办税事项平均耗时下降 40%；

社会投资、政府投资工程建设项目的审批时间分别缩短至 30 个和 41 个工作日以内，水电气接入办理时间平均压缩 70%，货物进口、出口通关时间分别压缩 54%、76%，通关效率位居全国前列；

"聪明"的路灯杆、高速路无感支付、扫码乘车全覆盖……

智慧政务、智慧民生、智慧交通……2019 年在智慧城市建设综合排名中位居全国第一的深圳，正在酝酿用三年时间打造"城市大脑"和"云上城市"，炼成"一图全面感知、一号走遍深圳、一键可知全局、一体运行联动、一站创新创业、一屏智享生活"的"最互联网"城市，努力实现科技让城市更安全、让生活更美好。

依靠"精巧"的技术提升管理的水平、服务的层级。

运用大数据、云计算、区块链、人工智能等前沿技术推动城市管理手段、管理模式、管理理念创新，从数字化到智能化再到智慧化，让城市更聪明一些、更智慧一些，是推动城市治理体系和治理能力现代化的必由之路，也是让城市走向卓越的重要支撑。

政府的"有为"，还应体现在对城市功能的完善、品质的提升上。

实施"东进、西协、南联、北拓、中优"发展战略，构建优势互补的市域协同发展格局，让各区域充分发挥所长、错位发展，形成更多增长极；

以深圳湾超级总部基地、香蜜湖新金融中心、后海中心区、光明中心区、西丽湖国际科教城、坪山中心区、宝安中心区等区域，海洋新城、大运新城、北站商务区等片区为着力点，深圳正以高质量加快重点区域开发，提升规划、优化设计，打造若干新城市"客厅"。市长陈如桂曾在一次活动中"解密"了市委、市政府对这些重点区域的战略构想：不仅是高端企业、高端项目、高端人才的集聚地，也是国际交往、文化交流的新窗口，成为引领深圳城市发展的强劲增长极，引领粤港澳大湾区建设的新名片。

不断提升交通枢纽定位层级，提出"国际性综合交通枢纽"定位，从机场、港口、铁路、市政道路、公共交通、慢行系统全方位着手，统筹"海陆空铁"，全面构建现代化、国际化、一体化的综合交通体系。

通过"精细"的规划引领增强辐射力、影响力、带动力，深圳正加快建设成为具有全球资源配置能力、全球综合服务功能、链接全球的卓越城市。

四、文明，谋求高阶竞争的软实力

城市是什么？

在 2010 年的上海世博会上，几乎没有一个国家馆精心展示城市的高楼大厦，而是着力体现城市生活的理念与文化。有人说得好："城市的最核心要素是人，是人们想要住在一起的愿望最终缔造了城市。"

经济的发展让城市繁荣，而文化习惯的养成、人文素养的提高、城市文明的塑造，让城市真正赢得尊重。

塑造展现社会主义文化繁荣兴盛的现代城市文明，是深圳从精神层面锁定的一个大气磅礴的新目标。

今天的深圳，无论是优美的环境还是井然的秩序，无论是市民的素质还是有声有色的志愿服务，无论是完善的基础设施还是特色鲜明的道德风尚建设，都在以特有的精神气质，彰显着文明的美丽和魅力，汇聚持久发展的深层动力。

在深圳，每一个寻常的周末，世界面积最大的单体书店——深圳书城中心城都会上演这样一幕：男女老少，挤满了这里的桌椅、台阶，甚至在书架下席地而坐，如饥似渴地阅读，宁静而富足，与屋外热闹繁华的中心区形成反差巨大的两个世界。

2019年年底，拥有20万种、70万册图书的深圳书城龙华城正式开业，至此，深圳已拥有6座经营面积3万平方米以上的超级书城，它们犹如书香深圳的6座丰碑，记录着深圳开展全民阅读的20余载时光。

673家公共图书馆，700多家实体书店；人均购书量20多年保持全国领先；从2000年至今连续举办20年的深圳读书月，让无数市民在"全民阅读"这一口号的感召下，在数以千计大小不一的读书活动平台上，共同开启一座城市的气质重塑、一起张扬一座城市的文化坚守。

开始思考阅读和一座城市的关系，是深圳发展转型的先声，也是城市文化自觉的标志。

全民阅读，只是戴在这座城市胸前的"文化徽章"之一。

40年筚路蓝缕，深圳人早已骄傲地说：深圳不是"文化沙漠"，而是文化的先行者——

2003年，自深圳率先在全国实施"文化立市"战略以来，提出了"实现市民文化权利"，建设智慧之城、关爱之城、设计之都和国际文化创意中心"两城一都一基地"，"文化+科技""文化+金融""提升城市文化软实力"等一系列文化创新理念，培育发展了文博会、深圳读书月、市民文化大讲堂、创意十二月等一大批品牌文化活动；

2013年，联合国教科文组织特别授予深圳"全球全民阅读典范城市"称号；

2015年，深圳推出《深圳文化创新发展2020（实施方案）》，

2019年，在此基础上，又进一步研究制定《深圳建设全球区域文化中心城市行动方案》；

2017年，深圳率先在全国首发"城市文化菜单"，迄今已连续三年，每年30多个大型文化品牌活动，不断拓展着市民文化生活的广度、深度和体验度；

特区建立40年之际，新一轮重大文体设施建设又接踵而至——

深圳歌剧院、深圳改革开放展览馆、深圳创意设计馆、中国国家博物馆·深圳馆、深圳科学技术馆、深圳海洋博物馆、深圳自然博物馆、深圳美术馆新馆、深圳创新创意设计学院、深圳音乐学院等"新十大文化设施"已完成选址并逐步开工建设，"十大特色文化街区"加快改造提升，31个市级及51个区级大型文体设施将在未来分期分批投入建设，一批与深圳城市发展定位相匹配、具有国际先进水平、代表深圳形象的城市文化新地标，将展现出城市文化新的进阶。

一个个新鲜闪亮的文化理念、文化品牌、文化活动，犹如明珠结串，熠熠生辉，辉映出深圳璀璨的文化版图，让这座城市更添文化魅力、国际气质。

丰富的文化品牌背后，还有文化产业的蓬勃发展。

2019年5月，第十五届文博会在深圳拉开序幕。被称为"中国文化产业第一展"的文博会，已成为"深圳制造"向"深圳创造"转变、"深圳速度"向"深圳质量"转变的一个象征，根据国家统计局公布的统计标准，深圳文化产业增加值占地区生产总值的比重已超过10%，文化产业已成为全市重要的支柱产业和加快转变经济发展方式、带动经济快速健康发展的重要引擎。

在深圳，创新的体制与活跃的市场为城市文化产业注入充沛动能。深圳着力推进"文化+科技""文化+旅游""文化+金融"等

图 4　当代艺术与城市规划馆

崭新模式，新的产业形态叠加、裂变，源源不断释放出新的能量。作为全球第六个、中国第一个入选"设计之都"的城市，深圳大力发展创意设计，在引领文化产业发展的同时，"深圳设计"也成为继"深圳速度""深圳质量"后又一新的城市品牌。

陈十一院士辗转来到深圳担任南方科技大学校长后，无论走到世界哪个地方，他都愿意介绍"我从深圳来"，并将深圳称为"伟大的城市"。他还说过："我去过世界上许多国家，见识过许多美好城市。深圳，正在成为一座这样的城市。"

热爱一座城市，可以有许多缘由。当他乡变成第二故乡，是什么让人们对这座城市爱得热烈坦诚？是因为这里的碧海蓝天、青春时尚、创新气息，也因为这里的文明气质、包容精神、关爱氛围。

2017年，深圳街头千余辆私家车默契让行，给救护车挤出一条"生命通道"的一幕感动了无数人；

2018年，遭受超强台风"山竹"袭击时，每一个深圳人都努力守护着家园，从公安、消防到风雨中的"小黄人"，从奋战在一线的医护人员到电力保障部门，从清洁人员到公共交通的工作人员……一位"90后"女教师，默默在外卖平台点了280多份"暖心外卖"，送给为深圳恢复秩序不停忙碌的人们，被称为"最温暖外卖单"；

2019年，深圳百合花卉小镇一家花店店主王女士过年回家时，把几百盆植物摆在门口，放了一个价格牌和二维码，就潇潇洒洒回家了。回深圳后她发现，花店不但没丢一盆花，还收到了33笔转账，深圳人因诚信赢得无数网友点赞；

……

每年，深圳会展中心各种展商、活动方"你方唱罢我登场"，印着"深圳义工"的"红马甲"们却始终活跃在馆内外各个场所。

175万注册志愿者的历史，被记录在福田区红荔路上一个占地面积约1038平方米的深圳"义工天地"里。在这里，你可以看到"送人玫瑰，手有余香"的精神内核，它展示着深圳志愿服务从最初的一根热线电话到激发越来越多的人参与到志愿服务中，并进一步推动志愿服务从提供社会服务，向参与社会治理、凝聚社会共识跨越，营造共建共治共享社会治理格局的全过程。

除了创造经济改革领域的无数第一，不要忘记深圳还有如下"全国第一"：

中国内地第一个义工团体诞生在深圳；

国内第一支赴贵州支教的队伍，从深圳出发；

国内第一个"义工服务市长奖"是深圳率先设立的；

全国首个无偿献血100%满足临床用血的城市是深圳；

全国第一个为人体器官捐献移植立法的城市，目前全国器官捐献最多的城市是深圳；

深圳出台了国内首例"好人法"——《深圳经济特区救助人权益保护规定》；

…………

这些"第一"的价值已经显现出来，而且可以肯定的是，将来会显现出越来越珍贵而深远的价值。有了这些"第一"，我们就可以说，在改革开放的进程中，深圳不仅是市场经济改革的探路者，也是社会管理、社会建设的先行者；深圳不仅是一座物质财富丰盈的城市，更是一座精神丰盈、崇德向善的城市。

著名主持人白岩松曾说："衡量深圳的高度，我从来不用高楼去衡量，而是去看爱心，去看人与人的距离。高楼有局限，但有些东西的高度永远没有局限，而深圳永远都在探究这些高度。"

如今，吸引着千千万万人在这座城市扎下根来的，或许正是这座城市越来越鲜亮的一面：人与人之间相互关爱，温暖在大街小巷生生不息地流动，风行深圳的志愿精神、关爱行动、公益组织、慈善捐助、感恩回报等，这些词汇让人感知深圳的另一面，从而对这座城市刮目相看、青睐有加。

2017年，深圳第五次荣膺全国文明城市称号。当前，争创全国文明城市"六连冠"的动员令已发出，全市上下正通过开展文明创建的"十大行动"带动各项工作的深刻提升，让这座年轻城市的文化创意勃发，学术睿智泉涌，文明浪潮波澜壮阔，文化产业风起云涌，为深圳迈向"卓越"擦亮文明底色。

五、幸福，寻求共建共享的新格局

在一个普通市民眼里，一座卓越之城，该是什么样子？

"要有青山绿水、碧野柔光，让我们的心静下来，愿意在这里安家。要有产业高校、优秀文化，让我们的生命飞起来。要有政府善治、体制保障，让我们愿意在这里和它慢慢变老。"在深圳举行的一次论坛上，已在深圳生活了 26 年的深圳建筑科学研究院股份有限公司董事长叶青，曾如此憧憬"深圳未来的样子"。

在《意见》中，这个诗意的描述被概括为"打造民生幸福标杆，形成共建共治共享共同富裕的民生发展格局"。

深圳并不避讳发展的痛点和短板——上学难、住房难、就医难，有底子薄的历史欠账，也有经济高速发展、人口急剧变化的客观外因。但回看深圳 40 年，为提升民生福祉所做的努力，也是闪耀其间的最大亮点之一。尤其在经济转型升级、发展质量提升后，深圳地方财政收入一直保持令人艳羡的增长，为"补齐发展短板、创造美好生活"的大情怀提供了丰厚的家底。

从"住有所居"到"住有宜居"。

挨挨挤挤的"城中村"曾是很多人来深圳打拼的最初落脚点。福田区水围村就是这些"城中村"中的一个。但今天，这里街道整洁，住房设计简约现代，配套设施完善，社区氛围温馨，"水围柠盟人才公寓"的现代名字，似乎在诉说着"城中村"发生的变化。这是深圳首个由城中村改造成的人才保障房，寸土寸金的地方，因为采用"政府—国企—村股份公司"三方合作改造模式，租金比周围市场低了近一半。

"来深圳六年多了，一个很重要的变化就是'住房的改善'。我有一半的同学，现在都住在政府配租的公租房和人才公寓里，居住稳定，租金较低，配套完善。在水围人才公寓里，我认识了很多朋友，社区管家的贴心服务，让我们这些在深圳奋斗的人有一种家的感觉。"来深圳打拼的魏远耀就住在这里。

剑指高房价的"大城市病"，2018年8月，深圳推出被称为"二次房改"的新一轮住房制度改革，着力构建多层次、差异化、全覆盖的住房供应与保障体系。改革最大的亮点，是实现了住房供给中保障性住房和商品房比例的大逆转。到2035年，深圳60%的住房将是由人才房、安居房、公租房构成的公共住房，为此，深圳将分阶段建设筹集保障性住房170万套，公交司机、环卫工人、制造业工人等提供城市公共服务的群体都被纳入深圳保障房的覆盖面。

从"学有所教"到"学有优教"。

作为高学历创新人才聚集的城市，子女的教育焦虑也尤为突出，焦虑主要来自对优质教育资源的渴求和对高质量教育的期待。

2020年1月，备受关注的深圳"高中园"建设选址全部确定，坪山区、龙岗区、光明区和深汕特别合作区各建一个，未来三年，深圳要通过新改扩建30所公办普通高中，新增公办普高学位6万个。不仅如此，2020至2022年，深圳将新改扩建146所公办义务教育学校，新增公办义务教育学位21万个，努力让入学难得到有效缓解。

从"病有所医"到"病有良医"。

与教育类似，深圳的医疗事业跟不上城市快速发展的需要，过去也经常被很多人"吐槽"。然而，一批批医疗界"大牛"正在成为新深圳人。一系列重磅医改举措，也正在逐渐提升深圳的医疗健康事业水平。

2017年，郑智华离开学习工作了近30年的肾内科"国家队"——中山一院肾内科，全职来到深圳光明筹备中山七院开业。他迅速组建了一支一流肾内风湿科团队，"硬核"的实力很快把欧美、中国香港和东南亚的患者都吸引到了深圳。深圳通过"三名工程"，持续引入高水平的医疗团队，与优质医疗资源合作加快高水平医院建设，正努力将短板变成"潜力板"，打造国际化医疗高地。

2019年6月，深圳市卫健委发布了相关文件，将全市现有23家市属公立医院和50家区属公立医院"一分为二"，为深圳人看病"兜底"，让大病不出深圳。市属公立医院牵头建区域医疗中心，主攻急危重症和疑难复杂疾病；区属公立医院则建基层医疗集团，主攻占比高达90%以上的常见病、多发病。

"幼有善育""劳有厚得""老有颐养""弱有众扶"……对标先行示范区"民生幸福标杆"战略定位的"七个有"，深圳未来还将把更多的可支配财政收入用于发展民生事业。

2020年，计划安排教育、医疗支出分别增长16%和15%，建设筹集公共住房不少于8万套，新增幼儿园学位2万个以上，实施3岁以下婴幼儿照护服务发展行动计划，新增病床8000张、三甲医院2家以上，建设10家示范性长者服务中心……

一个个惠民之举，一桩桩利民实事，为民生答卷增添了新的厚度。

从实施总投入超过1000亿元跨年度、跨"十二五"规划的12项重大民生工程，到单独开列每年的民生实事清单每年对照完成，再到系统长远创新性地"突破"住房、教育、医疗这些民生"热点""难点"问题，为了兑现"始终把人民对美好生活的向往作为奋斗目标"的民生承诺，深圳一直很拼。

"十二五"期间，深圳辖区公共财政收入由 3506.8 亿元增加到 7238.8 亿元，地方一般公共预算收入由 1106.8 亿元增加到 2727.1 亿元，全市九大类重点民生领域财政支出五年累计达到 6734 亿元，年均增长 29.7%。2019 年，辖区公共财政收入增长 5.5%，地方一般公共预算收入增长 6.2%，九大类民生支出超过 3000 亿元、增长 9%。把这两组数据放在一起，就不难看出，深圳财政的钱都花到哪儿去了。

给生活其间的人们提供一种幸福感、获得感、归属感，让他们放心、优雅、体面地居住和生活，享受到全方位的关怀和照顾，让"人人来闯"也让"人人栖居"，将是这座城市的终极追求。

因为，只有把人民对美好生活的向往作为奋斗目标，不断将改革开放红利转化为民生福祉，一座城市才会被人认可和依赖，最终化为托举向前、向上、向善的温暖力量，支撑城市真正成为具有竞争力、影响力的全球标杆城市。

六、绿色，觅求人与自然的和谐美

"为什么来深圳？"如果在今天深圳的街头随机询问，肯定会有一个答案被频频提及——宜居的环境。有人说，深圳是快速发展的城市里生态质量最优的，是生态质量最优的城市里经济发展最快、机遇最多的。

2019 年，深圳 PM2.5 年均浓度降至 24 微克/立方米，创有监测数据以来最好水平，空气指数在全国重点城市中名列前茅；全市绿化覆盖率 45%，是不折不扣的"森林城市"；159 个黑臭水体和

1467个小微黑臭水体全面消除黑臭，以往深圳人不敢亲近的河流，重现了水清岸美、鱼翔浅底的新景象。

"深圳蓝""深圳绿"，已然成为这座城市的新名片；在发展与保护中求取"最大公约数"，担当"可持续发展先锋"，率先打造人与自然和谐共生的美丽中国典范，正在成为这座城市新的吸引力和着力创造的新经验。

"绿水青山就是金山银山""人不负青山，青山定不负人"。

今天，环境已经成为重要的生产力、竞争力，但是很难想象，一个中国城市能在十多年前就有了对环境价值的领悟和对绿色发展的追求。

2005年，特区建立仅25年、发展势头正猛的深圳就给自己划定了一条生态控制线，"红线"内区域共计约974.5平方公里，占全市陆域面积49.9%，这些土地被严格限制开发建设。

2012年开始，深圳市政府开始像定期召开经济形势分析会议一样，定期召开环境形势分析会，把生态环境与经济发展摆上同等重要的位置分析、研究，进行长远规划、顶层设计。

从空气着手，深圳制定了十分严格的大气质量提升"40条"行动计划，PM2.5均值每降0.1，背后付出的都是巨大而艰辛的努力。

在取得了空气治理的阶段性胜利后，近年来，深圳再举全市之力向水污染宣战——

创新"全流域治理"，建立跨界河联合治理机制，打破行政区域界限，变各自为战为全流域联动作战；实施"大兵团作战"模式，将流域内所有项目打包，以EPC和EPCO总承包方式招选一个大企业作为实施主体，实现项目整体大幅提速；全面推行排水管理进小区，委托专业排水公司对小区内部的排水设施进行全链条、一体化运维，打通排水管网管养"最后 100 米"……

在不到四年的时间内，深圳累计投入水污染治理近 1200 亿元，建成污水管网 6274 公里，改造小区、城中村 13793 个，修复改造老旧管网 670 公里，创下了水环境治理的"深圳速度"。

从空气到水，再到土壤以及更多领域，深圳树立起的是一种发展观念，建立起的是一系列长效机制：

以大鹏新区为试点，深圳在全国率先启动对林地、城市绿地、湿地等十类自然资源资产编制负债表，让城市摸清了生态"家底"，既为政绩评价和开展生态补偿提供基础数据，又为"生态审计"和环境监管提供依据；在东部湾区的重点保护区域试点探索，建设引领生态文明建设的"生态特区"，侧重生态环境保护的考核机制，取消大鹏新区地区生产总值考核，构建大鹏半岛生态文明综合指数；探索引入生态系统生产总值 GEP 核算体系，通过转移支付方式实施生态补偿政策。

生态之治需要生态之制。

深圳建立了直接对党政领导一把手考核的环保实绩考核工作机制，自 2013 年起，环保实绩考核又全面升级为生态文明建设考核，被列入全市七项"一票否决"考核之一。

在完善生态文明制度法规体系上，深圳坚持法治先行，先后颁布《深圳经济特区环境保护条例》《深圳经济特区饮用水源保护条例》等条例；同时综合运用行政、经济、法律等手段，建立健全环保信用管理、绿色采购、绿色信贷、绿色保险等市场机制。

此外，还实施了严格的生态环境追责机制，通过编制深圳市生态环境保护权责清单、制定《深圳市领导干部生态环境损害责任追究实施细则》，定责、分责、追责的制度链条逐步健全。

一张愈发密集的生态文明制度之网正在织就,一条愈发清晰的可持续发展之路正在铺开。

多管并用之下,深圳交出的生态成绩单颇为亮眼:全市有自然保护区4个,面积达2.2万公顷;市民500米可达社区公园,2公里可达城市综合公园,5公里可达森林郊野公园;先后获"全国绿化模范城市""国家园林城市""国际花园城市""国家环保模范城市"和"中国人居环境奖"等荣誉。

2018年2月,国务院正式批复同意深圳建设国家可持续发展议程创新示范区。在2019绿色发展城市高峰论坛暨第七届深圳国际低碳城论坛上,多家研究机构联合发布的相关研究报告显示,2020年深圳将率先实现碳排放达峰,2030年深圳人均碳排放将达到全球大中城市的领先水平,PM2.5年均浓度进一步降低至17微克/立方米。

联合国开发计划署代理驻华代表戴文德等与会专家提出,面对气候变化所带来的威胁,需要系统化的改变,"深圳恰恰有比较好的解决方案"。"40年间,深圳人均生产总值从606元增长至近20万元,产业创新走到了世界前列,在制造业占比仍远高于世界著名大都市时,人均碳排放只有7.5吨,空气质量指数从十年前的100微克/立方米下降到了2018年的26微克/立方米以下,充分说明只要措施得当,应对气候变化和治理环境污染是可以同时达到的目标。深圳的示范作用可以影响中国和世界各地的超大城市,也可以影响国际、国内的立法。"

如今每到秋冬季节,深圳湾畔的红树林生态公园就成了观鸟者的天堂。由于良好的规划和生态保护,这里的滩涂鱼虾富集,红树林枝繁叶茂,白鹭、黑脸琵鹭、鸬鹚成群结队地飞来这里过冬。

茅洲河畔，水清岸绿。不时有几只水鸟掠过水面，惊起一汪涟漪。河边是宽阔的绿道和广场，不少居民在这里悠闲散步。

在大鹏新区驾车从坪西路进入南澳，会发现一"桥"飞架南北，2020年4月刚刚完工的"排牙山—七娘山节点生态恢复工程"，是深圳首条野生动物保护生态廊道，将为以豹猫为代表的大鹏半岛目标物种营造适合动物迁徙与觅食的生态环境。

这一幅幅人与自然和谐相处的场景，在深圳已经成为常态。

然而，深圳对天蓝地绿水清宜居乐园的追求远未终结，下一个目标是构建"蓝绿相融的高品质生态空间"：实现PM2.5浓度稳定在25微克/立方米欧盟标准，"治水、治产、治城"有机结合，加快建设"无废城市"，实施山海连城计划，强化"一脊十八廊"的城市生态骨架，推进河湖沿线240公里碧道建设，建设好东部海堤，让市民更好地亲水亲绿、回归自然，享受阳光沙滩、活力海岸。

生态深圳，未来可期。

一座城市的精神决定了一座城市的品格。

深圳之所以迷人，在于它的蓬勃生机，在于它对创造力的唤醒，在于它用短短40年光阴凝练出的丰富精神。

"这是一片献给'可能性'的土地。这里，持续不断的进步是唯一有意义的指南针，而进步被看作和太阳升起一样理所当然。"杰里米·里夫金的这句阐述，用在深圳身上是多么贴切。

今天，把"追求卓越"作为新的精神图腾和价值符号的深圳，依然是中国最有想象力的城市。

时代不停地出题，而深圳，将在"追求卓越"中实现自我、超越自我。

第三节

案例故事

一、华为：通信行业巨头是这样炼成的

1987 年，华为诞生在中国深圳的一栋居民楼里。今天，华为已连接着全世界 170 多个国家的 30 亿人口。

华为 30 多年的成长，经历了"枪林弹雨"，初创时期白手起家，2002 年史无前例的负增长，2019 年遭受美国施压，无论外部环境如何恶化，都没有阻断华为前进的步伐。

从伟大到卓越，华为的成功不是偶然，通过聚集主航道，持续不断创新变革，才让华为从追赶者变成领跑者，一步步成长为通信行业的标杆。

华为的快速发展得益于改革开放的大环境，也得益于深圳优秀的营商环境。华为的成长故事讲述的是深圳经济特区不忘初心、创新引领的奇迹。

梅花香自苦寒来

在华为对外发布的企业形象海报中，甚少出现华为的园区、大楼、产品，却有伤痕累累的"芭蕾脚"，被打得像筛子一样的伊尔 2 轰炸机。华为想用这样的形象来告诉外界："没有伤痕累累，哪来皮糙肉厚，英雄自古多磨难。"

华为创始人任正非在 2019 年面世的纪录片《华为是谁》中回忆了公司初创时的艰辛。1987 年，他筹集了 2.1 万元人民币的资金创办了华为，对当时的华为来说，最重要的是生存。华为一开始代理交换机，但是销量上涨后，供应商突然不供货了，逼得华为必须要自己研发通信产品。"那个时候无路可走，根本没有想过不成功会怎么样。"

在这部纪录片中，华为战略研究院院长徐文伟回忆说，华为进入这个行业的时候发现，所有城市市场，都已经被国际著名通信公司占领，唯一的机会，就是在农村。但是农村的条件相对恶劣，华为通过一系列个性化、客户化的创新，真正满足了农村市场的需求。

华为销售额在 1992 年首次突破 1 亿元。1995 年，全年 15 亿元的销售额主要来自中国农村市场。成立 12 年后，华为年收入突破百亿元大关，达到了 120 亿元。

在中国拿下农村市场的华为，又把眼光放到了海外。但"走出去"的华为一度很多年见不到客户，员工背着产品想让客户认同非常困难，直到 2000 年左右，海外才开始有人向华为购买设备，将一点点合同给华为。

20 世纪 90 年代的市场充满各种机遇和不确定性，华为白手起家后积累了原始资本，但并没有过多消耗自己，而是用于再投入。1997 年前后，华为积极向海外尤其是向美国学习先进的管理经验，花费巨额咨询费从 IBM 引入了 IPD 流程，得以实现自身管理变革。

2000 年前后，华为迎来了历史上最大的一次转折，在对无线电网络架构研发的选择上，华为放弃小灵通，孤注一掷坚持他们认为更有发展前景的架构，走 3GPP 的道路研发 GSM，虽然在中国市场受阻，但却成功走向海外。

2000年,华为全面开拓全球市场,并在瑞典首都斯德哥尔摩设立欧洲第一个研发中心,为华为日后在海外的发展奠定了基础。同年,华为海外市场销售额达1亿美元。2008年,华为被《商业周刊》评为"全球十大最有影响力的公司"。

徐文伟还记得,早期任正非曾在公司讲过一个愿景,华为要"三分天下有其一"。"当时公司还很小,我们听听而已,也不是特别相信。"2013年,华为以2390亿元的年收入首次超越了爱立信,成为全球最大的通信企业。

图5 华为总部

"艰苦奋斗"一直以来都是华为成长的关键词。无论是珠穆朗玛峰，还是加勒比海底，无论是自然条件最严酷的北极，还是网络标准最高的德国，都有华为人不畏挑战的身影……

"宝剑锋从磨砺出，梅花香自苦寒来。"2011年，华为年收入达2039亿元，突破2000亿元大关。2012年，年收入达2201.98亿元，其中66%来自海外市场。2019年，年收入达8588亿元，对比2010年的1852亿元，十年间收入增长了近4倍。

要做就做全球第一

"没有改革开放，就没有华为"，任正非近年在接受采访谈及华为的成功秘诀时说，华为的成长得益于国家政治大环境和深圳经济小环境的改变，也得益于坚定不移只对准通信领域这个"城墙口"冲锋。从几十人，到几百人、几千人，再到今天的19万人，华为都是对着这个"城墙口"密集炮火，饱和攻击。

在耕耘了差不多20年的运营商市场后，2011年，华为开拓运营商市场外的蓝海，设立运营商网络、企业业务和消费者业务三大业务部门，迈向2C新赛道。而在当时，全世界还没有一家公司在2B和2C领域同时取得成功。

在消费者业务上，华为一直在做一个引领者。在影像、续航、通信、人工智能等多个领域引领行业创新。2010年，华为智能手机发货量只有300万台。2015年，华为用355天实现了1亿台出货量。随后几年，年出货量破亿台的速度越来越快，2019年只用了149天。2019年，全年出货量2.4亿台，是9年前的80倍。华为也从全球智能手机市场的"Others"跻身全球前三，并从2018年第二季度开始，成为全球第二大智能手机厂商。

华为企业业务抓住数字化转型的机遇，坚持"被集成"不动摇，同时在 5G、AI、云等新 ICT（Information Communication Technology）技术领域进行研发与投入，加速产品创新、行业数字化、智能化进程，与客户、生态合作伙伴构建起一个良性运转的生态。从 2014 年开始，企业业务连续实现了超过 35% 的年复合增长率。2018 年，年收入首次突破百亿美元大关，收入接近 110 亿美元，增速每两年翻一番。

"我知道我们没有那么多力量，就把力量缩窄，缩到窄窄的一点点，往里面进攻，一点点进攻就开始有成功、有积累。"任正非在 2019 年接受媒体采访时说。

在三大业务部门成立八年后，2019 年，华为消费者业务收入达到 4673 亿元，占总收入的 54.4%，继 2018 年后再次成为华为第一大收入支柱；企业业务收入达 897 亿元，占总收入的 10.4%。

2019 年，华为又整合了存储、计算及云服务相关的组织，新成立了"云与计算"业务集团。近几年来，华为已持续加大在云相关领域的投入，面对万亿级的计算产业大市场，华为第四大业务未来的发展也颇让人期待。

从一无所有到三分天下，从 2B 到 2C 的"传奇式转型"，华为走出了一条独一无二、横跨 2B 和 2C 业务的全球化公司之路。

"公司要成为智能社会的使能者和推动者，这将是一个持久的、充满挑战的历史过程，也是我们的长期机会，"任正非 2018 年在与 2012 实验室管理团队座谈时说，"未来是赢家通吃的时代，我们主航道的所有产业都要有远大理想，要么就不做，要做就要做到全球第一。"

在创新上跑"马拉松"

创新是华为 30 多年来生存和发展的根基。

华为坚持将年收入的 10% 以上投入研发,近几年的投入比例更是超过了 14%,正是得益于长期的研发投入,才使得华为在很多技术领域持续领先,才能在外界巨大的压力下赢得客户的尊重和信任。

技术创新是一场马拉松,有耐心才跑得远。

在 2G、3G 时代还是追赶者的华为,在 4G 时代已经实现了与国外巨头齐头并进。早在 2009 年,华为就开始了 5G 研究,目前是全球在 5G 方面投入时间最早、投入规模最大、投入范围最广的厂商。华为轮值董事长胡厚崑在 2019 年上海 MWC 期间透露,华为在 5G 上的累计投资已达 40 亿美元。截至 2020 年 2 月,华为已经获得了超过 90 个 5G 合同,近一半合同来自欧洲国家,5G 基站建设也超过了 60 万个。而在未来的 6G 领域,华为的研究也在业界领先。

华为消费者业务 CEO 余承东曾说,要保持在智能终端行业的前瞻性,要在"跟踪一代、预研一代、开发一代"的基础上,还要做到四代,以保持"下一代技术能够做到领先时代、领先同行"。华为旗舰手机 Mate 系列,每一款产品的研发费用都在 1 亿美元以上,2019 年推出的 Mate30 系列,研发投入大概为 3 亿美元,参与研发的人员达到 3000 人,前后耗时 18 个月。

如今在业内成为标杆的海思,诞生于华为初创时期。1991 年,华为就设计了第一片 ASIC 芯片,并成立了芯片设计室,即海思。从 2004 年成立至今,海思半导体从零开始,星夜兼程,艰苦前行,研发出麒麟、昇腾、鲲鹏、天罡、巴龙等芯片系列,一路逆袭,成为比肩高通、联发科的芯片公司。

华为寄予厚望的鸿蒙操作系统,是 5000 多名科研人员花费近十年时间研发的成果。目前，鸿蒙系统已率先用于华为的智慧屏中，并延伸至更多物联网和智能设备中。

华为 2019 年内部评选出的"十大发明"，包括超级快充、全光交叉、达芬奇芯片架构……这些发明都并非一日之功，相当一部分从很多年前就开始研发了。有些发明今天看来可能已不鲜见，但是技术背后代表的厚积薄发精神正是华为一直以来所坚守的。

2019 年，华为从事研究与开发的人员约 9.6 万名，约占公司总人数的 49%，研发费用支出为 1316 亿元，约占全年收入的 15.3%。近十年，华为累计投入的研发费用超过 6000 亿元。任正非预计，2020 年研发支出可能超过 200 亿美元。

"多路径、多梯次"攻入无人区

对华为来说，无时无刻不在的危机意识是其创新的内生动力之一。正因为这样，华为才可以在强手林立的行业存活下来，并且越活越好。

"任正非有着极其坚定不移的决心，而他带领的这家公司似乎每天都认为自己随时会失败，因此近乎饥渴地追求不断创新，以图存活下来。"沃达丰集团前首席技术官 Steve Pusey 在 BBC 纪录片《华为是谁》中说。

在 2016 年的全国科技创新大会上，任正非说华为"正在本行业逐步攻入无人区，处在无人领航、无既定规则、无人跟随的困境"，"已感到前途茫茫，找不到方向"。进入无人区如何开展研发？他的答案是："只要多路径，就不会出现僵化；只要多梯次，就不会出现惰怠。"

2012 实验室是"多路径、多梯次"理论的最好实践。任正非认为,未来信息爆炸会像数字洪水一样,华为要想在未来生存发展就得构造自己的"诺亚方舟"。2012实验室拥有2万多名员工,下设中央研究院、中央软件院、中央硬件工程院、海思半导体等二级部门,也包括了分布在各地研发中心的2012下属实验室。针对产品开发,2012实验室以客户需求为中心,提前一至三年铺开研发。而在技术侧,这个前瞻量起码是未来三至五年,甚至十年以上。对于可能出现的新技术,研发人员要通过创新引导需求,即"客户需求和技术创新双轮驱动"。

徐文伟在2019年"欧洲创新日"上曾这样描述华为创新的过去和未来,他说,华为过去30年的成功是1.0时代,是基于客户需求的工程、技术、产品和解决方案创新的成功。面向未来,要迈向基于愿景和假设驱动的基础理论突破和基础技术发明的创新2.0时代,是实现理论突破和基础技术发明的创新,是实现从0到1的创新。2019年,华为成立战略研究院。作为院长,徐文伟坦言,战略研究院最重要的是看未来,担负起华为在未来五至十年技术领域的清晰路标。

任正非2019年在接受《深圳商报》等国内媒体采访时说:"新技术的生命周期太短了,如果不进入基础研究,就会落后于时代。一个公司不做基础研究,就会变成一个代工厂。"

面向未来,为确保不迷失方向,不错失机会,华为近年来持续加大面向未来的前沿技术探索和基础研究投入,每年投入约30亿至50亿美元。华为现有约15000人从事基础研究,其中包括700多位数学博士、200多位物理和化学博士、5000多位工学博士。

做"黑土地"和使能者

一家企业,从"小"做到"大"不难,但从"大"做到"强",只有通过建立生态体系,才能生生不息,屹立不倒。

"谁在影响华为?"华为的回答是,"对内靠员工,对外则靠客户与合作伙伴"。通过与供应商、合作伙伴、产业组织、开源社区、标准组织、大学、研究机构等构建共赢生态圈,华为正在全球舞台推动技术进步和产业发展。

任正非曾说,华为要提供一块信息化、自动化、智能化的"黑土地",在这块"黑土地"上可以种"玉米、大豆、高粱、花生、土豆"……让各个伙伴的内容、应用、云在上面生长,形成共同的力量面向客户。

在这一理念下,华为提出:做大产业、做大市场,比做大自身份额更重要;管理合作比管理竞争更重要,坚持做"黑土地"和使能者,不与合作伙伴争利;共享利益,做催化剂和黏合剂,团结一切可以团结的力量,加速行业数字化进程。

在消费业务领域,华为打造的 HiLink 智能家居生态,截至 2019 年年底,已经积累了 5000 多万用户、接入 100 多个品类。

在企业业务领域,华为坚持"平台 +AI+ 生态"战略,合作伙伴数量在 2019 年已超 28000 家,华为云技术合作伙伴 2000 多家,云市场上架伙伴应用数量 3500 多个。

在计算产业领域,华为在 2019 年发布"鲲鹏 + 昇腾"的计算战略,计划在未来五年投入 30 亿元发展鲲鹏产业生态。

在开发者层面,华为 2015 年启动沃土计划,用四年时间汇聚了 130 万开发者和 14000 家 ISV(独立软件开发商)。2019 年又投入 15 亿美元推出新一轮"沃土计划",计划汇聚 500 万开发者。

2019 年 5 月，华为遭美国政府禁令，面向全球全面开放 HMS（华为终端云服务），并在 2020 年要全力打造 HMS 生态。华为还在 2019 年发布了鸿蒙系统，打造面向未来的操作系统。任正非表态称："鸿蒙操作系统能够与苹果系统相媲美应该不需要两到三年。"

"不经一番寒彻骨，怎得梅花扑鼻香。"外部环境的困难可能会暂时影响华为前进的节奏，但不会改变华为前进的方向。每一颗熬过苦难的种子，都将在希望中美好绽放！

二、高等教育：从无到有闯新路 从有到优攀高峰

1983 年，深圳第一所综合性大学——深圳大学拔地而起。深大建校当年就实现招生，堪称高等教育界的一个"神话"，而这恰恰是深圳高等教育的缩影——从呱呱坠地的那一刻起，血液里就自带先行先试、追求卓越的基因。

从无到有，于无人的荒地中披荆斩棘，闯出一条新路；从有到优，始终勇立时代的潮头，做不断谱写新章的"追梦人"，深圳高等教育一直在"更高、更快、更强"的路上飞奔。一项项纪录被刷新，一个个空白被填补，深圳高等教育起步较晚，却已驶入"快车道"。2019 年 8 月，《中共中央 国务院关于支持深圳建设中国特色社会主义先行示范区的意见》（以下简称《意见》）正式发布。《意见》明确指出，"支持深圳在教育体制改革方面先行先试""充分落实高等学校办学自主权，加快创建一流大学和一流学科"，这是深圳高等教育新一轮发展的"号角"，为深圳建设"中国高等教育强

市"注入不竭动力。

速度篇：从数量猛增到质量提升

　　1983年5月10日，国务院批准设立深圳大学。随即，"深圳大学筹委会办公室"的牌子在原宝安县政府大院挂起来。六七间残旧的平房，30多名建设人员，一切从零开始——没有老师，教育部选派了清华大学前副校长、两院院士张维任深大首任校长，北大援建中文、外语类学科，清华援建电子、建筑类学科，人大援建经济、法律类学科。一时之间，知名学者云集深大；没有资金，深圳市拿出"破釜沉舟"的力度支持，当年的财政收入每年仅一亿多元，而深圳市政府毅然拨款5000万元建设深大；没有现成的规章制度，深大就拿出"敢为人先"的劲头，自己摸索一条新路。率先实行学分制、奖学金制、主副修制等教学管理改革，率先实行毕业生不包分配、推荐就业；率先实行勤工俭学制度……每个"率先"背后，都凝聚着深圳大学初出茅庐的锐气和敢为人先的勇气。

　　1983年9月，深圳大学迎来了第一批210名本科生。从筹办到开学仅用了8个月，深圳大学缔造了令人瞠目结舌的"奇迹"。

　　深圳大学"建校当年即招生"的"神速"成为中国高等教育史上的一段佳话，而时隔30多年，南方科技大学赋予了"深圳速度"更深刻的内涵。2018年5月10日，南方科技大学获批数学、物理学、生物学、力学四个博士学位授权点，成为国内最快获得博士授权单位的高校。建校仅七年，本、硕、博的人才培养体系就建设完整，南方科技大学跨越式发展的轨迹，再次让业界惊叹。

　　在建设粤港澳大湾区和社会主义先行示范区的背景下，深圳的高等教育要面对新的使命和担当——它需要成为创新创业人才的培养地、高层次人才的蓄水池、高科技创新的发动机和高品位文化的辐射源。如何回答好这道时代赋予的新题目？

深圳把加快发展高等教育摆在突出位置，市财政对高等教育投入年增长20%以上，投入规模仅次于北京、上海。自2012年以来，深圳通过自主举办、引进国内外名校合作举办，加快创办新高校，一系列高水平大学迅速崛起——南方科技大学、香港中文大学（深圳）、哈尔滨工业大学（深圳）、深圳北理莫斯科大学、中山大学（深圳）、深圳技术大学、清华大学深圳国际研究生院……深圳高等教育的版图不断扩大。截至2019年年底，深圳已有13所普通高校（校区），全日制在校生10.38万人。这为深圳老百姓带来了最真切的"幸福感""获得感"——"在家门口上优质大学"不再是奢望，而成了实实在在的民生福祉。

高度篇：从"爱搭不理"到"扶摇直上"

2012年，因为某银行在招聘时以"非211大学毕业"为由拒绝了深圳大学的毕业生，时任深圳大学校长章必功发怒了："不准歧视我的学生！"此言一出，深大学子倍感振奋，纷纷为"护犊"的老校长点赞。而现在，深圳大学的毕业生完全不需要校长为其撑腰，深圳大学本身的含金量已经足以打动用人单位。在2018年深大的校园开放日活动中，校长李清泉幽默地表示：以前深圳的高中老师会对学生说"不好好学习就去上深大"，现在这话变成了"不好好学习就上不了深大"。

一句话的改变，彰显了深大地位已今非昔比。经过多年的内涵式发展，深圳高校从当初被人"爱搭不理"变成了"高攀不起"。

深圳高等教育的"高度",首先体现在招生分数的"水涨船高"。广东高校中投档分数最高的学校就在深圳！截至2019年,在提前录取批次中,香港中文大学(深圳)的投档分数线连续四年在省内高校中"笑傲江湖"。而在本科批次中,哈尔滨工业大学(深圳)实现了广东理科投档线"三连冠"(2017年,该校采用哈尔滨工业大学的代码招生)。深圳"一老一新"两所高校的录取分数很能说明问题——作为深圳历史最悠久的高校,深圳大学的本科批次录取线连续多年稳居广东高校第四;而作为深圳目前"最年轻"的高校,2019年首次独立招生的深圳技术大学投档线也成功迈入广东前十……一系列数据都说明,深圳高校越来越成为优秀学子的"吸金石"。

值得一提的是,南方科技大学、香港中文大学(深圳)以及深圳北理莫斯科大学都主要采取"631"模式招生(即根据高考成绩占60%、学校组织的能力测试成绩占30%、高中学业成绩占10%的综合成绩录取优秀学生)。这种"不拘一格降人才"的选拔方式,彰显了深圳高等教育在人才培养模式上的创新,更体现了深圳勇做"高等教育试验田"的初心。

深圳高等教育的"高度",还体现在各学校在追求卓越的路上"志存高远"。2015年,广东省提出将力争用五至十年时间,建成若干所具有较高水平和影响力的大学,培育一批在全国乃至全世界占有一席之地的特色重点学科。在第一批建设名单中,深圳大学、南方科技大学赫然在列。

深圳大学在2020年1月通过了《深圳大学加快创建世界一流大学工作方案》,明确提出深圳大学将建设成为深圳经济特区的文化名片、服务粤港澳大湾区的示范标兵、中国高等教育的改革旗帜、世界一流大学的创新标杆。通过高水平大学建设的持续推进，深圳大学成为"内地进步最快的高校之一"。在公认的四大权威世界大学排名——泰晤士高等教育世界大学排名、US News 世界大学排名、QS 世界大学排名、软科世界大学学术排名榜单上，深圳大学均已进入主榜。截至 2019 年年底，深大已有 6 个学科进入 ESI 全球前 1%。

而一出生就带有改革创新基因的南方科技大学，目光也早已瞄准了"世界一流"。目前，南方科技大学正以惊人的速度向梦想中的高度攀登。2019 泰晤士全球大学就业能力排名中，南方科技大学位列内地高校第八名。截至 2020 年 5 月，南方科技大学的化学、材料科学、工程学等 3 个学科进入 ESI 全球排名前 1%。

值得一提的还有深圳的高等职业教育。2019 年 10 月，深圳职业技术学院、深圳信息职业技术学院双双入选"中国特色高水平高职学校拟建单位"。这一计划被看作是职业教育的"双一流"，深圳两所高职院校"并蒂花开"，深圳在高等职业教育领域的高度可见一斑。深职院还在 2018 年编制了《深圳职业技术学院中国特色世界一流职业院校建设方案》，这是我国高等职业院校的首个世界一流建设方案。深圳，正在为世界职业教育打造"深圳标准"，贡献"深圳模式"。

厚度篇：从"引入活水"到"良性循环"

体育比赛中，关系到一支球队能走多远的往往是球队的"板凳深度"，也就是人才储备。同样道理，正在高校教育发展路上"急行军"的深圳一边向上探寻科研的高度，一边向下积累人才的厚度。

清华大学前校长梅贻琦曾有过著名论断："所谓大学者，非谓有大楼之谓也，有大师之谓也。"有"大师"坐镇的高校，才谈得上有底蕴、有眼界、有实力。2010年，深圳高校中仅有4名全职两院院士，而这个数字到2018年就变成了26名，其他类别的高水平人才同样呈爆发式增长。2017年11月28日，2017年中国科学院院士增选名单公布，时任南方科技大学副校长的汤涛教授当选为中国科学院院士，这是深圳本土培养的首位中国科学院院士。深圳正在通过外部引进、内部培养、强强联合等办法，"积攒"高等教育的"人才家底"。

在香港中文大学（深圳）的校园里，有一座实验楼低调无华，并不抢眼。但是这座楼里，却"藏"着多位诺贝尔奖得主领衔的研究院——由2004年诺贝尔化学奖得主阿龙·切哈诺沃教授领衔的精准和再生医学研究院、由2012年诺贝尔化学奖得主布莱恩·科比尔卡教授领衔的创新药物开发研究院和由2013年诺贝尔化学奖得主阿里耶·瓦谢尔领衔的计算生物研究院。其中，在精准和再生医学研究院成立之初，切哈诺沃教授就提出了"协同发展"的理念。他说："我们将会在香港中文大学（深圳）整合生物医学工程、化学、大数据、计算机科学等学科资源，培养出懂得合理运用资源、有团队协作精神的跨学科研究型人才。"

为什么切哈诺沃教授相信能在香港中文大学（深圳）找到"同道中人"？因为同在一栋楼里的三个诺贝尔奖获得者领衔的实验室，本身就形成了一个高度互补的"闭环"。三个研究院拥有不同的研究重点与研究方向，却又能相辅相成、互补互助。正如香港中文大学（深圳）校长徐扬生所言："科学研究不是经过几年、十几年或者更长的一个周期就结束的，它需要传承性；而科研的传承性,则意味着教育的接力、人才的接力。"徐扬生认为,研究院落户高校、联合进行科研创新的模式对于深圳的高等教育具有特殊意义。

由诺贝尔奖获得者领衔的高水平实验室在深圳高校"扎堆",已经不是稀罕事。截至 2019 年年底,深圳已经建成的 11 家诺奖实验室中,有多家落户在高校。深圳首个以诺贝尔奖得主命名的研究机构——深圳格拉布斯研究院就"扎根"在南方科技大学。而深圳举办或者参与的 4 家广东省实验室中,深圳网络空间科学与技术广东省实验室(鹏城实验室)以哈尔滨工业大学(深圳)为主要依托单位;生命信息与生物医药广东省实验室(深圳湾实验室)以北京大学深圳研究生院和深圳健康科学研究院为主要依托单位;人工智能与数字经济广东省实验室(深圳)则由深圳大学牵头……深圳高等教育对高水平人才的吸引已显露出"集聚效应",高校也已成为深圳的"人才蓄水池"。

《粤港澳大湾区发展规划纲要》中指出,大湾区的首要任务就是建设国际科技创新中心。近年来,深圳围绕建设国际科创中心,在技术创新、科研成果产业化等领域不断深耕,围绕国家需求和国际科技前沿,设立多个基础研究机构和设施,逐渐形成了创新人才体系。而高校,就是这个人才体系中的一个重要支点。

2020 年 1 月出炉的"哈工大(深圳)2019 届毕业生就业质量报告"显示,截至 2019 年 12 月 10 日,该校 2019 届 864 名毕业生(均为研究生)中共有 455 人到粤港澳大湾区就业,其中在深圳就业的人数为 405 人,占签约就业总人数的 52.94%。从深圳的土壤中汲取营养,再将培养的人才反哺深圳乃至粤港澳大湾区,深圳高等教育为城市的创新发展注入不竭的"源头活水"。

广度篇：从"各美其美"到"集群发展"

深圳高等教育的未来会是怎样的？2016年深圳出台的《关于加快高等教育发展的若干意见》描绘了一幅美好的蓝图——到2025年，高校达到20所，在校生达到25万人；3至5所高校综合排名进入全国前50名；一批学科全球领先；开放合作特色凸显……2020年，中国科学院深圳理工大学计划招收第一批研究生；之前一直在广州"借住"的中山大学深圳校区已启用新校区，首批2346名学生已入驻。一所新招生，一所"迁回家"，两所高校将使得深圳高等教育的"大家族"愈发欣欣向荣。此外，深圳正以高起点、高标准筹建深圳海洋大学、中国科学院深圳理工大学、深圳创新创意设计学院、深圳音乐学院、深圳师范大学等高校，深圳高等教育的结构和布局将更加趋于优化、完整。

当高校数量越来越多、质量越来越高的时候，一个新的问题又摆在了深圳的面前——如何让争奇斗艳的"群芳"交相辉映出满园春色？深圳提出，以团块集群模式，加快推进高校集群发展，形成"一城多园"的办学格局，实现大学、产业行业与区域经济发展之间的良性互动。

目前，深圳正在建设我国第四个综合性国家科学中心。在这个过程中，被寄予厚望的西丽湖国际科教城与光明科学城两大创新"引擎"都与高校密不可分——

南方科技大学、清华大学深圳国际研究生院、哈尔滨工业大学（深圳）等所在的西丽湖国际科教城，已有科教机构创新载体350家，拥有深圳湾实验室、鹏城实验室两家省实验室，国家超算深圳中心等一批大科学装置，同时还有7所诺奖科学家实验室，超过4万名高等院校师生，校企联动正为企业创新突围不断输送强劲动能。而在光明科学城，也已布局了中山大学深圳校区、中科院深圳理工大学等两所研究型大学。未来，这里大装置大项目尽显"科技硬核"，从高校到产业实现"沿途下蛋"，科学城洋溢着一派青春气息，更将成为创新创业的策源地。再加上深圳信息职业技术学院、香港中文大学（深圳）、深圳北理莫斯科大学等高校齐聚的龙岗国际大学城，深圳高等教育的"集群效应"已初现规模。集群内抱团发展，互补共赢；集群外和谐共生，良性竞争……深圳高等教育要将高校各美其美的"独舞"跳成波澜壮阔的"群舞"。

"未来不是你要抵达的地方，而是你要创造的地方。"对深圳的高等教育而言，从无到有、从有到优之后，还要迈向新的高度——从优到精。

追求卓越的步履不停。险峰之上，无限风光。

第四节 专家访谈

一、访南方科技大学党委副书记李凤亮："追求卓越"被赋予了新的价值指向

深圳特区报：自经济特区建立以来，深圳进行了几次比较大的关于"深圳精神"的大讨论，"深圳精神"经过了几次概括、提炼和更新。"追求卓越"是第一次被列入"深圳精神"的词条，如何理解"追求卓越"这一"新时代深圳精神"？

李凤亮：城市精神是城市经济社会发展的映现，是城市价值追求的导向。城市精神常常体现为恒定与变动、历史与当下的统一，即它既有描绘城市历史积淀、再现精神发展脉络的一面，也有呈现城市当前发展态势、喻示未来精神追求的一面。

此次"追求卓越"被列入"深圳精神"词条，反映的正是深圳在过去、当下和未来不断超越自身、勇于创造一流、坚持卓越引领的追求。"追求卓越"不仅意味着对过去的超越，对当下的突破，更昭示着对未来发展方向的一种更高层次的设定。

从20世纪80年代"三天一层楼"的"深圳速度"，到21世纪持续提升的"深圳质量"，再到今天大力提倡的"先行示范"，深圳经济特区40年的发展历程，就是一部不断提升完善、追求卓越一流

的历史。新时代,"追求卓越"有了更高远的目标、更宽阔的视野、更明确的含义。

在新时代深圳精神的 4 个词条中,如果说"敢闯敢试""开放包容""务实尚法"更多的是一种战略思维、途径手段,那么"追求卓越"则无疑是上述思维手段所追求的目标旨归。从这一点上来讲,将"追求卓越"写进城市精神,十分契合党中央、国务院对深圳新时代"先行示范"的新期待,深圳也由此为下一个 40 年确定了一个更加深远的城市发展愿景:在"全球标杆城市"的目标指引下,创造全球城市的中国典范、未来发展的都市先锋。

深圳特区报:经济特区建立之初,深圳的发展理念是以经济建设为中心,追求的是"深圳速度";进入 21 世纪以来,深圳的发展理念实现从强调速度到追求质量的转换,即追求"深圳质量";到如今,致力于建设中国特色社会主义先行示范区,成为竞争力、创新力、影响力卓著的全球标杆城市,在这一过程中,"追求卓越"的"深圳精神"的演进逻辑是怎样的?

李凤亮:城市发展在不同阶段采取不同策略、不同路径,这与城市发展的阶段性目标是密切相连的。

在我看来,虽然"追求卓越"现在才被写入"深圳精神",但这一精神追求却一直贯穿于深圳经济特区 40 年的发展进程中,只不过其呈现的方式、强调的重点在不同时代有所差异。这一点,从 2010 年深圳经济特区建立 30 周年时评选的"深圳十大观念"中,就可以窥见这种历史嬗变。

20 世纪 80 年代,特区建立之初,经济发展是第一位的。"深圳速度"成为深圳的重要标志,因此"时间就是金钱,效率就是生命""敢为天下先""空谈误国,实干兴邦"等观念随之兴起。经过20年的发展,到21世纪初,深圳的经济总量已居全国前列,进入一线城市行列,但经济发展"量的增长"与"质的追求"的平衡问题凸显出来,深圳果断提出从"深圳速度"到"深圳质量"的转变。高新科技产业迅速发展,经济发展成功转型,随之诞生了"改革创新是深圳的魂、深圳的根""让城市因热爱阅读而受人尊重""鼓励创新,宽容失败"等一批"深圳观念"。随着经济社会的进一步发展,深圳在全国"五位一体"的总体布局和"四个全面"战略中的地位日益显著,经济、政治、社会、文化、生态的全面协调发展,"发展是为了谁"等问题的提出,都在对城市发展定位和愿景提出更高要求。在此背景下,"实现市民文化权利""送人玫瑰,手有余香"显示出城市经济发展到一定程度后对于文化的追求,而"来了,就是深圳人""深圳,与世界没有距离"更反映出深圳人的博大胸襟。

因此,从演进逻辑来看,"追求卓越"在深圳,有一个从物质追求到精神追求、从中国情境到全球视野、从单向突破到全局考量的变化过程。这也反映出深圳城市发展理念在一步步走向成熟。

深圳特区报:在特区创办之初,深圳需要尽快突破"一穷二白"的困境,因此着力追求经济高速增长;时至今日,深圳经济总量、人均生产总值、辖区公共财政收入等核心经济指标位居全国前列,经济社会发展全面进步,成为中国特色社会主义发展的一面旗帜。过去的"追求卓越"与现在的"追求卓越"在视野、领域、目标上发生了哪些变化?

李凤亮：首先，视野有了较大扩展。"追求卓越"在过去，更多的是跟国内城市和区域内城市比，只要是经济领先这些城市，快速进入一线城市就可以了。今天不一样了，深圳已成为全球产业链的重要一环和创新经济的关键引擎，因此，"追求卓越"是放眼全球，在一个更大的维度上定位自身。党中央、国务院要深圳"先行示范"，在我看来，深圳要敢于做"全球枢纽型城市"，这应该成为深圳"追求卓越"的新坐标。

其次，领域有了重新布局。既往讲"追求卓越"，更多的是看经济指标和经济质量。随着深圳经济总量、人均生产总值、辖区公共财政收入等核心经济指标位居全国前列，经济、政治、社会、文化、生态平衡发展的问题日益突出。比如，教育、卫生等社会领域难题，河涌污水治理等生态领域顽疾，在深圳"先行示范"的追求中成为瓶颈，这些都需要我们去攻坚突破，否则就容易成为深圳"追求卓越"的绊脚石。

最后，目标有了新的调整。深圳已经从过去的"中国内地一线城市"向"竞争力、创新力、影响力卓著的全球标杆城市"进军。因此，"追求卓越"的目标也随之调整，国际影响力、城市品牌、形象塑造有了新的定位，这些都为"追求卓越"增添了新的要求、新的内涵。

深圳特区报：如何理解"敢为人先"和"追求卓越"的"新时代深圳精神"的联系和区别？

李凤亮："敢为人先"是习近平总书记所讲的特区精神的关键词之一。

在价值导向上,"追求卓越"与"敢为人先"一脉相承,都强调打破陈规、突破框框,做"敢于吃螃蟹"的"第一个"。只有这样,才能通过生产关系的调整,进一步解放被束缚的生产力。因此,"敢为人先""追求卓越"都有一种"发时代之先声""做时代弄潮儿"的姿态。

不同的是,"敢为人先"更多的是一种手段,体现为一种野性的探索;"追求卓越"则更强调目标导向,体现为一种理性的追求。换言之,"敢为人先"精神可贵,但只有按照科学规律的"敢为人先",才有可能实现"追求卓越"的目标。因此,"敢为人先"更多的是对早期特区精神的描述,有其历史的限定性。这也正如"时间就是金钱,效率就是生命"这个深圳著名的口号一样,在 20 世纪 80 年代初创造了"三天一层楼"的"深圳速度";到了今天,以牺牲安全、忽略个体为前提过度追求速度,已不能适应新时代的发展要求。"绿水青山就是金山银山"的新生态理念,成为人们在物质发展后的更高遵循。

因此,今天我们既要继续弘扬"敢为人先"的"特区精神",又要以科学发展的思维推崇"追求卓越"的"深圳精神",让卓越成为一种习惯,让人在时代的发展中体现出更大的价值。

深圳特区报:著名中国问题观察家罗伯特·劳伦斯·库恩(Robert Lawrence Kuhn)曾说:"在深圳大家都意识到为避免犯错误而维持现状是改革的大忌,也永远无法创造一个伟大的城市,对这个问题的看法深圳几乎超越了其他任何地方。"结合这句话,您认为如何理解"敢闯敢试"和"追求卓越"之间的关系?

李凤亮："敢闯敢试"也是习近平总书记所概括的"特区精神"关键词之一，与"敢为人先"一脉相承。如果说"敢为人先"更多的是一种改革的姿态，那么"敢闯敢试"则表现为一种不断创新的改革举措，其"动作性"更强，也更加形象直观。因此，新时代深圳精神将"敢闯敢试"列作首个词条，正是看中了这一词条本身综合了"敢为人先"（"特区精神"）、"敢为天下先"（"深圳十大观念"之一）的核心语义。

"敢闯敢试"与"追求卓越"之间，同样有一种由行动到效果的逻辑递进关系。只有"敢闯敢试"，突破常规，像特区发展早期一样，"遇到绿灯往前走，看到黄灯赶紧走，碰上红灯绕着走"，才能加快发展，实现"追求卓越"的目标。反之，如果碰到什么事都畏首畏尾，裹步不前，不敢尝试，那么一定难以推动发展，更别说"追求卓越"了。从这个意义上讲，以"敢闯敢试"起头、以"追求卓越"收结的"新时代深圳精神"，本身就是逻辑清晰、层次分明的，同时也有很强的历史感和时代感，很好地体现了"逻辑与历史的统一"。

深圳特区报：1983 年，蛇口工业区立起一块巨型标语牌："时间就是金钱　效率就是生命"；现在，深圳前海蛇口自贸片区同样有一块巨型标语牌：WE THE FUTURE（我们即未来）。如何解读"WE THE FUTURE"这一标语？从标语的变化中我们能读出什么？

李凤亮："时间就是金钱，效率就是生命"是 20 世纪 80 年代初特区人精神追求的生动写照。那时候刚刚改革开放，经济发展是第一目标，因此追求效率、强调产值、重视收益是人们的共识。这在很大程度上激发了人们改革创新的勇气和动力。从这一点上讲，"时间就是金钱，效率就是生命"是那个激情燃烧岁月的精神表征，时代感非常强。

时代不同了，今天深圳前海蛇口自贸片区的巨型标语"WE THE FUTURE"，同样具有鲜明的时代感。这一英文口号至少透露出这样几个信号：

一、自信。如果说经济特区建立40年来尤其是早期深圳所走过的是一条"摸着石头过河"的大胆探索之路，那么经过40年的实践检验，深圳已经建立起了高度的理论自信、制度自信、道路自信和文化自信。中国改革开放的"深圳模式"也有可能为世界未来发展提供"中国道路"和"中国经验"。

二、开放。英文标语本身就是深圳扩大开放的象征，表明深圳已从"走向世界"发展到"走进世界"，并正朝着"引领世界"的"全球标杆城市"迈进。深圳40年的巨大成就是改革开放造就的，深圳未来40年的发展更要坚持扩大开放，从远古中国走来，向未来世界敞开。在这一点上，深圳湾体育馆面向大海的巨门也是深圳进一步开放包容的象征。

三、标杆。未来是什么？未来是不确定性，但有一点是十分确定的，就是如果没有高质量的发展，不能在经济、政治、社会、文化、生态等各方面创造和引领全球标准，就不能拥有更好的未来。正是在这个意义上，深圳意识到"双区驱动"是难得的历史机遇，将以此对标纽约、巴黎、东京、新加坡等全球一流城市，打造更具创新性的全球标杆城市。

深圳特区报："新时代深圳精神"是深圳人民新时期开创新事业

的重要精神动力。特区建立 40 年来，深圳创造了举世瞩目的伟大成就，在这其中，"追求卓越"的"深圳精神"起到了怎样的作用？

李凤亮：深圳经济特区建立 40 年来，不仅创造了经济发展的奇迹，而且创造了文化发展的奇迹。无论是城市精神塑造、公共文化服务、文化产业发展，还是对外文化交流、文化形象传播，深圳的文化建设都可圈可点。其中，"深圳精神"观念体系的塑造起到了不可替代的作用。

正是有了"特区精神""深圳十大观念"等一批精神价值观念的先导，深圳城市的发展建设才有了不竭动力。从这个意义上讲，深圳发展史也是一部先进的城市观念史。而有些观念并未随时空的转换而失去其价值和光彩，反而不断增添时代内涵，焕发新的活力。

"追求卓越"就是这样的一个精神观念，在深圳发展的不同时期发挥着巨大作用。早期，正是在"追求卓越"的观念引领下，深圳不断创新体制机制，创造了令世人称奇的经济发展速度。不满足于现状，不拘泥于陈规，"追求卓越"方能超越当下，深圳经济特区 40 年的发展历程，不断丰富着"追求卓越"的时代内涵。今天，"追求卓越"被赋予了新的价值指向，那就是对标世界一流、创造全球标杆。正是有了这样明确的发展指引和价值追求，深圳人才有了不满现状的创造志向、包容一切的阔大胸襟、追逐前沿的澎湃力量。

深圳特区报："追求卓越"精神是在与经济特区建设的互动中孕育、积淀、演进而成的，如何理解它源于一种发展道路、发展模式的高度自信，也源于对标国际一流城市的高度自觉？

李凤亮：党中央、国务院建立深圳经济特区的初心，就是要探索中国特色社会主义发展的新道路。

在这一过程中，坚持实事求是，不唯上、不唯书、只唯实，用实践检验真理，以三个"有利于"校正方向，深圳走出了一条中国特色社会主义的示范道路，因此被党中央、国务院赋予继续探索建立"中国特色社会主义先行示范区"的重大历史使命。深圳的成功，充分彰显了中国特色社会主义的理论自信、制度自信、道路自信和文化自信。

而在深圳发展过程中，一开始就被赋予"追求卓越"的基因和期许。这一基因在40年发展进程中日益内化、不断强大，已成为深圳这座现代化国际化创新型城市的精神内核，也成为深圳进一步发展的基本动力。

"追求卓越"的"深圳精神"，更源于对标国际一流城市的高度自觉，是因为深圳的发展从来不是一己的事情，它是国家现代化战略的重要举措。而要实现现代化，则既要扎根中国大地、强调古为今用，又要对标世界一流、重视洋为中用。今天，深圳已确立建设"竞争力、创新力、影响力卓著的全球标杆城市"的目标，高远定位正是基于城市发展的高度自觉而确立的。我们有理由相信，基于这种高度自信、自觉意识而创造的"追求卓越"的"深圳精神"，也将随着城市国际化的发展而不断深化内涵、发挥更大的历史能量。

深圳特区报："追求卓越"是一种城市精神，也是成功者必须具备的品质。"追求卓越"的精神在那些对特区事业发展做出巨大贡献的典型人物身上是如何体现的？我们应该如何向他们学习？

李凤亮:"深圳"不是一个抽象的存在,它是"深圳人""深圳企业"的集合体。这些深圳的"具体存在",从不同方面深刻诠释着"追求卓越"的丰富内涵,讲述着一个个感天动地的"深圳故事"。

以"深圳人"为例,"追求卓越"在袁庚、王石、马化腾等不同时期的企业家身上,体现为敢闯敢试、创造一流;在厉有为、刘应力、王京生等党政管理者身上,体现为不守陈规、善于求新;在蒋开儒、丛飞、易建联等文体知名人士身上,体现为思想开放、勇争第一……这些深圳英雄模范人物,是"深圳精神"的生动缩影,是"追求卓越"的典型个案。即使在普普通通的深圳人身上,我们也能感受到他们开阔的视野、远大的志向、拼搏的意志。在深圳,"鼓励创新,宽容失败"不只是一句口号,更承载了无数人奋斗的故事,这些故事,共同支撑了"追求卓越"的"深圳精神"落地生根、开花结果。

二、访中国社会科学出版社社长赵剑英:
追求卓越、不断超越,着力打造全球标杆城市

深圳特区报:2020年,深圳迎来了经济特区建立40周年的重要时刻。此时此刻,眺望2035年和2050年,作为粤港澳大湾区城市群的核心节点城市,深圳对标的是"全球","建设全球标杆城市"是深圳"追求卓越"的远大目标,您认为一个城市应具备哪些条件和标准才能称为"全球标杆城市"?

赵剑英:我认为,能够在经济、科技、文化、社会等各个领域

产生重大影响，可以作为样板、典范，向世界展示所在国家的治理理念、治理智慧、治理方案的城市，才堪称"全球标杆城市"。

第一，"全球标杆城市"必须拥有雄厚的经济实力。一方面，其经济实力必须能够在全国、周边地区乃至全世界拥有影响力；另一方面，其发展必须以高质量为追求目标，在关系国家核心竞争力的高端装备制造、新材料、生物医药、信息技术、绿色低碳等重点前沿产业掌握国际领先的关键技术，拥有合理、先进的产业结构，实体经济、科技创新、现代金融、人力资源协同发展；以增进民生福祉、满足人民幸福生活需要作为发展的根本目的，经济发展成果更多、更公平地惠及全体人民。

第二，"全球标杆城市"必须拥有强大的创新能力。"全球标杆城市"要在创新文化、创新要素、科研实力、技术创新能力、知识转化能力和研发投入等方面达到国际领先水平，成为具有全球影响力的创新中心。

第三，"全球标杆城市"需要在文化软实力上达到国际领先的水平。一个城市的软实力是外界对这座城市吸引力、感染力的直觉反应和头脑印记。城市要富有浓厚文化气息，要建成一批成规模、有深度的文化设施，定期举办各类国际性重大文化活动，培养一批扎根本土的大师级文化领军人才，形成具有竞争力的数字文化产业和创意文化产业。

第四，"全球标杆城市"要有国际一流的社会环境。要能够在行政管理、文化、医疗卫生、教育、能源、交通等方面提供为全体民众共享、吸引全球高端人才的高质量公共服务，实现幼有善育、学有优教、劳有厚得、病有良医、老有颐养、住有宜居、弱有众扶，让人民充分享有获得感、幸福感、安全感。

第五，"全球标杆城市"要成为全球可持续发展的都市典范、人与自然和谐共生的美丽城市。生态环境质量要达到国际顶尖水平，治理模式要全球领先，绿色发展方式和生活方式要全面形成，要拥有安全高效的生产空间、舒适宜居的生活空间、碧水蓝天的生态空间。

深圳特区报：《中共中央 国务院关于支持深圳建设中国特色社会主义先行示范区的意见》（以下简称《意见》）赋予深圳新的定位，"到 2035 年，成为我国建设社会主义现代化强国的城市范例，到本世纪中叶，成为竞争力、创新力、影响力卓著的全球标杆城市"。如何理解"社会主义现代化强国的城市范例"？如何解读"竞争力、创新力、影响力卓著"这三个定语？

赵剑英："成为社会主义现代化强国城市范例"，一方面，是我们党确立的建设社会主义现代化强国伟大奋斗目标在深圳的具体体现，深圳的新一轮探索将为加快这一目标注入强大动力；另一方面，从"先行先试"到"先行示范"是党和国家对深圳提出的更高要求，这意味着在未来深圳要继续发挥先行者的优势，以自身的实践为其他城市提供借鉴。

"成为竞争力、创新力、影响力卓著的全球标杆城市"，是深圳在建成现代化国际化创新型城市与建成具有全球影响力的创新创业创意之都之上更高一级的目标。

竞争力、创新力与影响力三者是相互支撑的：第一，竞争力是一个城市国际地位和影响力的重要依托，城市的竞争不仅仅是经济规模的竞争，迈向全球标杆城市意味着深圳应该着眼长远，强化在城市治理、资源配置与文化建设等方面的综合实力，全面对标全球最高标准。

第二，创新是培育核心竞争力、获取重要优势的源泉。深圳在迈向全球标杆城市进程中要继续坚持创新驱动发展，特别是要补齐原始创新能力、全球化资源配置、国际高水平创新人才以及文化创新等方面的短板。

第三，影响力是全球标杆城市的核心功能和重要标志。在经济影响力上深圳已经取得了相当的成果，对标国际先进城市打造"深圳品牌"、建设国际文化创新创意先锋城市、实现全方位联通世界是下一步可重点着力的方向。

深圳特区报：《意见》明确了深圳的发展目标："到 2025 年，建成现代化国际化创新型城市；到 2035 年，建成具有全球影响力的创新创业创意之都；到本世纪中叶，成为竞争力、创新力、影响力卓著的全球标杆城市。""创新"一词贯穿了深圳的阶段性目标，如何理解在"追求卓越"的进程中，"创新"对深圳的意义和分量？

赵剑英：改革开放 40 年，正是创新成就了深圳；追求卓越，创新更是须臾不离。

深圳在引领全面深化改革、全面扩大开放以及实施创新驱动发展战略方面具有天然的优势。作为改革开放的重要窗口，深圳探索出一条以社会主义市场经济为导向、制度创新与技术创新双轮驱动的发展道路，为全国改革开放和现代化建设积累了宝贵经验，为探索中国特色社会主义道路做出了重大贡献。党中央作出支持深圳建设中国特色社会主义先行示范区的决定，其要义就是要继续发挥这一关键性作用。

中国特色社会主义进入了新时代，世界正处于"百年未有之大变局"，科技创新、产业创新与制度创新逐渐进入无先例可循、无经验可依的"无人区"，谁能率先实现创新转化，谁就能在百年大变局中更多地掌握经济发展主动权。而推进中国特色社会主义先行示范区建设，是前无古人的开创性事业。改革创新和对外开放是深圳发展的最大动力源泉，也是建设先行示范区的根本路径。深圳要发挥创新优势，用创新第一动力引领全面发展，始终把自主创新作为城市发展主导战略，着力打造竞争力、创新力、影响力卓著的全球标杆城市。

深圳特区报：《意见》提出了深圳未来发展的"五大战略定位"：高质量发展高地、法治城市示范、城市文明典范、民生幸福标杆、可持续发展先锋。如何理解这"五大战略定位"是中国特色社会主义进入新时代深圳实现"五位一体"全面发展、全面卓越的体现？

赵剑英：深圳建设中国特色社会主义先行示范区的"五大战略定位"和"五个率先"是中国特色社会主义"五位一体"总体布局的具体化。

《意见》要求深圳在全面实施"五位一体"总体布局上走在全国前列，成为中国特色社会主义先行示范区。"五大战略定位"和"五个率先"对深圳提出了更高的要求：聚焦高质量发展高地，率先建设体现高质量发展要求的现代化经济体系；聚焦法治城市示范，率先营造彰显公平正义的民主法治环境；聚焦城市文明典范，率先塑造展现社会主义文化繁荣兴盛的现代城市文明；聚焦民生幸福标杆，率先形成共建共治共享共同富裕的民生发展格局；聚焦可持续发展先锋，率先打造人与自然和谐共生的美丽中国典范。这聚焦的全部都是新时代坚持和发展中国特色社会主义的重大命题，把区域性发展战略与中国特色社会主义"五位一体"总体布局直接相连，并通过设置明确的战略定位和发展目标，从经济建设、政治建设、文化建设、社会建设、生态文明建设五个维度全面加以细化落实，做到全方位、全过程的先行示范。可见，深圳"五大战略定位"和发展目标，综合性更强，涵盖面更广，先行先试、打造标杆的示范意义更为重大和凸显。

深圳特区报：深圳市委书记王伟中指出，"深圳不能只当单项冠军、必须多领域全方位先行示范，不能满足于某一阶段领先，而要全过程领跑"，从追求卓越的角度，您认为应该怎样解读这段话？

赵剑英：这段话强调深圳在发展的过程中要关注"空间的全方位性"和"时间的全过程性"，基于这一发展理念，不断追求卓越。

其一，深圳要追求全面的系统的发展，追求多领域全方位的领先地位，由单项冠军向全能冠军迈进。只在一个方面做好不能算是英雄，全面做到最优才是示范和标杆。深圳要全面贯彻落实创新、协调、绿色、开放、共享五大发展理念和"五位一体"的发展要求，在经济高质量发展、法治建设、科技创新、文化发展、民生保障、社会治理及生态文明等都全面领先，做好多领域全方位先行示范。

其二，过去领先不意味着现在领先，现在领先不意味着未来领先，深圳要不满足于只做某一时段的"全优生"，而是要在每一个发展阶段都领跑领先。深圳 40 年来创造了经济社会发展的奇迹，并在这一发展过程中形成了永不满足、追求卓越的精神品格。作为中国特色社会主义先行示范区，深圳未来要继续探索、精益求精，不断提升发展的高度，在更广阔的国际背景下对标全球，努力成为全球标杆城市，创造更大的发展奇迹。

深圳特区报：深圳提出，要在对标全球最高、最好、最优、最强过程中成为最高、最好、最优、最强，在与领跑者、顶尖者比高低过程中发展成为领跑者、顶尖者。如何理解这段话？

赵剑英：这句话是对未来深圳发展之路的一个很好概括，即要通过不断学习，勇于创新，实现超越，把深圳打造成为全球标杆城市。

首先，改革开放以来深圳 40 年的发展之路，是践行不断学习、不断创新、不断超越这个理念的过程。深圳在创立和发展的初期，学习先进的经济发展模式、社会治理方式、制度创新方法、城市建设经验等是一个重要环节。邓小平同志在南方谈话中指出："必须大胆吸收和借鉴人类社会创造的一切文明成果。"谈的就是学习的问题。当然光学习，简单地复制和模仿还不够，在此基础上的创新乃至超越才是关键。创新，可以说是深圳的灵魂，正是勇于创新使得深圳取得了如今辉煌的成就。

其次，站在新的发展起点上，要进一步拓展视野，放眼全球，立足长远。在全面深化改革的今天，深圳作为改革开放的"排头兵"，更要具有全球视野和眼光，以更高的，甚至是苛刻的要求作为衡量发展的标准，使"深圳速度""深圳质量""深圳标准"真正成为世界最高、世界最好、世界最优，从而达到世界最强。

最后，在对标的同时，将深圳建设成为竞争力、创新力、影响力卓著的全球标杆城市，建设成为中国特色社会主义先行示范区。深圳在先行先试的同时，还要起到标杆、示范的作用，形成更多可复制可推广的成功经验，更好服务全省全国发展大局，为我国建设社会主义现代化强国率先探索新路径，这也是深圳光荣的历史使命。

深圳特区报："追求卓越"意味着在已有成绩基础上继往开来。相比国际先进城市，您认为深圳成为全球标杆城市具有哪些基础和优势？

赵剑英：首先，党的领导是深圳建设全球标杆城市的最大优势。《意见》为深圳建设全球标杆城市作出了科学的顶层设计与具体战略部署，从经济、法治、文化、民生、生态五大方面提供了政策支持，对深圳建设中国特色社会主义先行示范区寄予了殷切希望，这是深圳"追求卓越"的信心之源和底气所在。

其次，经过40年改革开放，深圳经济规模跻身全球城市前列，全面创新能力突出，民主法治日益完善，民生福利水平不断提高，绿色低碳优势初步彰显，国际化程度稳步提升，创造了世界工业化、城市化、现代化发展史上的奇迹，成为展示中国特色社会主义的"最佳窗口"、彰显习近平新时代中国特色社会主义思想磅礴力量的"生动案例"。现在的深圳已成为一座充满魅力、动力、活力、创新力的国际化创新型城市。40年来，深圳人民在党的领导下敢闯敢试、埋头苦干，作为改革开放的"排头兵""示范区"所取得的辉煌成绩是深圳建设全球标杆城市的历史基础。

再次，在40年改革开放的奋斗过程中，深圳人形成了一种既有坚持走中国特色社会主义道路，建设改革开放"重要窗口""试验田"的坚定信念，又有"敢闯敢试、开放包容、务实尚法、追求卓越"精神的独特品格，它在几代深圳人的拼搏进取、建功立业中薪火相传，贯穿于深圳从边陲小镇发展为国际化大都市的整个过程和这一伟业涉及的每一个领域，是深圳"追求卓越"、建设全球标杆城市的强大精神动力。

最后，粤港澳大湾区区位优势明显，背靠内陆，连接港澳，面向东盟，是国际物流运输航线的重要节点和海上丝绸之路的重要枢纽；是中国经济开放程度最高、创新能力和经济活力最强的区域。深圳是粤港澳大湾区的核心引擎城市，粤港澳大湾区巨大城市带的发展潜力和前景，为深圳成为全球标杆城市创造了区域基础。

深圳特区报："追求卓越"意味着不断超越自我，这就要有永不满足、争创一流的精神。距离成为竞争力、创新力、影响力卓著的全球标杆城市，您认为深圳目前还存在哪些不足和差距？

赵剑英：与全球标杆城市相比，深圳还存在以下不足和差距。

一是高科技自主创新能力有待增强。与我国其他城市相比，深圳的科技创新力可以说是遥遥领先，涌现出华为、腾讯、中兴、比亚迪、大疆、华大基因等一批优秀的科技公司。但与全球标杆城市相比，深圳的自主创新能力还存在距离，一些核心技术还没有做到真正自主可控，一些关键零部件和重大装备仍需依赖进口，基础研究水平还比较薄弱，源头创新能力还不足，"卡脖子"的问题还没有解决。深圳要在新一代信息技术、高端装备制造、绿色低碳、生物医药、数字经济、新材料、海洋经济等方面加强科技创新，掌握核心技术，在世界范围内引领这些战略性新兴产业的发展。

二是城市治理能力还有待提高。与全球标杆城市相比，深圳的发展时间较短，城市治理与经济社会发展相对滞后，城市治理还存在短板，城市管理的标准化、精细化和智慧化程度不高，在污染治理、环境保护、城市安全、公共服务等方面还需要进一步提高。

三是文化软实力还不够强。深圳是一座年轻的城市，文化底蕴还较薄，彰显中国特色社会主义制度自信的"特区文化"在国际上的声音还比较弱，影响力还远远不够。

四是高层次人才还比较缺乏。建成全球标杆城市，需要一大批全球顶尖人才，人才是最根本的决定性因素。目前，与全球标杆城市相比，深圳的高科技研发人才、高水平管理人才、文化创意人才、艺术人才等无论在数量上还是质量上都还存在差距。深圳要不断优化吸引人才、留住人才的体制机制，着眼全球，在世界范围内招揽高端人才。

此外，深圳在国际化、管理、制度创新等方面也都需要进一步提升。

深圳特区报：城市精神是一座城市的灵魂，是一种生活信念与人生境界的高度升华，是城市市民认同的精神价值与共同追求。作为深圳人，应如何将对标最高标准、最好水平的"追求卓越"精神渗透、凝聚在各项改革发展工作中，转化为实现个人价值和人生梦想的动力？

赵剑英：城市精神是一座城市的灵魂，深圳要把"追求卓越"的精神渗透在各项改革发展工作中，转化为深圳人民努力拼搏的精神动力，内化为深圳人民的人生理想，这样才能真正发挥新时代深圳精神"精神变物质"的重要作用。

第一，践行"追求卓越"的精神是每一位深圳人的职责和使命，深圳人要增强责任感、使命感，增强践行"追求卓越"精神的自觉意识。

第二，要加强学习，通过学习真正认识到新时代深圳精神的重要性和基本内涵，真正从内心深处认同"追求卓越"的精神，把"追求卓越"内化为自己的人生理想和价值。要通过学习，不断赋能，增长"追求卓越"的本领。

第三，每个市民要把"追求卓越"落实到具体工作中，把"追求卓越"作为工作中的行动自觉，要检验自己的工作是否对标最高标准、最高水平，是否为深圳建设全球标杆城市做出贡献。

第四，要以"追求卓越"严格要求自己，不断提高自身的修养和素质，把"追求卓越"的精神融入自己的一言一行中，在鲜活的生活中呈现"追求卓越"的精神面貌。

第五，要打造优秀团队，追求卓越。优秀团队是"追求卓越"精神的重要践行者，重大科研攻关、重大工程、重大项目、伟大企业等都需要优秀团队去完成或实现。